본질이 이긴다

기독교의 야성과 교회의 본질에 대한 혜안과 통찰

본질이 이긴다

초판 1쇄 발행 2013년 11월 05일
초판 19쇄 발행 2025년 03월 12일

지 은 이   김관성

펴 낸 곳   더드림
출판등록   제2016-000172호
주   소   서울시 영등포구 은행로 55, 5층
전   화   02)846-9222
팩   스   02)846-9225
발 행 처   서울말씀사

ISBN   978-89-8434-645-1 (03230)

*책값은 뒤표지에 있습니다.

더드림 THE DREAM은 서울말씀사의 도서브랜드입니다.

본질이 이긴다

기독교의 야성과
교회의 본질에 대한 혜안과 통찰

김관성 지음

더드림

• 추천사

김규호(대학원 박사 과정)

김관성 목사님은 제가 매일같이 페이스북에 드나들게 된 데 책임이 크신 분입니다. 1년 사이에 늘어나는 목사님의 친구 수를 보면서 저 같은 사람이 여럿이란 사실을 알았습니다. 교인 인구가 나날이 감소하고 유력한 목사님들의 실망스러운 처신이 언론에 오르내리는 이때에, 저는 이 겨자씨 한 알의 기적과도 같은 '김관성 현상'이 주는 시사점이 크다고 봅니다. 언제나 어디서나 크리스천들은 있습니다. 도전받을 준비를 하고, 하나님의 뜻에 따라 움직일 준비를 하고, 자신의 신앙과 사랑을 나눌 마음을 갖고 있습니다. 때로는 쓴 소리로 본질적인 성찰을 촉구하는 김관성 목사님의 글이 페이스북에서 거부당하지 않고 오히려 널리 퍼져간다는 사실이 이를 증명합니다. 이 땅의 기독교를 낙담케 하고 타락케 하는 일들은 그것대로 자신들의 역사를 가버릴지언정, 교회의 건강함과 기독교 신앙의 아름다움을 지키는 일은 김관성 목사님과 그의 친구들이 생생히 쓰고 읽고 행하여 본질을 잃지 않는 역사가 번져 가리라 믿습니다.

김수완(교사)

저는 선천성 시각장애를 가지고 있습니다. 컴퓨터 업계에 종사하다가 지금은 교사로 재직 중인 어리고 꿈 많은 청년입니다. 어려서부터 앞이 보이지 않다 보니, 눈을 뜨고 성공하기 위한 많은 메시지를 들어왔습니다.

'인생에 대한 지침과 가르침이 정말 많이 존재하는구나!'라고 생각하며 무엇이 옳은지 몰라 방황하다 예수님을 만났습니다. 예수님을 믿는 사람들도 '인생이란', '하나님이란', '사람이란' 등에 대한 얘기가 각기 다르더군요. 그런데 대부분의 교회에서 선포되는 메시지는 힘들고 지겨운 현실을 도피하기 위한 고사, 혹은 세상 사람들이 추구하는 세속적 가치에 예수님을 포장지로 사용한 선물꾸러미, 예수 그리스도를 메시아로 인정하지 않고 성공 메시아를 기다리는 모습, 내가 잘되고 성공하며 안정적이기 위해 하나님을 바알과 아세라를 섬기듯이 달래는 모습 등으로 압축되고 투영되는 것 같아 마음이 참 답답하고 아팠습니다.

그래서 대학을 졸업하고 직장생활을 하면서 삐딱한 시선을 가지게 되었습니다. 들리는 설교는 은혜 받기보다는 분석적으로 마름질했고, 교회 지체들의 나눔에는 '문제 있는 얘기가 없나' 하며 날을 곤두세워 듣기만 했습니다. 그러던 중에 김관성 목사님의 페이스북 글을 만나 유심히 정독해 갔습니다. 올바른 진리가 무엇인지, 이 땅에서 무엇을 추구하며 살아야 하는지, 하나님께서 왜 이 땅의 역사 속에 나를 이런 모양으로 두셨는지, 성화가 무엇인지, 인생이 무엇인지 등을 다시 정리하며 삐딱한 마음을 바로잡았을 뿐만 아니라, 성경적인 인생관을 더욱 확립해 갈 수 있었습니다.

점진적인 변화가 제 삶 속에서도 나타나고 있습니다. 거리낌 없이 세상 사람들을 대하고, 아니꼬운 사람들을 위해 기도하게 되며, 지체들을 있는 그대로 이해해 주고, 쓸데없는 죄책감에 눌리지 않았습니다. 죄 중에 하나님께 더 나아가 자유케 되는 기쁨을 얻었습니다. 무엇보다 교육 현장에서 학생들에게 '옳은 잔소리의 독화살'을 쏟지 않고 사랑하며 섬기는 마음으로 세상과 현실의 물결을 거슬러 올라가는 힘이 제게 주어졌습니다.

　이러한 변화를 꾀한 목사님의 글에는 진솔함이 묻어 있습니다. 하나님 앞에서 고민하며 몸부림치는 흔적이 엿보입니다. 목회자의 '권위'와 인간의 '고뇌'가 모두 녹아 있습니다. 그래서 목사님의 글은 우리를 율법의 틀로 얽매지 않고, 죄 된 나를 있는 그대로 안아 줍니다. 때로는 벅찬 희열에 젖기도 하고 때로는 펑펑 울며 모든 것을 허락하신 하나님의 뜻을 이해하기도, 미래의 계획을 내려놓거나 수정해 감으로써 자유를 얻기도 했습니다.

　여러분은 저와 기질, 경험, 상황, 환경 등이 모두 다를 것입니다. 그러나 깨끗한 생수, 좋은 재료로 조리된 음식은 여러분의 영혼을 건강하게 할 것이라 믿습니다. 저는 목사님의 글이 바로 좋은 재료로 알맞게 조리된 음식과 같다고 감히 자신할 수 있습니다. 바라기는 이 책이 예수님으로 포장된 각종 허영된 것들(수건)이 벗겨지고, 더 나아가 믿는 것과 아는 것이 하나가 되고 아는 것과 믿음을 결합하게 되는 은혜의 통로가 되었으면 합니다. 이 땅에서 하나님 나라를 경험하며, 진정한 자유와 분별력을 가지고 하나님이 허락하신 삶을 살아 내는 우리가 되는 도구로 주님이 쓰시는 책이 되기를 소망합니다.

맹재열(CBS PD)

　목사님의 글은 분명하지만 날이 서 있지 않고 따뜻합니다. 목사님의 상처는 하나님의 은혜로 덧입혀져 은사로 변화되었습니다. 그래서 목사님의 글은 남을 배려하고 마음에 포근하게 담기는 힘이 있습니다. 목사님을 처음 C스토리 강연장에서 만났을 때 그동안 읽은 글과 직접 마주한 모습이 하나로 보였습니다. 온라인과 오프라인의 일치! 참 뜨거운 느낌의 순간이었습니다. 목사님을 주님 안에서 사랑하고 항상 응원합니다.

서정욱(의사)

삶의 무게에 짓눌려 견딜 수 없는 고통과 서러움에 무력해진 당신이 "하나님, 도대체 저에게 왜 이러시는 거죠?"라고 절규하고 있다면 김관성 목사님의 글을 통해 우리를 위로하시는 하나님을 만나 보길 권합니다. 오랜 세월 수백 번 똑같은 질문을 던졌을 목사님의 인생 속에서 하나님은 침묵하시다가 이 책을 통해 이렇게 대답해 주시는 것 같습니다.

"얘야, 이제 뒤를 돌아보렴. 그리고 너 자신을 돌아보렴. 지금 네가 얼마나 아름다운 향기를 발하고 있으며, 너로 인해 얼마나 많은 사람이 고통 중에 함께하는 나에 대해 알게 되었는지를."

이금환(큰사랑교회 목사)

매일 올라오는 목사님의 글을 읽으면서 꾸준히 독서를 하는 분이라고 느꼈습니다. 세기와 시대를 넘어 꾸준히 읽히는 고전부터 어느 일간지의 칼럼까지 두루 섭렵하는 분이란 것을요. 제가 읽는 내용을 목사님의 글 속에서 만났을 때 반가웠던 적이 한두 번이 아니었습니다. 저는 글을 읽거나 대화를 할 때, 흔히 '동의는 하는데 공감이 안 가는가 하면, 공감은 되는데 동의가 안 되는' 불편함을 느낄 때가 많았습니다. 그러나 목사님의 글에는 그런 불편함이 없습니다. 주먹이 불끈 쥐어지기도 하고, 눈가가 젖기도 했습니다. 목사님은 자신의 삶에 얽힌 꺼내기 어려운 얘기나 아픔은 위트 있게 풀어내고, 목양하는 성도들과 부대낀 얘기는 따뜻한 품으로 안아내고, 이 시대의 교회와 성도들에게는 자상한 아버지, 형, 친구, 동생 같은 다정다감함으로 다가와 예리하게 가슴과 머리를 치는 번뜩이는 지성으로 일깨워 줍니다. 이 책을 만나는 분은 정확한 나침반을 얻은 것입니다.

임진만(주하나침례교회 목사)

전화가 왔습니다. 추천사를 써달라고 합니다. 미친 게 분명합니다. 저한테 추천사라뇨? 저는 큰 교회 목사도 아니고, 신학대 총장도 아니고, 신학 교수도 아닙니다. 책이 잘 팔리려면 이런 분들에게 추천사를 맡겨야 옳습니다. 책이 더 무게 있어 보이려면 대형 교회 목사님 추천사는 들어가 줘야 맞지요. 그런데 저에게 추천사를 써달라고 합니다. 책을 추천한다는 것은 책을 칭찬하는 것입니다. 저자를 칭찬해야지요. 저더러 김관성을 칭찬하라니요! 한바탕 욕이라면 모를까. 하나님의 크신 사랑도 다 기록하기 힘들 것 같은데 김관성 책에 대한 칭찬을 하라고 하니, 좀 힘들 것 같아 짤막하게 쓰려고 합니다.

학창 시절 내내 붙어 있었고, 목회도 같이하는 동안 지켜본 저자의 가장 인상적인 모습은 책을 끼고 살던 것이었습니다. 그를 볼 때마다 책이 바

뛰어 있었으니까요. 일 년에 몇 백 권 읽어대던 다독의 내공이 그의 글쓰기에서 빛을 발휘하고 있습니다. 사람들이 그의 글을 읽고 열광하는 것은 어찌 보면 당연한 결과라는 생각이 듭니다.

신학교 시절 그의 생일에 본회퍼의 《옥중서간》을 선물한 적 있습니다. 표지에 축하 메시지를 다음과 같이 적어 넣었습니다.

"관성아, 지구가 두 쪽 나도 이것만은 변하지 말자. 언젠가 너와 내가 농담으로 주고받던 말, '진만아, 우리 아 분유 값이 없다. 삼 일 굶었다. 돈 좀 보내 주라.' '관성아! 우리 아는 삼 일 전에 죽었다. 니는 전화할 돈이라도 있네!' 우리 입에서 이런 비탄의 말이 튀어 나올지라도 복음을 팔아 우리 배를 채우는 그런 비겁자는 되지 말자."

그 시절 그 다짐처럼 그는 늘 깨어 있는 목사로, 말과 글이 일치하는 성직자로 살고자 애쓰고 있습니다. 그래도 명색이 추천사인데 책을 읽으려고 하는 분들에게 이 책에 대한 추천은 한마디 들어가 줘야 되겠지요.

"마음 편히 예수 믿고 싶은 자, 당장 이 책을 덮어라!"

차례

4	추·천·사
13	1부 목회 _ 본질에서 길을 찾다
101	2부 사랑하는 사람들 _ 본질과 현상의 관계
159	3부 성도 _ 본질을 추구하다
279	4부 교회 _ 본질로 돌아가다
335	에·필·로·그
342	부록 _ 목회 성공하고 싶으냐? 　　　내가 몇 가지 팁을 알려 주마

제1부
목회 _ 본질에서 길을 찾다

| 부끄러운 고백 |

하나님 앞에서 목사로 살겠다고 서원한 후 목회를 준비하면서 선한 열매를 소망했지만, 내면 깊숙한 자리에는 '나의 영광의 성(城)'을 멋지게 쌓아 보고 싶은 마음이 간절했습니다. 무엇을 더 준비하고, 더 가지고, 더 갖추어야 사람들이 알아주는 괜찮은 목사로서의 삶을 살 수 있을까를 수도 없이 고민했습니다. 그래서 신학과 성경 공부에 열심을 내보기도 했고, 시대가 시대인 만큼 영어 공부에 몰입하기도 했습니다. 그런 것을 통해서 어깨에 힘도 넣고, 사람들의 인정도 받아 보았습니다.

"김 목사, 설교도 잘 해, 영어도 잘 해, 사람도 좋아!"

이런 칭찬 속에서 아드레날린이 마구 솟아올랐습니다. 나름 저는 다 준비된 목사가 되어 있었습니다. 그러나 어느 순간부터 예수님을 통해서 우리에게 분명하게 계시된 그 하나님이 원하시는 일보다 사람들이 원하고 좋아하는 그 일을 능력 있게 감당해 내고자 사력을 다하는 종교 전문가가 되어 있었습니다. 나 자신을 부추겨 주고, 삶의 동력이 되어 주는 것은 다름 아닌 자아와 청중이었던 것입니다. 이러한 경쟁적이고, 기능적인 가치관을 가지고 있던 제게는 아주 잘 맞는 옷이 됐습니다. 이것이 제 이름처럼 관성이 되어 의식을 사로잡기 시작하면서 '다른 사람들의 시선과 평가'에서 도무지 자유로워지기가 어려웠습니다. 한마디로 심각한 병에 걸린 것입니다. 내 안에는 종교적 굶주림이 도사리고 있었습니다. 그런데 이 굶주림은 도무지 만족하는 법이 없었습니다. 자아 깊숙한 본성에 그 뿌리를 두고 있었기에 쉽사리 뽑히지 않았습니다. 이 굶주림을 만족시켜 보고자 처절하게 몸부림쳤습니다. 기독교라는 종교 시장에는 기적과 정답을 소유한 능력자가 많았습니다. 그들을 통해서 일시적인 허기를 때울 수 있었습니다. 그러나 만족은 없었습니다. 나라는 죄인은 고귀한 하나님의 섭리 가운데 맡겨진 목사의 직분을, 굶주린 에서가 팥죽 한 그릇에 장자의 권리를 내던진 것처럼 이 세상의 환호, 인기와 바꾸기 위해 사력을 다하는 존재가 돼버린 것입니다. 세상 가치관과 맞는 수단과 방법을 통해서 사람들 안에 인위적인 헛바람과 조작된 감정을 만들어 주고, "당신은 은혜 받으셨습니다"라는 종교적 멘트로 포장시키는 일에는 제법 괜찮은 선수였지만 부름 받은 신실한 종은 아니었습니다.

이 중대한 병과의 싸움에서 쉽게 이겨 낼 비법은 존재하지 않았습니다. 많은 시간을 방황했습니다. 긍휼에 풍성하신 하나님은 은혜 가운데 나의 내면이 하나님의 말씀을 받드는 목회자로서의 직책을 감당할 준비가 되어 있지 않았음을 자각하게 해주셨습니다.

마더 테레사(Theresa)가 사용한 표현인 '영혼의 어두운 밤'은 저에게 오랫동안 지속되었고 그 과정은 참으로 고통스러웠습니다. 종교 시장의 장사꾼으로 남아서 생계 보존이라도 해야 하는가 말아야 하는가의 갈등으로 수많은 밤을 지새웠습니다. 꼴에 일말의 신앙적 양심은 있었던 것입니다. 그 사투의 과정 속에서 긍휼의 하나님은 저를 찾아오셨습니다. 저도 모르는 언제부터인가 작지만 의미 있는 인식들이 저의 속사람 안에서 자라기 시작한 것입니다.

"하나님의 종으로 부름 받아 사는 일에 있어 내 안에 있는 능력이나 조건이 중요한 것이 아니구나!" 하는 바로 그 자각이었습니다. 죽을힘을 다해 어떤 자격을 갖추고, 교회를 위해 목숨을 건 열심을 쏟아붓는 것이 하나님과는 아무 상관없는 길이 될 수도 있다는 것을 보게 하신 것입니다. 내 안의 온갖 더러운 불순물을 하나님은 하나하나 가루로 분쇄시켜 가셨습니다.

하나님의 선하신 섭리와 작정하심 가운데 어떤 이들은 유명하고 주목받는 목회자로 부름 받습니다. 또 어떤 이들은 초라하고 낮은 자리에서 쓰임을 받습니다. 그러한 현상을 보고 세상의 시각은 '성공했다', '실패했다'의 기준으로 평가할지 모르지만 하나님의 시각에서는 그런 잣대가 존재하지도 않을 뿐더러 필요하지도 않음을 조금씩 깨닫게 하신 것입니다. 종에게 요구되는 삶의 원리는 충성 외에는 아무것도 필요치 않습니다. 충성이란 다른 것이 아니라 주인 되시는 주님이 시키시는 그것을 사력을 다해 감당하고자 하는 마음이요 정신이라고 믿습니다.

어느새 이 길에 실패처럼 보이는 사역이 주어지더라도 그것을 신실하게 감당하는 종이 되고 싶은 마음이 자라기 시작했습니다. 말없이 충성하는 사람들을 바보요 무능력자로 취급했던 자가 이제 그 바보가 되고 싶은 마음이 생긴 것입니다. 어떤 가시적인 도움과 역사보다 이것이야말로 저에게 허락하신 가장 큰 은혜라고 믿습니다. 실력 있고 능력이 있어 하나님 앞에 쓰임 받는 것이 아님을 알게 하신 하나님을 찬양합니다. 이제껏 나의 열심과 분투로 하나님의 부족한 부분을 채워서 그분의 답답한 마음에 시원함을 안겨드리고, 동시에 목회라는 수단을 통해 나의 능력도 증명하려고 하는 것을 기독교 신앙으로 알고 살아왔습니다. 참으로 어리석고 무식한 인간입니다.

나의 가는 길, 주님의 날개 그늘 아래서 보호와 인도함 받으며 전진하길 원합니다. 십자가 지신 그분의 영광만을 위해 존재하는 충성스러운 '막대기'로 살다가 죽고 싶습니다. 자기 자신을 증명하는 일을 포기한 인생이 누리는 평강을 이 세상 그 누가 알 수 있겠습니까?

| 사람은 정말 변하는 것일까요? |

제가 전도사 시절에 학생이던 녀석이 이제 전도사가 되어 인사차 전화를 주며 울먹입니다.

"목사님, 사역이 너무 힘들어요. 요즘 애들 정말 말을 안 들어요. 설교를 아무리 해도 아이들이 변하는 모습을 볼 수가 없어요."

"동진아, 너희들도 똑같았다. 지독하게 말을 안 들었지!"

서로 웃고 난리가 났습니다. 전화를 끊고 곰곰이 생각해 보니, 그냥 웃고 넘어갈 문제만은 아니란 생각이 들었습니다. 저에게 하나님 말씀을 전해 주신 전도사님과 목사님들도 동일한 경험을 했을 것입니다. 실제적으로 주변의 목사님들을 통해 자주 듣고, 저 역시도 하는 말이 있습니다.

"인간은 절대로 안 변하더라."

그렇다면 신학교 시절 배운 '점진적 성화론'은 추상적인 관념에 불과한 비성경적인 가르침인가요? 사실 신학을 공부하는 동안 저를 가장 많이 괴롭힌 주제가 바로 '성화론'이었습니다. 그리스도 안에서 거듭남을 경험하고, 깊은 기쁨과 감격을 얼마간 맛본 다음 일정 기간의 영적 침체를 경험하고, 다시금 특정한 계기를 통해 일부분 회복을 경험하면서도 부모님으로부터 물려받은 기질대로 사는 자신의 모습을 보면 이해가 되지 않습니다. 예수 믿기 전의 나와, 믿고 난 후의 내 삶에 진정한 변화와 차이가 있는지 의구심이 듭니다. 변화가 있다고 말은 하지만 사실은 없는 경우가 대부분입니다.

더 나아가 제가 본질적으로 묻고 싶고 알고 싶은 것은 "믿지 않는 자들의 인생 사이클에 등장하는 성장과 성숙의 개념과, 예수님을 인격적으로 만난 자들의 성장과 성숙이 구체적으로 어떻게 구별되고 차이가 나는가?"입니다. 우리가 신앙적인 관점과 영향력 아래에서 변화되었다고 하는 리얼리티를 살펴보면 믿지 않는 자들도 동일하게 이루어 낼 수 있는 것이 대부분입니다.

예수님 안에서 성숙한 사람이 되었다고 주장하는 내용을 들어 보면 "예수님 만나고 술 담배 끊었습니다"가 제일 많습니다. 금주 금연에서 오는 스트레스 때문인지 성질은 더 많이 부리고 있는 것을 수도 없이 보게 됩니다. 그리고 믿지 않는 자들도 특정한 계기로 술 담배를 끊습니다.

"예수님을 만나고 나니 겸손해지고 낮아지더군요"라고 고백하면서도 기도하고 있는 내용은 너무나도 세상적인 것들로 가득 차 있는 집사들을 부지기수로 만납니다. 인생의 특별한 경험을 통해 낮아지고 겸손해진 비신자들도 수없이 존재합니다. 교회에서 회의를 하다 보면 자기의 경험과 관점에 사로잡힌 나머지 독선과 짜증을 마구잡이로 드러내는 사람들이 "하나님은 저를 고난의 골짜기를 통과하게 하셔서 철저하게 저의 무가치함을 보게 하셨지요"와 같은 고백을 참 많이 합니다. 그리고 자신의 무가치함에 치를 떠는 수많은 믿지 않는 사람이 존재하는 것은 어떻게 설명해야 합니까? 종교적인 멘트에 참 많이 속았습니다. 지속성의 잣대를 들이밀었을 때 실질적으로 변화된 사람을 거의 만나 보지 못했습니다. 이것이 저의 솔직한 관찰이요 고백입니다. 좋은 인격을 가진 분은 원래부터 성품이 좋았던 분이 대부분이었습니다. 그러나 예수님을 인격적으로 만난 경험이 특정한 순간을 넘어 지속적으로 사람을 변화시키는 모습은 거의 보지 못했습니다.

유진 피터슨(Eugene Peterson)의 《유진 피터슨》이라는 목회 회고록을 보면 초년병 설교자들의 절망이 바로 여기서 온다는 지적을 합니다.

"내 설교에 사람들이 왜 이리도 반응과 변화가 없을까?"

저는 유진 피터슨에게 묻고 싶습니다.

"피터슨 목사님, 그 현상은 초년병 설교자들만 경험하는 좌절이 아닌 것 같은데요?"

그분이 제게 무슨 답을 주실지 참 궁금합니다. 무엇보다 사역자가 되었지만 믿음의 진보가 없는 제 자신의 모습을 보면서 저는 거의 확신하게 되었습니다. "점진적 성화론은 허구다"라고요. 그러나 평생 설교를 하고 살아야 되는 사람인데 "점진적 성화론을 포기하면 어떻게 설교를 할 수 있을까?" 그것이 저의 딜레마가 되었습니다.

그러한 고민과 어두움 속에 잠겨 있던 제게 빛과 같이 다가온 개념이 있습니다. '결정론적 성화론'이 바로 그것입니다. 그리스도를 믿음으로 말미암아 신자는 그의 모습과 상관없이 이미 그의 성화가 완성되고 결정되었다는 것입니다.

동시에 저는 루터의 십자가 신학을 알게 되었습니다. 루터파의 성화론은 '결정론적 성화론'과 일맥상통하는 부분이 많았습니다. 루터파의 성화론은 신자가 점점 더 거룩해져 가는 과정에 초점을 두기보다는 그리스도가 이미 성취하고 이루어 내신 십자가 사건의 효력과 공로를 지속적으로 붙잡고 바라보는 것이 신자의 마땅한 도리임을 강조하는 신학입니다. 변화된 자신의 모습을 바라보기보다는 끊임없이 다시금 십자가의 은혜를 붙잡을 때 신자답게 살 수 있다는 것을 강조했고, 또한 신자 안에 남아 있는 죄악의 객관적 현실을 조금 더 솔직하게 인정하는 입장이었습니다.

"나이를 먹어 힘이 빠진 것을 성화되었다고 말하면 안 됩니다."

촌철실인 같은 문장입니다. 한마디로 루터파의 성화론을 잘 표현하는 문구라고 할 수 있습니다. 신앙의 초보 단계 때나 많은 시간이 흘렀을 때나 신자는 십자가의 공로만을 지속적으로 의지해야 되는 존재라는 것이 루터파의 성화론입니다.

저는 이 두 가지의 신학적 견해 안에서 숨을 쉴 수 있었고, 다소나마 해방을 경험했습니다. 이 입장에서 설교도 했고요. 그러나 이러한 신학적 입장의 장점이 분명히 존재하지만 저의 영혼 깊숙한 곳에서는 개운하지 못한 느낌이 끊임없이 찾아왔습니다. 믿음으로 살아야 한다는 신앙적 당위를 버리고 편안하게 내 마음대로 살아 보기 위한 방편으로 이러한 입장을 옹호하고 있다는 느낌을 지울 수 없었던 것입니다. 무엇보다 성경에 명시된 언급을 무시할 수 없었습니다. 성경의 일관된 흐름은 '점진적 성화'를 요구하고 있습니다. 제가 선호했던 입장이 성화의 한쪽 측면만을 두드러지게 강조하고 있는 게 아닌지 의심이 들기 시작했습니다. 그러고 보면 신학이 정리되는 과정은 참 고단한 현실입니다.

좀더 깊이 공부하는 가운데 제가 옹호하고 붙잡고 있던 결정론적 성화론은 점진적 성화론과 구별해서 독단적으로 적용할 수 있는 개념이 아님을 깨닫게 되었습니다.

"그리스도의 교회는 처음부터 십자가는 승리로 가는 길이 되도록, 그리고 죽음은 생명으로 가는 길이 되도록 구성되어 있다."

존 칼빈의 이 말이 저의 뒤통수를 때렸습니다. 저는 이 말을 '결정론적 성화가 이루어진 신자의 삶은 반드시 점진적 성화의 삶으로 나아가도록 운명 지워져 있다'로 이해했습니다. 이 부분이 정리가 되면서 루터의 십자가 신학에 기초한 성화론의 한계도 보이기 시작했습니다. 하나님이 주시는 은혜는 우리를 변화시키는 능력이지 이미 확보하고 주어진 어떤 것만을 의미하는 것이 아님을 깨닫게 된 것입니다.

더 심각한 나락으로 떨어질 수 있던 상황에서 하나님은 점진적 성화론 안에 '동심원적 원리'가 자리 잡고 있음도 깨닫게 해주셨습니다. 이것을 어떻게 설명해야 할까요? 축구공이 있다고 칩시다. 축구공의 맨 위의 지점은 아래로 내려옵니다. 동시에 맨 밑의 지점은 위로 올라갑니다. 그런 과정을 통해 축구공은 앞으로 굴러갑니다. 성도들의 신앙적 정서에 이것을 비유했을 때, 어떤 신자들은 그의 신앙이 객관적으로는 전진하고 있음에도 불구하고 주관적 측면에서는 실망과 좌절로 느낄 수 있다는 것입니다. "나는 왜 이렇게 변화가 없을까? 나는 가짜가 아닐까?"라고 느끼는 것은 위에서 내려오는 지점에 있기 때문입니다. 그러나 신자 자신의 주관적인 느낌보다 신자 안에서 믿음의 역사를 시작하신 하나님이 이루어 가시는 객관적 현실이 중요한 것입니다.

이런 일련의 과정을 통해서 자신과 교회안의 가족들을 바라보면서 느낀 실망과 좌절을 이해할 수 있게 됐습니다. 성화와 관련해서 "주님께서 하시도록 다 내려놓읍시다", "이제 그만하고 하나님의 놀라운 뜻대로 이루어지게 하십시다"라는 식의 가르침이 난무하고 있습니다. 이것은 성경적인 성화론이 아닙니다. 이런 식의 메시지가 강조되다 보면 신앙을 감상적으로 이해하게 됩니다. 믿음이 좋아 보이지만 실체는 없는 것입니다. 오직 하나님의 은혜로만 가능한 성화이지만 그것을 기도 한방으로 확보할 수 있다고 믿는 것은 올바른 인식이 아닐뿐더러 성경적인 시각도 아닙니다.

"성화에 있어 초월적이고 획기적이고 즉각적이고 완벽하게 어떤 결과를 얻어 내는 신비한 방법을 기대하는 것은 신자의 올바른 자세가 아닙니다"라고 외치는 어느 설교자의 목소리에 우리는 귀를 기울여야 합니다.

성화의 과정에서 오는 좌절과 실망을 제대로 정리할 수 있기를 소망합니다.

"울지 마십시오. 우리는 전진하고 있습니다."

하나님과 복음도 만들어 내는 인간의 사악함

책을 읽다 보면 우연의 일치로 각각의 다른 저자가 동일한 말을 하는 것을 발견하곤 합니다. 하나님은 특정한 사람에게만 깨달음과 은혜를 독점적으로 몰아주시는 분이 아님을 다시 한 번 느끼게 됩니다.

본회퍼(Dietrich Bonhoeffer)는 그의 책《본 회퍼의 시편 명상(Meditating on the word)》에서 기독교 신앙의 '십자가 중심성'을 강조하면서 동시에 인간의 악한 성향을 지적했습니다. 그의 폐부를 찌르는 음성을 들어 보겠습니다.

"하나님이 어디 계실지 결정하는 사람이 나라면, 나는 어느 장소에서든 내게 맞고 내 생각에 어울리는 하나님을 찾아낼 것이다. 하지만 당신이 어디 계실지를 결정하는 분이 하나님이라고 한다면, 그분이 정한 장소는 다름 아닌 십자가다."

도널드 맥컬로우(Donald W. McCullough)는 조금 다른 각도에서 비슷한 주장을 전개합니다. 그의 책 《내가 만든 하나님》에서 이스라엘 백성들의 죄를 과감한 필치로 드러냈습니다. 인상적인 것은 성경 안에 등장하는 '자기 기호에 맞는 하나님 만들기'의 사례를 포착해 낸 점입니다.

"이스라엘은 자신들의 상상력을 동원해 금송아지를 만들어 냈던 것이다. 그들은 자기들을 구해 준 하나님을 버렸다고는 생각하지 않았다. 다만 하나님을 자기들의 기대와 요구에 맞게, 자신들의 욕구를 충족시키기 위해 자기들만의 것으로 변형시켰다."

유진 피터슨(Eugene Peterson)의 통찰력도 인간의 자기중심성에 기인한 조작 성향을 밝혀내는 데 한몫합니다. 그는 《메시지 구약 모세오경》에서 이스라엘 백성들의 죄 된 경향성을 한 문장으로 선명하게 요약하고 있습니다.

"우리가 원하는 것을 우리가 원하는 대로 우리가 원하는 때에 주옵소서!"

세 사람의 저자를 통해서 인간들 안에 자리 잡고 있는 종교적 야욕이 주로 어떤 방향으로 흘러가는지를 선명하게 확인하게 됩니다. 우리는 깊은 섭리 안에 계신 '하나님의 침묵'을 이해하거나 그 의미를 되새기려고 하지 않습니다. 우리 안의 조바심이 그것을 용납하지 않습니다. 자기가 정한 타이밍에 와 주시지 않는 하나님은 언제든지 용도 폐기할 준비가 돼 있습니다. 이들을 향해서 아무리 바른 복음과 설교를 전해도 소용이 없습니다.

자기 인식론의 노예가 돼버린 사람들은 외부에서 무슨 소리를 하든지 간에 '자기 이해 방법'이라는 필터를 통해서 들은 내용을 정화(?)시켜 버립니다. 이들에게는 "내가 어떻게 받아들이는가?" 하는 그것이 진리요 생명인 것입니다. 자신의 인식 방법이 진리고, 만물의 척도는 바로 '나 자신'이라는 정신이 그들을 장악해 버렸습니다.

이들의 신앙적 행태가 불성실한 모습으로 흘러갈 것이라고 생각하는 것은 굉장히 피상적인 인식입니다. 그것과 정반대로 인간이 할 수 있는 가장 대단한 열심과 간절함이 이들에게 존재합니다. 사생결단의 기도와 종교적 수사를 동원해서 자기의 뜻을 관철시키려 안달이 나 있습니다.

갈멜산에서 엘리야와 사투를 벌인 바알과 아세라 신의 숭배자들이 가지고 있는 사고방식이 이들에게 그대로 나타납니다. 칼을 동원하여 자신의 몸을 자해하던 이들의 패악이 이질적인 것이 아닙니다.

"아이 쌍! 이렇게 간절히 찾고 매달리는데도 침묵하고 계실 겁니까?"

이들은 자신의 욕망에 따라 자신만의 하나님을 만들고, 그 하나님 앞에 모든 것을 바칠 준비가 되어 있는 사람들입니다. 이유는 의외로 간단합니다. 자신의 목적에 부합하는 하나님을 달래서 자신의 소원을 충족하고자 하는 것입니다.

"나의 십일조와 헌신을 챙기고 침묵한다면 가만히 두고 보진 않겠다."

이것이 하나님을 향한 이 사람들의 심보입니다. 겉모습은 하나님이 자신의 주인인 형국이지만 속사정은 정반대입니다. 인간 쪽에서 인위적인 액션과 신호를 던지면 곧장 반응해야 하는 위치에 하나님을 놓아두고 있는 것입니다.

"그동안 나를 통해서 얻어 챙긴 것이 얼마나 많으신데……."

이런 식으로 간이 부어 버린 인간들은 그리스도의 영광스러운 복음마저 철저하게 자신의 기호와 성향에 부합하는 복음으로 가공 제조해서 유포시킵니다. 나무를 가지고 의자와 책상을 만들어 시장에 내놓듯이 하나님과 복음도 사람의 기호와 입맛에 맞추어 각색해서 증거하기 시작합니다.

이들의 사악함의 정점에는 "일단 많은 사람이 호응하는 대중성만 확보하면 게임은 끝난 것이다"라는 사고방식이 자리 잡고 있습니다. 바른 신학, 바른 설교, 바른 중심은 배가 고파지면 자연스럽게 사람들(특히 목회자)의 마음에서 사라지게 된다는 확신이 있는 것입니다. 청중이 우상이 돼버렸기 때문에 그들의 성향과 스타일에 빨리 적응하는 것이 목회자의 자질이 되었습니다. 믿음의 중심이 중요한 것이 아니라 눈치와 탁월한 적응력이 죽이고 살리고를 결정하는 시대가 된 것입니다.

이제 목사도 눈치 빠르게 적응해야 밥 굶지 않고 살 수 있는 서글픈 현실 속에서 하나님 말씀을 전한다는 것은 무엇을 의미하는 것일까요? 말씀 속에 계시된 하나님, 십자가를 통해서 자신의 영광을 온전히 드러내신 그 하나님만을 순결한 마음으로 증거하고 사랑하는 인생이 되고 싶습니다. 이런 간절한 소원과는 달리 나도 내 입맛에 맞고 적당한 하나님을 인위적으로 만들어 내는 그런 목사는 아닐까 하는 두려움이 저를 사로잡습니다.

| 설교자는 도덕 선생님이 아닙니다 |

"전도사님, 마흔 살 전에는 가능하면 설교하지 마십시오."

20여 년 전, 저를 많이 아껴 주신 목사님이 새내기 전도사인 제게 해 주신 권면의 말씀입니다. 이 말의 의미는 진정한 설교자가 되기 위해서는 사람이 무엇인지, 인생이 무엇인지에 대한 이해가 깊어야 한다는 것입니다. 모든 사람에게 일괄적으로 적용해야 할 원칙은 아니라 해도, 설교자로 강단에 올라가야 한다면 진지한 마음으로 받아들여야 할 내용임은 틀림없습니다.

가능하면 이 원칙대로 살아보려고 했지만, 교회의 여건과 요구는 저를 20대부터 설교자의 자리로 몰아갔습니다. 기왕이면 누구보다 설교를 잘하고 싶었습니다. 동작과 유머가 포함된 설교 원고를 만들고, 토씨 하나까지 다 암기하고, 아무도 없는 예배당 강단에 올라가 미리 연습도 하면서 설교자로서의 걸음을 떼었습니다. 그러한 꼼꼼한 준비는 성도들에게 "우리 전도사님, 설교 참 잘하셔!"라는 평을 듣게 했습니다. 좋게 말하면 열정과 진심이 있었습니다. 사력을 다해 설교했고 그 모습을 성도님들이 귀하게 봐주셨습니다.

그러나 제가 확신한 신학적 방향과 사고 안에서 벗어나는 삶의 경향과 행습에 대해서는 무자비한 칼을 휘둘렀습니다. 저도 모르는 새 가장 존경하고 사랑한 목사님의 권면을 완전히 망각했습니다. "전도사님, 마흔 살 전에는 가능하면 설교하지 마십시오"라는 권면 안에 내포된, 성실과 진심을 넘어서는 요소가 설교에 담겨야 한다는 사실을 몰랐던 것입니다. 한마디로 교회와 성도를 바라보는 근본적인 시각이 숙성되지 못했고, 삶에 대한 이해도 단순하고 천박했습니다.

그러다 보니 때로는 설교의 방향과 내용이 점점 누군가를 정죄하는 방향으로 흘러갔습니다. 그러한 내용을 의식하고 강단에 올라가도 '관성의 법칙'이란 무서운 것이었습니다. 한쪽으로 길이 형성된 이상 그것을 벗어나기란 쉽지 않았습니다. 무엇보다도 굳어진 신학적 프레임을 뛰어넘을 실력이 없었습니다.

"그것은 하지 마십시오. 저것은 하십시오. 그것을 하면 성숙한 신자요, 하지 않거나 못하면 미성숙한 신자거나 거듭나지 못한 것입니다."

사람을 환장하게 하는 것은 이런 설교 후에 다가오는 피드백이었습니다.

"전도사님, 오늘 설교 최고예요. 전도사님 설교는 참 열정적이고 은혜로울 뿐만 아니라 내용이 쏙쏙 귀에 들어옵니다."

그분들은 진심으로 저를 격려해 주셨지만 제 속에는 '이건 아닌데……' 하는 울림이 계속되었습니다.

사람과 인생에 대한 이해 없이 동시에 진심과 열정을 가진 상태가 되면 '무서운 도덕 선생이 되는' 그런 자각이 저를 찾아왔습니다. 성도들이 가지고 있는 선입견과 말씀에 대한 이해는 생각보다 단순했고, 강단에서 무슨 이야기를 해도 '아멘'으로 화답하려는 성향이 내재해 있음을 발견했습니다. 이런 깨달음이 설교가 지니는 무게와 중요성을 다시 한 번 인식하는 계기가 되었습니다.

'설교자가 마음을 팔아먹거나, 신학적 방향을 잘못 잡거나, 삶의 정황을 이해하는 능력이 떨어질 때 사람들을 엄청나게 망칠 수 있구나!' 하는 인식은 강단에 올라가 악을 쓰면서 하나님의 편을 드는 일을 점점 두렵게 만들었습니다.

무엇보다 한 사람의 인생이 처한 형편을 고려하고 이해하는 능력은 그냥 주어지는 것이 아니었습니다. '아, 목사님께서 그냥 하신 말이 아니었구나!' 많은 분을 만나면서 들은 조언 중에 아직도 저의 마음을 사로잡고 있는 것이 있습니다.

"전도사님, 구속사적인 관점의 설교나 강해 설교가 성경만 붙잡고 있다고 해서 자동으로 만들어지는 것이 아닙니다. 축구도 해보시고, 당구도 치시고, 막노동도 해보시고, 무엇보다 소설책을 비롯한 인문 서적을 많이 읽으십시오. 지식을 추구하라는 말이 아님을 깊이 명심하십시오. 사람과 인생을 만나는 계기로 삼으십시오."

그 후 성도들이 각각의 삶의 현장에서 어떤 고민을 하고 사는지, 가능하면 가까운 자리에서 관찰하고 살펴보려고 노력했습니다. 20대 후반까지 경험하고 이해한 삶의 안경으로는 보이지도 이해도 되지 않던 것이 참 많았습니다. 직접 경험하기 어려운 인생은 소설책이 많은 도움을 주었습니다. 한 권의 좋은 소설은 어설픈 신앙 서적 100권보다 더 많은 통찰과 이해를 주었습니다. 20대의 어린 전도사 시각에서는 보려고 해도 볼 수 없는 삶의 처절함과 치열함이 30대를 거치면서 조금씩 보이기 시작했습니다. 혼전 순결을 지키지 못하고 아기를 만들어 버린 형제와 자매, 십일조를 제대로 하지 못하는 사람들, 교회 생활과 삶의 현장과의 괴리가 심한 사람들, 교회 일에 불만이 많은 사람, 자리만 잡으면 다른 사람을 험담하는 자들, 예배시간마다 잠을 자는 사람들, 당을 만들어 자신의 입지를 확보하는 사람들, 그러면서도 교회를 한 번도 빠지지 않는 사람들……. 20대의 어린 설교자에게는 공격의 대상들이었습니다. 어린 설교자에게는 그들이 이런 종류의 삶을 살 수밖에 없는 과정과 이유는 중요하지 않았습니다. 이런 사람들을 향해 적절한 공포감을 안기는 것이 그들을 회개의 자리로 인도하는 첩경이라고 생각했습니다. 삶의 정황과 인생의 깊이를 조금씩 이해하기 시작하면서 이런 식의 설교와 균열이 생기기 시작했습니다.

"인간이 어쩌면 저럴 수가 있어? 저런 인간이 신자야?"라고 자신 있게 외치던 그 말은 어느새 "사람은 그럴 수 있어. 그 사람은 그럴 수밖에 없잖아"의 자리로 옮겨갔습니다. 죄 가운데서 뒹굴며 즐기는 자들을 용납하겠다는 것이 아니라, 무엇이 오늘의 저 사람을 만들었을까, 하는 더 깊은 차원의 고민이 설교 안에 담기기 시작했습니다.

"아, 니는 그동안 하나님과 그분의 말씀을 무기로 삼아 강단에서 강도와 같은 협박을 하고 살았구나!" 깨달으니 몹시 수치스러웠습니다.

"강단에는 함부로 올라가는 것이 아니구나."

그렇게 시간과 세월은 흘렀습니다.

어느새 그 나이 마흔을 넘었습니다. 교회를 개척하고 청빙을 받아 아담한 교회의 설교자가 되었습니다. 아직도 무엇이 인생인지, 인간의 본질이 무엇인지를 명확하게 이해하는 자리에 서 있지 못합니다. 그러나 이곳에서 설교하는 사람으로 사는 동안 카리스마로 사람을 휘어잡는 목사가 아닌, 성도들의 삶의 형편과 고민에 깊이 동참하는 사람으로 살고 싶은 마음이 간절합니다. 하나님이 긍휼의 은혜를 설교 사역 위에 한없이 부어 주시기를 간절히 소망합니다. 그래서 제 설교를 듣고 주님을 섬기는 가족들이 정죄감과 무거운 짐을 지고 집으로 돌아가기보다는 우리 모두를 향해 기다리시고, 인내하시고, 마음을 졸이고 계신 하나님의 마음을 더욱 깊이 이해하는 신자가 되어 예배당 문을 나서면 좋겠습니다.

| 우리의 어두운 눈을 열어 주소서 |

베뢰아에 있는 사람들은 데살로니가에 있는 사람들보다 더 너그러워서 간절한 마음으로 말씀을 받고 이것이 그러한가 하여 날마다 성경을 상고하므로(행 17:11)

이 말씀에 해당하는 영어 성경(NIV)은 개역개정 번역에 없는 중요한 내용이 첨가되어 있습니다.

Now the Bereans were of more noble character than the Thessalonian, for they received the message with great eagerness and examined the Scriptures every day to see if what Paul said was true.

영어 성경의 맨 마지막 줄에 한글 번역에는 없는 'to see if what Paul said was true' 부분을 보실 수 있습니다. 즉 '사도 바울이 말했던 것이 사실인지 아닌지를 확인하기 위해서'라는 내용입니다.

이 내용을 첨가해서 조금 더 정확하게 번역을 하자면 '베뢰아에 있는 사람들은 데살로니가에 있는 사람들보다 더 너그러워서 간절한 마음으로 말씀을 받고 사도 바울이 전한 것이 사실인지 아닌지를 확인하기 위하여 날마다 성경을 상고하므로'가 됩니다. 베뢰아 사람들의 말씀을 향한 열정을 읽을 수 있는 대목입니다.

설교하는 사람으로서 생각해 보건대 한국 교회 권속들의 목회자를 향한 신뢰는 거의 절대적입니다. 교회마다 상황이 조금씩 다르긴 해도 일반적으로 이러한 경향을 가지고 있습니다. 목회자들의 삶이 전한 말씀과 다른 모순된 양태를 보이는 것에 실망과 안타까움을 가지기도 하지만, 선포되는 설교 내용에 대해서는 "아멘"으로 일관하는 것이 예배 시간의 실상입니다. 목회자를 향한 절대적인 신뢰를 목격할 수 있는 단면입니다.

말씀을 전하는 자와 듣는 자 사이에 무조건적 신뢰가 존재하는 한국 교회와는 달리 베뢰아 사람들의 말씀을 향한 능동적인 열정은 우리에게 적잖은 당혹감을 줍니다. 다시 말하면 베뢰아 사람들의 말씀을 향한 열심은 목회자의 설교를 의심 없이 수용하는 한국 교회의 권속들에게 생각해 보아야 할 화두를 던져 주고 있습니다. 한국의 특별한 문화적 전통의 정신에서 비롯한 리더에 대한 순종과 존경심이 말씀을 전하는 자와 듣는 자 사이에 이러한 무조건적 수용의 태도를 낳았습니다. 어떤 면에서는 이러한 전통의 정신은 분명히 좋은 것임에 틀림없지만, 그러나 말씀에 대하여 아무런 생각 없이 수용하는 태도는 깊이 있는 믿음으로 자라날 수 없게 하는 원인이 됩니다.

설교자로서 볼 때 대부분의 성도들의 말씀을 아는 수준은 심각하게 낮습니다. 똑같은 주제의 말씀을 어제는 이렇게 설교하고, 오늘은 그 설교를 뒤집는 내용을 전해도 어제도 아멘 오늘도 아멘을 외치고 있습니다. 자연히 설교자는 긴장감을 가질 필요도 없고 최선을 다해 말씀을 준비할 필요도 없는 자유에 놓이게 됩니다.

이러한 성도들의 상태가 목회자들을 말씀에 대한 상고와 연구에 점점 나태하도록 만듭니다. 심지어 최소한의 신학적인 원칙과 기준도 무시되는 지경에 이르고 있음에도 누구 하나 그 심각성을 인식하는 사람이 없습니다.

부흥회나 방송 설교의 내용을 가만히 들어 보십시오. 개그나 만담 수준의 설교와 그 설교를 들으며 손뼉 치고 좋아하는 성도들을 보면 답답하고 안타까울 뿐입니다. 받아들이고 있는 그 말씀이 자신의 영혼을 살찌게 하는지 아닌지를 분별할 수 없는 성도들을 보면 탄식하지 않을 수 없습니다. 찬송가의 가사처럼 외치는 자는 많으나 생명수는 말라 버린 현실이 되었습니다.

이러한 현상은 비단 오늘 한국 교회의 실상만은 아닙니다. 신구약 성경이 한결같이 이야기하는 대부분의 시대 속에서 교회와 회당 안에 있던 사람들이 참된 종과 거짓 종을 구분하지 못했다고 말씀하고 있습니다. 대중은 자신들의 기호와 철학에 맞는 소리로 말초적 감각에 만족을 주는 사람을 하나님의 말씀에 능력 있는 대언자로 간주해 왔고 그것이 종교 시장의 일반적인 경향이 됐습니다.

사무엘상 3장 1절 말씀입니다.

아이 사무엘이 엘리 앞에서 여호와를 섬길 때에는 여호와의 말씀이 희귀하여 이상이 흔히 보이지 않았더라(삼상 3:1)

약 350년 뒤에 아모스의 외침도 들어 보십시오.

주 여호와의 말씀이니라 보라 날이 이를지라 내가 기근을 땅에 보내리니 양식이 없어 주림이 아니며 물이 없어 갈증이 남이 아니요 여호와의 말씀을 듣지 못한 기갈이라 사람이 이 바다에서 저 바다까지 북쪽에서 동쪽까지 비틀거리며 여호와의 말씀을 구하려고 돌아다녀도 얻지 못하리니 그날에 아름다운 처녀와 젊은 남자가 다 갈증이 나 쓰러지리라(암 8: 11~13)

이렇게 성경 말씀에서 보는 바와 같이 천상 회의에서 계시를 받은 바도 없으면서 자신을 하나님의 참된 종으로 소개한 자가 많았습니다. 거짓된 내용으로 사람들을 미혹했고, 이런 거짓 선지자들을 참된 종으로 간주한 사람은 더 많았습니다. 그러므로 우리는 역사가 보여 주는 사실을 분명하게 깨달을 수 있어야 합니다.

참된 하나님의 말씀 안에 거한 사람이 교회 안에 대다수였던 때는 드물었습니다. 어느 시대에도 하나님 말씀을 신실하게 전한 종은 소수였고, 그 말씀을 알아 본 사람 또한 많지 않았습니다.

우리는 하나님께 말씀을 분별할 수 있는 영안을 회복시켜 주시기를 기도해야 합니다. 무엇보다 베뢰아 사람들 같은, 진리를 분별하려는 진지한 열정을 허락해 주시기를 간절한 마음으로 사모해야 합니다. 그리하여 하나님이 마련하신 풍성한 은혜를 누리는 복된 자리의 주인이 되시기를 소망합니다.

| 첫사랑이 전해 준 책 |

신학교 입학을 위해 고향을 떠나던 날, 첫사랑이라고 해야 할까요? 교제하던 아리따운 고향 교회의 자매로부터 《소설 동의보감》을 건네받았습니다.

"오빠, 목사 될 사람은 꼭 읽어 봐야 할 책이야. 다 읽고 독후감 제출해."

그렇게 전해 받은 그 책을 신학교로 향하는 대전행 버스 안에서 눈물을 쏟으며 읽은 기억이 생생합니다.

그 책을 읽는 동안 저의 마음에 새긴 결심이 있습니다.

'결단코 돈 때문에 사역하는 목사는 되지 않겠다.'

이십 대 초입에 들어선 어린 신학생의 당당한 패기였습니다. 벌써 이십 년이란 세월이 흘렀고 지난날을 되돌아 보니 돈과 관련한 큰 실책이나 잘못은 범하지 않고 살아온 것 같습니다.

그러나 세상모르는 나이에 심장에 새긴 그 다짐대로 살아 내기란 결코 쉬운 일이 아니었습니다. 철없는 패기로 많은 목사님을 향해 무차별적 비판의 칼날을 날린 젊은 날의 정의심이 부끄럽지만, 그럼에도 불구하고 그 원칙을 포기하고 싶은 마음은 조금도 없습니다. 포용하고 용납하는 마음이 깊어지고 넓어졌다는 것이 원칙과 분별없이 모든 상황을 수용한다는 것을 의미하지는 않기 때문입니다.

많은 목회자가 돈과 관련된 문제로 목회의 여정을 떠나는 것을 볼 수 있습니다. 목회자 자신의 결심과 각오가 굳다 하더라도, 가정이 있는 한 자신의 의지만으로는 될 수 없는 문제이기 때문입니다. 함께 사역의 길을 가는 사모의 역할이 절대적이고 어떤 의미에서 목회자보다 사모의 세속화가 심각해 보입니다. 지나온 고생에 대한 보상을 원하는 심리일 수도 있으나 그 지나침이 도를 넘어서면 우려의 눈으로 보지 않을 수 없습니다.

특히 안정적 규모의 교회를 섬기는 목사의 사모들 중에는 중산층 부녀자 이상의 사치와 허영에 젖어 사는 경우를 어렵지 않게 볼 수 있습니다. 부동산 투기도 하고, 모르는 맛집이 없을 정도의 식도락을 즐기며, 엄청난 교육비가 들어가는 특목고나 대안 학교에 자녀들을 보내기 위해 온 정신을 쏟으며 사는 사모도 있습니다. 게다가 노후 대책과 은퇴 자금 문제와 사례비에 관한 문제에 직간접적으로 영향력을 행사하여 자연스럽게 목사인 남편이 목회의 원칙을 포기할 수밖에 없는 상황에 이르게 합니다.

어느 정도 목회자로서의 삶을 산 저에게 이런 현상은 더 이상 남의 일로만 보이지 않습니다. 저희 부부 역시 돈과 자식을 사랑하는 DNA를 가진 인간이기 때문에 이와 같은 모습으로 바뀌지 않는다고 장담할 수 없습니다.

교회를 찾는 방문객 중에 후배들이 많습니다. 찾아오는 목적은 선명합니다. 목회와 관련한 이야기도 나누고 조언을 얻기 위함입니다. 마음의 준비를 하고 좋은 이야기를 많이 나누고자 자리를 같이하게 되면 상황은 저의 예상과는 전혀 다르게 흘러갑니다. 제가 이야기를 주도하기보다 후배들의 이야기를 듣는 입장이 되는 경우가 더 많습니다.

후배들은 물 만난 고기 마냥 교회 형편과 목회 철학에 대해 열변을 토합니다. 그들의 목회자로서의 각오와 다짐을 듣다 보면 어느새 세속의 흐름에 물들어 있는 저 자신을 발견합니다. 나름대로 소신을 지키고 깨끗하게 목회를 해 왔다고 자부했는데 그들이 열변을 토하는 목회 상황과 비교하면 때가 타도 한참 타버린 것 같아 마음이 복잡해집니다.

'나는 언제부터 망가지기 시작한 것일까?'

자괴감과 함께 찾아오는 자책이 마음을 휘젓습니다.

"형님, 개척 초창기부터 선교를 시작하지 않으면 앞으로도 이 일에 인색해질 것 같아서 과감하게 사례비를 포기하고 그 금액을 선교비로 드리기로 했습니다."

당당히 자신의 소신을 밝히는 후배 목사의 모습은 쉽게 변질될 것 같지 않습니다. 한마디 한마디에 결연한 진정성이 묻어납니다. 목회의 여정에서 타협을 시작할 수도 있는 시점에 있는 내게 이러한 후배들의 모습은 귀한 깨우침과 도전을 줍니다. 그러면서도 여전히 마음의 한편에서는 '너도 내 나이 한번 돼 봐라'라고 정당성을 주장하고픈 것은 어쩔 수 없습니다.

이와는 달리 최근 여러 동료 사역자들로부터 듣는 원로 목사님이나 은퇴 목사님의 이야기에는 황당한 분노를 느낍니다.

"김 목사, 나 죽겠다. 우리 원로 목사님께 은퇴금을 요구한 대로 드리지 못했는데, 그 일 때문에 모든 예배시간에 오셔서 눈을 감고 고개를 들고 팔짱을 낀 채 예배 시간을 보내고 가신다."

목회자로 평생을 지낸 분들이 점점 더 주님을 닮아 가는 것이 아니라 욕심으로 가득한 볼썽사나운 모습이 되어 가는 소식을 접하게 됩니다. 목회자와 사모의 삶에서 점진적 성화가 아니라 퇴행하고 있는 모습을 보면서 가슴이 답답해집니다.

"나는 절대로 안 변할 자신 있어!"

이런 식의 구호는 아무 소용이 없습니다. 신앙은 과거의 결심과 다짐으로 증명되는 것이 아니라 오늘을 살아 내는 믿음으로 증명되는 것이기 때문입니다. 과연 누가 이 변질과 타협의 길에서 자유로울 수 있을까요? 순수했던 마음이 현실에 눈을 뜨면서 조금씩 타협하는 자리에 앉게 되고, 진실로 결연했던 마음도 상황과 여건에 의해 조금씩 변하게 됩니다. 이것이 본성을 지닌 인간의 일반적인 삶의 모습입니다. 그러나 부름 받은 소명의 길로 자신의 인생행로를 정한 자라면 어떠한 일이 있어도 세대와 구별된 삶을 살고자 늘 깨어 있어야 할 것입니다.

우리가 먹을 것과 입을 것이 있은즉 족한 줄로 알 것이니라(딤전 6:8)

사도 바울의 이 외침이 누구보다도 이 시대의 목회자와 사모 가정을 향한 말씀으로 다가옵니다. 목회를 끝내는 날까지 하나님이 마음을 온전히 지킬 수 있도록 은혜를 부어 주시기를 소망합니다. 그래서 먹고 입는 것만으로도 날마다 넘치는 감사의 고백을 드리는 그런 목사로 살았으면 좋겠습니다.

❙ 불안감이라는 선물 ❙

　신학교를 졸업하고 목회자로서 첫발을 내딛을 때 목회가 어떤 것인지 그 본질을 알고 시작하는 사람이 몇이나 될까요? 어떤 일이나 마찬가지지만 목회 역시 그 어떤 실질도 알지 못한 채 길을 나서게 됩니다. 목회의 여정 중에 있는 지금도 솔직히 목회가 무엇인지에 대한 명확한 이해를 가지고 있지 못합니다.
　'나는 과연 하나님의 말씀을 올바르게 수종 들고 있는 것일까?'
　'나 자신의 능력을 증명하려는 수단으로 목회를 이용하고 있는 것은 아닌가?'
　이러한 질문이 마음에 끊이지 않는 가운데 때로는 두려움마저 엄습해 옵니다. 물 위를 헤엄치는 오리의 숨겨진 수고처럼 유유자적한 겉모습과 달리 물밑의 다리는 애처로운 고군분투로 쉴 틈이 없습니다. 이 오리처럼 겉으로는 여유롭고 근엄한 척하지만 제 속의 영혼은 날마다 파르르 파르르 떨고 있습니다.
　불확실한 미래에 대한 불안과 두려움은 시야에 보이는 것을 확보해 놓으려는 욕망으로 이어집니다. 이렇게 내 힘으로 계획하고 대비하려 안간힘을 쓰면서 이것이 얼마나 부질없는 노력인지도 잘 압니다. 결국 불안과 두려움은 하나님을 간절히 찾고 울부짖는 근원적 동기가 되는 것입니다.

그래서 어떤 의미에서는 명확한 이해와 통찰력을 가지고 이 길을 가는 것보다 어쩌면 자기 운명과 길에 대한 확신을 전혀 느낄 수 없는 하루살이의 인생으로 이 일을 감당하는 것이 훨씬 더 복될 수 있습니다. 이런 관점에서 볼 때 신실하신 하나님은 내가 가지고 있는 그 어떤 능력의 요소들에도 비례하여 역사하시지 않는다는 사실이 큰 위로가 됩니다. 그렇기에 소망 가운데 하나님의 역사를 기다릴 수 있는 것입니다.

주의 말씀은 내 발에 등이요 내 길에 빛이니이다(시 119:105)

시편 기자의 이 고백은 제게 큰 위로가 됩니다. 한 발자국 뗄 때마다 다음 발자국만을 비출 수 있는 등불처럼 주님의 말씀과 함께 하루하루를 감당해 내는 것이 참으로 복된 인생입니다.

| 하나님의 도구 |

"주여 내가 여기 있나이다. 나를 사용하여 주옵소서!"
우리는 이러한 기도의 본질적 의미는 놓쳐 버리고 '진심 어린 간절함'이란 가치에만 압도될 때가 많습니다.

"하나님, 제발 저를 외면하지 말아 주세요. 어떻게 준비하며 어떤 시간을 보냈는지 하나님께서 잘 아시지 않습니까?" 이렇게 우리는 자기 자신이 소속된 현장 있는 현장(그곳이 가정일 수도, 교회일 수도, 회사일 수도 있을 것입니다)에서 능력 있는 사람으로 자신을 세워 달라는 뜻으로 이 기도를 드리고 있습니다.

당면한 문제를 탁월한 방법과 능력으로 해결해 내는 주인공이 되고 싶은 것입니다. 노골적으로 말하면 '내 인생을 초라하게 만들지는 말아 달라'는 요구입니다. 사실은 최소한의 자기 자존심은 지켜 달라는 생떼인데 신앙의 이름으로 참으로 멋지게(?) 각색하고 있는 것입니다.

이런 우리의 속성을 보면 인간 안에 자리 잡고 있는 죄의 경향성은 '거룩한 영역'에도 이렇게 침투할 수 있음을 기억해야 합니다. 우리를 어떠한 자리로 부르셔서 어떠한 역할을 맡기실 지에 대한 결정은 하나님이 하시는 것입니다. 그러므로 "나를 사용하여 주옵소서!"의 가장 핵심적 자리에는 "저는 어떠한 처분도 기쁘게 받겠습니다"가 깔려 있어야 합니다.

용도는 다양합니다. 전면에서 사람들의 주목과 영광을 받는 자리를 목말라 하지 마십시오. 우리는 자존심이 박살나고, 비참한 삶을 이어가고, 실패의 아이콘이 되는 그 상황 속에서도 얼마든지 하나님이 사용하시는 도구가 될 수 있습니다.

하나님은 고통스러운 삶의 자리로 우리를 부르셔서 모질고도 서러운 현실을 하나도 빠짐없이 다 경험하게 하실 수 있습니다. 이런 삶의 처절함을 겪어 본 사람만이 대다수의 사람이 정답과 명분을 가지고 "이래라저래라"를 외칠 때 "밥 먹으러 가자"는 그 한마디로 자신과 동일한 삶의 궤적을 가진 형제의 마음을 녹일 수 있는 것입니다.

우리는 아주 강한 '전제'를 가지고 하나님 앞으로 나아갑니다. "나를 사용해 주옵소서!" 그 기도 속에 함축된 우리의 입장과 생각이 전부 무너지기를 소망합니다. 어떤 삶의 내용을 우리에게 허락하시더라도 그것이 실패와 좌절로 끝나는 것이 아니라 하나님 아버지의 목적과 계획을 이루는 데 유용할 수 있음을 믿고 나아갑시다.

고독과 처량함 속에서 절망과 자조 속에 사는 사람도 하나님이 사용하시는 도구로써 조금의 결함과 하자가 없는 인생임을 기억하십시오. 힘든 상황 속에서도 노래하며 걸어가는 복된 인생이 되시기를 빕니다.

▎ 설교자로서의 반성 ▎

그릇된 결과 앞에서 사람은 그 원인을 자신에게 찾는 데 비굴한 본능을 가지고 있습니다. 자신의 잘못을 다른 이에게 전가하거나 자신을 정당화시키는 것이 일반적으로 우리 인간이 가진 죄성입니다.

"야, 그것도 모르니? 아빠는 발가락으로 풀어도 백 점 받겠다."

수학을 가르칠 때 아빠의 설명을 이해하지 못하는 아이들을 향해 쏟아 놓는 저의 잔소리입니다. 아이들이 학년이 높아질수록 초등수학의 개념을 제대로 파악해서 가르치기가 쉽지 않습니다. 이러한 현실을 따라잡지 못하는 저의 한계를 아이들을 향해 큰소리를 내는 것으로 대체해 버립니다. 자연적으로 아이들은 긴장하게 되고 수학 문제를 능숙하게 푸는 것은 거의 불가능해집니다.

"아무리 생각해도 너희 머리는 엄마를 닮았다. 침팬지와 친구하면 되겠어!" 이렇게 지금의 상황과 상관이 없는 제3자까지 제 허물을 가리기 위해 서슴없이 동원합니다.

설교가 주된 직무인 목회자도 이와 비슷한 상황을 만드는 것이 다반사입니다. 청중인 교인은 별의별 사람이 다 있습니다. 설교 시작 5분 이후부터 여지없이 부족한 수면을 채우는 사람, 끊임없이 휴대폰을 조작하는 청년들, 맨 뒷자리에 앉아서 소곤소곤 정겨운 대화를 나누는 사람, 설교가 진행되는 시간에도 지속해서 앞뒤로 왔다 갔다 하는 사람……. 나열하자면 끝이 없습니다.

"도무지 말씀에 관심이 없어. 우리 교인들은 설교를 듣는 귀가 부족해. 다른 것은 몰라도 시성적인 측면에선 문제가 심각한 교회야."

자칫 잘못하면 설교자가 쏟아 놓을 수 있는 책임전가 발언입니다. 현상적으로 보자면 참으로 문제 있는 교인들이 태반입니다. 그러나 좀 더 깊이 들여다보면, 설교를 향한 어떠한 기대도 하고 있지 않은 그들의 모습은 그들 잘못이 아닙니다. 설교의 준비 부족, 열정 없는 설교, 본문에 대한 이해 부족으로 설교에 임하는 설교자의 잘못을 예배 분위기를 어수

선한 현상으로 만드는 교인들에게 전가시키는 것입니다.

R. C. 스프롤(Robert Charles Sproul)의 충격적인 이 짧은 표현에 주목해 보십시오.

"청중을 지루하게 한다면 그것은 죄입니다."

이 말은 설교 안에 엔터테인먼트의 요소를 가미시켜야 한다는 게 결코 아닙니다. 청중의 시선을 복음의 영광으로 온전히 인도할 수 있으려면 성실한 준비와 설교의 열정에 사로잡혀 있어야 한다는 말입니다. 설교를 알아듣지 못할 수준의 사람은 거의 없습니다. 사실은 설교자 자신이 그날 증거해야 할 본문을 완전히 이해하지 못한 것이 예배 분위기를 좌우하는 원인입니다.

"어떤 개념을 여섯 살 아이가 알아듣게 설명하지 못한다면 그 개념을 제대로 이해한 게 아닙니다. 다시 말하면, 단순하게 설명하되 왜곡되지 않게 전달하기 위해서는 말하려는 바를 아주 깊이 이해해야 합니다."
- R. C. 스프롤

지난 세기 최고의 설교가로 평가받는 마틴 로이드 존스(Martyn Lloyd Jones)가 그 자리에 설 수 있었던 원인 중의 하나는 그의 설교를 듣고 이해할 수 있는 성도들이 있었기 때문입니다. 설교자에게 청중은 생각보다 중요합니다. 부인할 수 없는 일입니다. 설교자에게 있어 청중을 잘 만나는 일은 큰 복 중의 하나입니다.

자신의 설교를 듣는 청중들에게 문제가 있다고 느끼는 목회자들은 로이드 존스를 향해 이렇게 말할 수도 있습니다.

"로이드 존스가 우리 교회의 목회자로 온다면 그 역시 설교의 무덤으로 들어갈 것이다."

그러나 농부가 밭을 탓해서는 안 되는 법입니다. 오늘 나의 설교를 들으며 앉아 있는 사람들은 그냥 어쩌다가 이 교회의 성도가 된 것이 아닙니다. 각 사람의 인생을 섭리하시는 하나님이 성도의 정서와 기질까지 고려하시고 가장 설득력 있는 방식으로 복음을 들을 수 있도록 알맞은 설교자와의 관계를 맺어 주신 것입니다.

설교자의 준비 부족과 메마른 심령이 청중을 잠들게 할 수 있습니다. 설교자의 마음이 하나님의 영광에 압도되어 설교하는 일에 즐거움을 회복할 때 성도들의 영혼도 깨어난다는 사실을 설교자들이 영혼 깊이 새겨야 합니다.

ㅣ 비상한 사명감이 독이 될 수 있습니다 ㅣ

많은 사람이 가지 않는 고난의 길을 묵묵히 걸어가는 분들이 있습니다. 귀한 사역을 감당하는 분들입니다. 그러나 간혹 그러한 분들 중에 비장한 사명의 노예가 된 듯한 모습을 보게 됩니다. 세상이 제공하는 어떤 혜택과 안락도 거부한 자부심이 정신적 신분 상승을 이끌어 영적 귀족인 듯한 착각을 하게 만드는 것입니다.

하나님은 우리의 비장한 사명감을 통해서 일하시는 분이 아닙니다. 하나님은 오직 한 길만을 제시하시는 분입니다. 십자가의 능력과 은혜로만 당신의 일을 이루어 가시는 것입니다. 그런데 십자가로부터 오는 그 은혜와 능력을 가장하여 인간이 소유할 수 있는 가장 고상한 결심과 다짐 안에 담긴 자기 의를 찾아내기도 합니다. 남다른 수고와 아픔의 길을 걷고 있다는 것이 안락한 사역의 길을 가는 자들을 향해 도에 넘치는 불평과 거친 언사들을 쏟아 놓는 근거로 작용하는 경우를 종종 봅니다.

십자가의 능력에 사로잡힌 자들에게 나타나는 표지는 따뜻함과 여유로움입니다. 아무리 사면초가의 현실이 답답하고 깜깜할지라도 당신의 일을 멈추지 않으시는 하나님의 손길을 의심해서는 안 됩니다. 자칫 잘못하면 인간 쪽에서 가지고 있는 진심 어린 벅찬 사명감이 하나님의 고민과 아픔을 능가하는 번민의 자리에 있게 합니다. 진실한 사명감 자체가 나쁜 것은 아니지만 이것이 잘못 작동되면 자의식이 만들어 낸 고강도의 연속적인 사명감을 스스로에게 요구하게 됩니다. 이 피로가 누적되면 자기도 모르는 사이에 영혼이 탈진해 불만이 폭발하기 마련입니다. 이러한 결과는 오히려 십자가의 고유한 능력을 가로막는 걸림돌이 될 수 있습니다.

하나님의 일꾼으로의 소명을 감당해 내는 일은 결코 쉽지 않습니다. 고단하더라도 하나님께 쓰임 받는 인생이 되었다는 그 사실로 말미암아 감사와 은혜를 고백하는 축복의 노래를 부르며 이 길을 뚜벅뚜벅 걸어갈 수 있기를 소망합니다.

▎후배여, 나도 모르겠다 ▎

멀리서 후배가 찾아왔습니다. 목회한다고 얼굴이 말이 아닙니다. 짠한 마음을 넘어 괴로웠습니다. '나도 너 같은 시절이 있었다'라는 식의 말은 아무 짝에도 소용이 없다는 것을 알기에 그냥 고생한 이야기만 들어주었습니다. 함께 그 길을 나선 사모님의 얼굴에도 그늘이 가득합니다.

"한 목사, 우리 같은 인간하고 살아 주는 것만 해도 감사한 줄 알아라. 인간적으로 보자면 제대로 낚인 거다."

사모님이 빙그레 웃습니다. 저의 말에 일정 부분 동의를 한다는 의미일 것입니다. 삶의 무거움과 달려갈 길에 대한 아득함에 눌린 마음이 얼굴에 그대로 서려 있습니다.

"형님, 목회는 어떻게 해야 됩니까?"

후배 목사는 난감한 질문을 던집니다. 저에게 무슨 뽀족한 답이 있겠습니까? 저 역시 헤매고 있는데……. 그러나 무슨 말이라도 해야겠기에 입을 열었습니다.

"신자가 된다는 것은 답이 없이 사는 것을 배우는 것입니다. 한마디로 믿음이란 답을 모른 채 계속해서 살아가는 것입니다."

얼마 전에 읽었던 스탠리 하우어워스(Stanley Hauerwas)의 이야기가 도움이 될 것 같았습니다. 자신이 걸어가는 인생과 사역에 대한 분명한 시야를 가지고 있는 사람이 과연 몇이나 될까요? 거의 없습니다. 큰 소리 치는 것은 두려움의 또 다른 표현에 불과합니다. 이 말은 허무주의를 부추기는 말이 결코 아닙니다. 삶의 신비를 있는 그대로 인정하고 수용해야 한다는 말입니다.

이러한 생각이 진지한 성찰이라고 하더라도, 이 시대 교회의 경향성이나 주류적 흐름과는 다소 거리가 먼 것이 사실입니다. 교회의 시대적 상황은 프로그램과 설교라는 수단이 총동원되어 다소 과장된 확신과 막연한 낙관주의를 부추겨야만 인기를 얻습니다.

"주님께서 다 책임져 주시니까 아무 걱정 하지 마세요. 할렐루야!"

그 누가 이런 설교를 거부할 수 있겠습니까?

"이렇게 하면 하나님이 역사하시고 저렇게 하면 하나님이 도와주시고……."

기독교 신앙마저 공식화되고 있는 것이 사실입니다. 도대체 이런 식의 근거 없는 자신감은 어디에서 나오는 것일까요?

"기도하면 되는데 왜 기도 안 해?"

참 무지막지한 말을 신앙의 이름으로 쏟아 놓고 있습니다.

긍정적 사고 스타일의 설교를 넓은 마음으로 일정 부분 수용한다고 하더라도, 신자는 확정적이고 분명하게 보이는 인생을 걷는 자라고 할 수 없습니다. 하나님의 손길 아래 있다는 것이 삶의 모든 고민을 거두어 가지 않습니다. 우리 역시 어떻게, 어디로, 무엇을 위해 살아야 할지 고민하는 일에 자유로워진 인생이 아닙니다. 다만, 고민의 내용이 달라진 인생이 된 것입니다.

믿음의 조상 아브라함의 여정을 보십시오.

믿음으로 아브라함은 부르심을 받았을 때에 순종하여 장래의 유업으로 받을 땅에 나아갈새 갈 바를 알지 못하고 나아갔으며(히 11:8)

하나님이 아브라함에게 하신 말씀은 '지시한 땅'이 아니라 '지시할 땅'이었음을 유의해야 합니다. 아브라함은 어느 곳으로 가야 할지 전혀 알지 못한 채 일단 하란을 떠난 것입니다. 이러한 방식의 인도함이 잔인하고 모질게 느껴질 수 있습니다. 하지만 미래의 길과 방향에 대해 선명하게 알고서 그 길을 간다는 것이 꼭 복이 되는 것은 아닙니다. 미래가 인간의 시야에 예측 가능한 것이 된다면, 인간의 마음에서 하나님은 불필요한 존재로 사라지기 시작합니다.

복음 전하러 나선 길, 이 길의 고단함과 힘겨움을 처음부터 알고 있다면 누가 이 길을 가겠습니까? 알고 있었다고 해도 그것은 빙산의 일각일 뿐입니다. 막연했기에 아무것도 모르고 달려온 것이고, 더 솔직하게 말하자면 성공한 사역이 멋져 보였고, 사역의 성공이 줄 영광에 일정 부분 마음이 빼앗겼기 때문에 이 길을 나선 것입니다.

우리를 부르신 하나님은 처음에는 부푼 비전과 희망으로 우리의 마음을 흥분시킵니다. 목회를 통해서 얻게 될 화려함에 부분적으로 마음을 빼앗기도록 내버려 두십니다. 그러나 막상 그 현장에 본격적으로 발을 담글 때, 사역자의 기대와 바람과는 전혀 반대되는 길이 펼쳐집니다.

하나님은 그 과정 속에서 목회자 자신이 얼마나 무능하고 한심한 인간인지를 처절하게 자각하게 하십니다. 사람을 의지하려는 마음을 포기하게 하시고 본인 자신도 믿을 구석이 없는 자임을 깨닫게 하십니다. 자신의 힘으로 이루어 낼만한 일이 전혀 존재하지 않음을 목회자 자신의 세포 속에 깊이 각인시키고 나서야 하나님은 자신의 알통을 보여 주십니다. 그래야 그것이 자신의 노력과 분투의 열매가 아님을 진정으로 알게 되기 때문입니다.

후배가 목회의 초라함과 열매 없음으로 울지 않았으면 좋겠습니다. 본인은 모르겠지만 3년 정도 개척 교회를 감당하는 과정을 통해서 생각의 폭과 깊이가 놀랍도록 성숙돼 있음을 보게 될 것입니다. 천방지축 날뛰던 철없는 망아지가 멋진 준마로 변모해 가는 과정을 보는 즐거움이 이런 종류일 것입니다.

"나는 요즈음 개척이 안 된다고 하는 사람들을 보면 이해가 안 됩니다." 더 이상 이런 기고만장함은 찾아 볼 수가 없습니다. 후배의 인생과 목회 사역 위에 하나님의 은혜와 간섭하심이 뜨겁게 역사되고 있다고 단언합니다.

| 설교 초보자의 앙탈 |

강단에서 하나님 말씀을 외치는 설교자는 '교인들의 화투패'를 미리 파악하고 있어야 합니다. 이 말의 의미를 종교사회학자 피터 루트비히 버거(Peter Ludwig Berger)처럼 명확하게 설명한 사람을 보지 못했습니다.

"종교가 사회적으로 그리고 심리학적으로 기능한 곳에서, 기독교 설교는 사람들이 사회의 필요와 인간 심성의 야욕에 반대하는 하나님과 마주치도록 해야 한다."

설교자의 사명은 말로 다 형용할 수 없을 만큼 중하고 복됩니다. 교인들은 예배당을 찾아오면서 백지 상태로 오는 것이 아니라 자기들만의 노림수와 기대를 가지고 오기 때문이죠. 설교자는 그것을 미리 꿰뚫어 보는 눈이 있어야 합니다. 한 편의 설교를 통해서 신자들이 간절하게 원하는 것에 화답하기보다는 그들의 진정한 필요와 소원이 무엇이 되어야 하는지에 대해서 열변을 토해야 합니다.

그러나 허망하게도 세상의 처세술, 교양, 도덕, 성공 스토리들이 하나님의 말씀을 대체하는 시대가 돼버렸습니다. 무엇보다 일단 웃기면 좋은 설교자로 인정받게 됩니다. 우리가 이 세상에서 가장 아름답게 자신을 치장할 수 있는 도구라고 주목하는 것들이 사실은 죽을 때 입는 수의임을 망각하고 있는 것입니다. 그리스도의 영광스러운 복음이 사라진 메시지는 시체에 화장을 해주는 행위밖에 되지 못합니다. 그러나 이런 식의 흐름은 너무나 가속화되고 있습니다. 언제부터인가 하나님의 공동체인 교회도 소비사회를 지탱해 주는 중요한 고객이 되었습니다. 교회만큼 세상적인 사고와 성공을 중요시하는 기관이 없을 정도입니다. 이런 곳을 구성하는 교인들은 설교자를 향해 무언의 압력을 보냅니다.

"목사님, 그런 식의 날카롭게 찔러대는 설교로는 우리를 감동시키지 못합니다. 살살 합시다."

자신의 뜻대로 목회자가 따라주지 않을 때 그 자리를 얼마든지 빼앗을 수 있다는 분위기를 풍기면서 말입니다. 일관되게 구속사의 흐름을 타면서 전개되는 메시지보다는 책이나 주변에서 들은 성공 사례들을 성경구절과 잘 혼합시킨 후 금상첨화로 적절한 유머를 가미하면 성도들의 얼굴빛이 달라집니다.

"우리 목사님, 말씀 좋아!" 하면서도 머리에 남는 것은 설교시간에 배꼽 빠지게 웃게 만든 유머 한 편 뿐입니다. 이런 식의 경향이 세월과 결합될 때 대다수의 성도들은 성경에 계시된 하나님에 대해서 자기들 입으로 설명하지 못하는 지경에 이릅니다. 인간 창조, 원죄, 속죄, 칭의, 성화, 은혜의 수단이 무엇인지 개념화해서 이해하거나 설명하지 못합니다.

"집사님, 하나님께서 우리에게 허락하신 은혜의 수단이 무엇입니까?"라고 물으면 전혀 반응이 없습니다. 우리 시대 설교의 경향은 감정에 호소하여 결단과 의지를 부추기고 자극하는 쪽으로 흘러가고 있습니다. 이런 흐름이 너무 강한 나머지 참되고 바른 지식을 강조하는 지성적 측면이 너무나 약화됐습니다. '생각하지 않고 예수 믿기' 이것이 대세를 장악해 버렸습니다. 청중의 욕구와 교회 성장이라는 대의(?) 때문에 본질적인 메시지를 포기한 것입니다. 과연 하나님 말씀을 바르게 증거하는 것으로는 부흥이 되지 않을까요?

"웨스트민스터 채플에 청년들이 왜 그렇게 많이 모입니까?"

방송 진행자의 이 질문에 마틴 로이드 존스는 확신에 찬 어조로 분명하게 말합니다.

"설교자의 능력이나 스타일 문제가 아니라 성경의 메시지를 정확하게 해석하고 전달한 것이 청년층 흡입의 원인이라고 생각합니다. 청년들은 혼돈의 시대를 살아가기 때문에 그 문제를 해소할 수 있는 확실한 권위를 추구하고 있는데 그것은 하나님 말씀의 절대적 권위만이 해결할 수 있습니다."

오늘날 많은 성도는 자신에게 진정한 유익이 되는 것이 무엇인지 감을 잡지 못하고 있습니다. 그저 헌금하고 봉사하면 하나님이 복 주신다는 이야기로 충분히 만족합니다.

"우리는 해변에서 휴일을 보낸다는 것이 무엇인지를 상상할 수 없기 때문에 빈민가에서 흙으로 케이크를 만들려고 하는 무지한 아이와 같다."

그 누가 C. S. 루이스의 이러한 평가를 부정할 수 있겠습니까!

하나님의 말씀 안에는 이 세상의 가치와는 비교할 수도, 측량할 수도 없는 부요함과 영광이 담겨져 있음을 보여 주는 자가 설교자입니다. 이 소명은 그 무엇과도 바꿀 수 없습니다. 그러나 어느새 설교의 영광스러움이 사라지고 그 자리에 음악이란 녀석이 대신 자리를 꿰차고 있습니다. 포스트모던적 가치의 위압에 무너진 결과입니다. 감성적인 분위기 연출에는 음악보다 더 효과적인 것이 없기에 예배 안에 음악적 요소가 포함되어야 하는 당위를 누가 부정할 수 있겠습니까마는 적절한 균형을 넘어섰습니다.

"17분 설교가 가장 좋습니다. 그 이상은 사람들이 견디지 못합니다."

신학교의 설교학 시간에 배우는 내용입니다. 서글픈 마음에 탄식이 터져 나옵니다. 청중을 고려하여 설교해야 하지만 안타까운 현실입니다. 이런 식으로 가는 것은 종교 서비스와 다를 바 없습니다. 세속적 가치가 교회 안에 유입되어 청중들의 인식을 변화시키고, 그것이 집단적으로 설교자에게 특정한 메시지와 시간을 요구하는 형태로 나타난다고 해도 설교자는 자신의 소명이 청중들로부터 주어진 것이 아니라 하나님으로부터 주어진 것임을 명심 또 명심해야 합니다. 설교자는 양복 입은 무당이 되어 청중들의 종교적 욕망을 부추기고 인정하는 자가 아니라, 위로부터 임하는 음성과 은혜를 자신의 전 인격과 존재 안에 담아 있는 그대로를 가감 없이 선포하는 종이 되어야 합니다.

이제 내가 사람들에게 좋게 하랴 하나님께 좋게 하랴 사람들에게 기쁨을 구하랴 내가 지금까지 사람들의 기쁨을 구하였다면 그리스도의 종이 아니니라 형제들아 내가 너희에게 알게 하노니 내가 전한 복음은 사람의 뜻을 따라 된 것이 아니니라 이는 내가 사람에게서 받은 것도 아니요 배운 것도 아니요 오직 예수 그리스도의 계시로 말미암은 것이라 (갈 1:10~12)

| 기초부터 |

수학은 계통성이 강한 과목입니다. '계통성이 강하다'라는 것은 순서에 따라 기초를 다져 주어야 한다는 의미입니다. 이런 원리는 수학에만 적용되는 것이 아닙니다. 신앙도 마찬가지입니다. 교회사를 살펴보면, 신앙의 계통성이 심각하게 손상되기 시작한 시점이 존재합니다.

콘스탄틴 황제의 회심과 로마제국의 기독교 공인은 '명목상 그리스도인들'을 마구잡이로 만들어 냈습니다. 이것은 어떤 의미에서 기독교에 가장 부정적 영향을 끼친 사건이라고 해도 과언이 아닙니다. 사탄의 입장에서 보면 두고두고 사용할 수 있는 대단한 업적 하나를 이루어 낸 것입니다. 우리의 조국 교회 안에도 '아무나 그리스도인으로 간주하기'를 끔찍한 수준으로 자행하고 있습니다. 신자가 아닌 사람을 신자로 간주해 가며 대중성 확보에 열을 올리고 있습니다. 교회의 기초를 부식시키고 있다는 사실에는 관심이 없습니다. 이것은 복음을 온전히 붙잡고 한 시대를 헤쳐 나간 선배들이 보여 준 태도가 아닙니다.

조나단 에드워즈(Jonathan Edwards)의 평전을 읽으면서 굉장히 인상 깊은 대목이 있었습니다. 침례(세례)를 베풀 때, 동네 사람들에게 그 사람이 예수를 믿고 무엇이 변화되었는지에 대한 객관적인 조사를 무서울 정도로 시행한 것입니다. 복음에 온전히 사로잡힌 우리의 선배들은 "저 양반이 진짜 신자냐?"의 문제에 있어서 대충 넘어가는 법이 없었습니다. 엄밀히 말하면, 신앙은 수학보다 계통성이 더 강하고 강해야만 합니다. 거듭난 경험이 없는 사람에게 봉사와 헌신을 요청하고 일을 맡긴들 그것이 진정한 의미의 충성으로 이어질 리 만무합니다. "직분을 주면 잘 하겠지." 이것 때문에 교회가 무너져 갑니다. 사칙연산이 안 되는 아이에게 미분과 적분을 가르치는 일은 교사나 아이 모두를 수학과 멀어지게 하는 것과 동일합니다. 시간이 지나면 이들은 교회와 목사를 잡아먹는 괴물로 변합니다. 당연한 이치입니다. 믿음이 없는 사람이 교회의 짬밥만 먹다 보니 소위 영향력만 강한 존재가 되고 선한 일에는 어두워지는 것입니다. 그들은 진지한 성찰의 결과로 목사와 교회 구성원에게 충고하지 않습니다. "왜 내가 시키는 대로 하지 않느냐?"는 협박과 함께 그 협박에 순응하지 않을 때는 자기 패거리를 일사분란하게 모아서 목사와 교회를 질식시킵니다. 거듭난 경험이 없는 장로, 권사, 집사, 성도, 심지어 목사가 등장한 현실이 조국 교회의 현주소입니다. 이제라도 조국 교회는 아무나 신자로 인정해 주는 문화, 직분을 주면서 주고받는 돈놀이, 장례식장에서 아무나 천국 갔다고 선언하는 가증한 설교를 종식시켜야 합니다. 교회 성장이 늦어지고, 사람들의 인기를 얻지 못하더라도, 신앙의 도리를 기초부터 철저하게 가르쳐야 합니다. 그래서 그리스도 안에서 진정한 성장을 이루어 가는 참 신자로 인도해야 합니다. 교회 나온다는 이유 하나로 신자가 되는 이 안타까운 현실을 고치지 못한다면 우리에게 소망이란 단어는 아무 의미가 없습니다.

| 기다리라 |

"형, 저 도저히 못해 먹겠습니다. 이게 교회에요? 저의 양심을 팔면서까지 사역을 하고 싶지 않습니다."

멀리 있는 후배로부터 걸려온 전화입니다. 해줄 말이 별로 없어서 이야기만 들어주다가 전화를 끊었습니다. 이런 갈등과 고민을 하는 후배들에게 무슨 말을 해야 할까요?

프랑스 철학자 자크 라캉(Jacques Lacan)이 말한 "너무 분명하게 보는 고통"이 후배에게 찾아온 것입니다. 교회의 부조리한 모습과 선하고 복된 하나님의 뜻과의 깊은 간격 앞에서 후배는 절망하고 있는 것이지요. 일반적인 관점에서 보면, 선택은 두 가지밖에 없습니다. 체념이란 이름표를 자기 영혼에 달고서 조용히 절망의 자리에서 견디든지, 아니면 의로움의 불을 토하는 선지자의 자리로 나가든지……. 그러나 이런 식의 인식과 판단은 하나님의 개입 여지를 축소시킵니다. 바다에 수평선이 있는 것은 그것이 끝이 아니라 우리 시야의 한계라는 것을 가르치는 것처럼 하나님의 오묘하신 섭리에는 우리가 인식하지 못하는 길과 대안이 분명하게 존재합니다. 사랑하는 후배가 비겁하게 생각할지 모르지만 저는 더 "기다리라"고 말하고 싶습니다.

제가 후배에게 기다림을 요청한 가장 큰 이유는 '분노하는 마음'을 다스리지 않고는 하나님의 뜻을 수종들 수 없다는 확신 때문입니다. 사실 이것은 많은 실수와 잘못을 저질러 본 당사자로서 절절한 마음으로 전하는 부탁입니다. 매서운 추위가 기승을 부리는 한 겨울에 방문을 활짝 열어 놓으면 방안의 따뜻한 공기는 전부 빠져나가고 차가운 공기가 방안을 채우는 것처럼, 준비되지 않은 상황에서 쏟아 놓는 외침은, 설령 그것이 의로운 것이라고 할지라도 주님의 몸 된 교회를 따뜻하게 하기보다는 얼어붙게 만든다는 사실을 기억해야 합니다. 블레즈 파스칼(Blaise Pascal)은 "인간이 겪는 불행의 유일한 원인은 어떻게 하면 자신의 방에서 조용히 있을 수 있는지를 모른다는 데 있다"라는 인상적인 말을 던졌습니다. 시사하는 바가 참으로 큰 말입니다. 기다리고 준비해야 할 시기에 액션을 가하는 것은 품은 뜻의 고결함을 말살시키는 것입니다. 무엇보다 자신이 의로움을 대변하는 사자로 나서고 있는 것인지 아니면 타락한 종교 권력자들이 누리는 안락과 평안함을 누리지 못해 배 아픔을 겪는 것인지 정직하게 내면을 살펴야 합니다. 교회를 사랑하고 염려하는 마음에 말로 다 할 수 없는 번민의 시간을 보내고 있을 사랑하는 아우에게 깊은 잠을 허락해 주시길 간절히 빌어야겠습니다.

여호와께서 그의 사랑하시는 자에게는 잠을 주시는도다(시 127:2)

사실 이 말씀은 주님의 일하심과 성실하심을 믿고 깊은 안식을 누리는 자의 믿음과 태도를 말합니다. 이 은혜가 후배의 삶에 넘치기를 간절히 소망합니다. "사랑하는 아우야, 행님 많이 죽었지? 미안해."

︱ 권위에 대한 순종 ︱

WCC 세계선교보고서에 전도가 가장 안 되는 7대 미전도 종족이 발표됐습니다. 그 중 4위는 중국 공산당, 5위는 이슬람, 6위는 십 대, 7위는 교회에 와있는 안 믿는 사람들입니다. 6위와 7위가 참 인상적입니다. 요즘 십 대들은 자신들 위에 누군가를 모신다는 개념을 극도로 싫어하는 것 같습니다. 권위에 대한 무조건적 비토(veto 거부권)를 감행하는 십 대들의 문제가 심각해 보입니다.

며칠 전이었습니다. 예배당 앞에 청소년으로 보이는 아이 두 명이 담배를 피우며 자신만만하게 골목을 지나가고 있었습니다. 주변에 어른들이 지나다니고 있었고, 서서 대화를 나누는 분들도 계셨는데 아랑곳하지 않았습니다. 그 누구도 아이들을 간섭하지 않더군요. 아무리 생각해도 이것은 도리가 아니라고 생각되어 두 아이를 불렀습니다.

"너희들 몇 학년이니?"

저를 위아래로 관찰합니다. 그런 다음 퉁명스럽게 한마디 내뱉습니다.

"왜요?"

단답형으로 그렇게 되물으니 막상 할 말이 없습니다. 그래도 정신을 가다듬고 이야기를 이어갔습니다.

"얘들아, 동네 어르신들이 이렇게 지나다니는데 학생들이 담배를 물고 다니면 되겠냐?"

그 아이들은 조금도 물러설 기색이 없습니다. 당당하게, 힘차게, 무례하게 저의 말을 받아쳤습니다.

"우리 이 동네 안 살아요. 그리고 우리가 담배를 피든 말든 아저씨가 왜 간섭이에요?"

더 이상의 대화가 무의미하다고 느껴져 그냥 돌려보냈습니다. 보내고 나니 가슴이 답답했습니다. 아내에게 이야기를 하니 오히려 걱정을 합니다.

"여보, 그런 아이들은 차 타이어에 펑크를 내며 보복해요. 예배당에 불이라도 지르면 어떻게 해요?"

그 다음날 예배당 앞에서 식당을 운영하시는 권사님과 이런저런 대화를 나누다 그 청소년들 이야기가 나왔습니다.

"목사님, 그거 아무것도 아니에요. 며칠 전에 길 건너편에서 젊은 애가 할아버지를 두들겨 패고 있기에 발만 동동 굴렀어요."

구타로 인해 거의 기어오다시피 식당 쪽으로 오신 할아버지에게 권사님이 물으셨답니다.

"할아버지, 왜 그러세요. 무슨 일이에요?"

"어른들 앞에서 담배 피우지 말라고 하니까 욕을 하면서 다짜고짜로 두들겨 패잖아."

권사님의 말씀을 듣고 나니, 이건 정말 막장이란 생각이 저를 사로잡았습니다. 하기야 어제오늘 이야기입니까? 교실에서 학생이 선생님을 폭행하는 이야기를 듣고 있는데 무슨 말이 더 필요하겠습니까?

'권위에 대한 총체적 부정' 이것이 우리 시대의 자화상입니다. '자아숭배'에 도취된 이 세대는 자신 위에 누군가를 허용하지 못합니다. 수직적 관계를 무작정 수평으로 만들어야 직성이 풀리는 시대입니다. 자신들의 논리를 정당화시키기 위해서 포스트모던적 가치와 철학을 무기로 삼습니다.

미국의 심리학자 스탠리 밀그램(Stanley Milgram)은 자신의 책《권위에 대한 복종》에서 심리학이란 학문이 생긴 후 가장 포괄적이며 광범위한 실험을 통해 인간이 권위에 복종하는 심리를 찾아내 발표했습니다. 밀그램은 수많은 사람이 비논리적이고 비합리적인 권위에 대해서도 쉽게 복종한다는 것을 밝혀냈고, 그것이 결국 인간사의 수많은 비극을 양산시켰다고 말합니다. 귀한 통찰입니다. 그런데 비합리적 권위에 쉽게 순종하는 것보다 더 무서운 현실이 있습니다. 그것은 논리적이고 합당한 권위도 의심받는 것입니다. 본회퍼는《옥중서간》에서 "저항과 복종은 각각 다른 시간에 똑같이 필요하다"라고 했는데, 우리 시대의 사람들은 언제 저항을 해야 하는지 언제 복종해야 하는지에 대한 감각을 상실한 채 살고 있습니다. 저항은 선이고 복종은 악이 돼버렸습니다.

김회권 교수의 책《목회자 후보생들에게》에 보면 가슴에 긴 여운이 남는 스토리가 하나 나옵니다. 남미 해방신학의 상징적 인물인 구티에레즈(G. Gutierrez)와 보프(L. Boff) 신부입니다. 저항의 대명사들이죠. 그런데 요세프 라칭거(Joseph Alois Ratzinger) 신부가 교황청에서 교리성 장관으로 복무할 때 당시 교황은 이 두 사람을 향해 강의와 집필 금지령을 내렸습니다. 대부분의 사람은 그들이 이러한 명령 앞에 저항의 자세로 나아갈 것으로 예상했지만 구티에레즈와 보프 신부는 순종합니다. 그들이 그 지시를 수납한 것은 오직 한 가지 이유였습니다. 교회의 일치와 연합을 위해서 순간의 굴욕과 모욕을 견디기로 작정한 것입니다. 그런데 결과는 어떻게 나타났습니까? 라틴 아메리카는 해방신학 교구의 자리를 차지하게 됩니다. 그 굴욕적 복종이 두 사람의 사명과 길을 막지 못한 것입니다. 저항도 때로는 권위 앞에 순종함으로 바른 길을 갈 수 있는 것입니다.

저의 지나온 청소년과 청년 시절을 돌아봅니다. 생각이 제대로 정립되지 않은 그 시절에 못나고 더러운 입으로 참 많은 사람에게 상처를 입혔습니다. 교수님과 목사님들을 향해 엄청난 비난을 퍼붓기도 했습니다. 물론 겁이 난다는 구실 아래 비겁하게 몰래한 것입니다. 정면 승부를 할 만한 담력도 없었습니다. 신학교 시절에도, 전도사로 사역을 하면서도 저는 시퍼렇게 날이 서 있었습니다.

"이게 교회냐? 세상의 계모임이지!"

시간이 흘러 죽을힘을 다해 비판했던 사람들과 신학적 주장들을 목회적 나침반으로 삼았음을 발견했습니다. 부끄러워 고개를 들 수가 없습니다. 한마디로 대단히 철이 없었던 것입니다. 지나간 시간, 가장 많이 후회가 되는 것은 나와 신앙적 스타일, 신학적 견해가 다른 목사님들 밑에서 조금 더 순종적인 자세로 배우지 못한 것입니다. '차분하게 순종하는 법을 익혔다면 훨씬 더 복된 인생이 되었을 텐데……' 하는 자책이 저의 가슴을 두들깁니다. 저는 그것을 놓쳤습니다. 아무것도 아닌 것을 침

소봉대해 가며 낯선 비판으로 일관한 제 모습이 떠오르면 쥐구멍으로 숨고 싶습니다.

"저항할 때와 순종할 때를 잘 구분하는 사람이 되는 복을 허락하여 주옵소서."

그렇게 기도합니다.

| 거절당한 경험 |

억울한 일로 인해 미쳐 버릴 것 같은 순간들, 경제적인 한계상황으로 인해 답답한 가슴만 두들겼던 순간들, 사람에게 받은 상처로 인해 서러움의 눈물을 쏟아 놓던 순간들, 간절히 사모하고 꿈꾸었던 비전과 꿈이 다 무너져 버린 순간들……. 위험과 아픔을 겪는 그 숱한 순간에 하나님을 향해 간절히 기도하게 됩니다. 그 기도의 응답으로 좋으신 하나님을 찬양하는 간증자가 많습니다. 그러나 예수 이름으로 기도했는데도 자신의 삶에 아무런 도움을 얻지 못하는 사람은 훨씬 더 많습니다.

"인간에게 허락된 최고의 선물은 생각하는 것"이라고 한 마틴 로이드 존스의 말에 따라 차분하게 우리의 인생을 돌아보면, 미처 보지 못한 하나님의 손길을 지금의 현실에서 목격할 수 있습니다.

갑자기 찾아오는 고통과 아픔의 시간들, 그것을 능숙하게 해결함으로써 자신의 인격과 삶이 깊어진 사람은 아무도 없습니다. 우리 모두는 아무런 수단과 방법이 없어 그 무섭고 모진 현실이란 놈의 펀치를 무차별적으로 두들겨 맞음으로 삶에 대한 이해와 깊이를 몸에 새겨 넣은 장본인입니다. 어떤 순간에, 어디를, 어떻게 두들겨 맞으면 가장 서럽고 고통스러운지를 체화한 사람이 되었기에 다른 사람들을 자신이 겪은 방식으로 때리지 않는 지혜를 얻게 된 것입니다. 이것이 바로 부르심을 입은 자가 누리는 은혜요 복입니다.

인생의 고통과 무거운 삶의 짐을 기도라는 수단으로 반드시 해결해 내야 할 그 무엇으로 생각하지 마십시오. 머리띠 두르고 금식하면서 전투적으로 매달리는 것만이 신앙이 아닙니다. 엄밀하게 말하면, 자기에게 주어진 그 모진 현실이 무슨 결과물을 만들어 낼지 기대하면서 '당하기와 짊어지기'를 겪어 내는 사람이 더욱 성숙한 그리스도인입니다.

우리를 자신의 장난감이나 노리개로 삼지 않으시는 미쁘신 하나님을 의지하면서 만만치 않은 하루의 삶을 감사와 찬양으로 감당하십시오. 도저히 감사와 찬양이 나오지 않는다면 눈물과 한숨으로라도 짊어지십시오. 그것이 신자가 부름 받은 자리입니다.

▮ 전부 때려치우고 싶습니까? ▮

빌리 그레이엄(Billy Graham) 목사. 이 분은 제가 속한 침례교가 낳은 세계적인 부흥사요 탁월한 설교가입니다. 한 인물에 대한 평가를 극단적 비판이나 찬양으로만 몰아가면 많은 문제가 야기됩니다. '공(功)은 공대로 과(過)는 과대로'의 원칙이 공적인 인물을 평가하는 일에 있어서는 가장 균형 있는 관점이라 생각됩니다. 이러한 관점에서 빌리 그레이엄을 평가해 보자면 '공'적인 측면이 많이 부각된 것이 사실입니다. 실질적으로 귀한 일을 많이 감당하기도 하셨고요. 그러나 그의 '과'적인 측면도 분명히 존재합니다. 미국의 유명한 강해설교자인 레이 스테드만(Ray Stedman) 목사는 빌리 그레이엄의 문제를 '효과를 노린 대중성'이라고 지적했습니다. 이것을 한 개인의 일방적인 평가로만 치부할 수 없는 것은 기독교 전기 작가인 이안 머레이(Iain H. Murray) 목사도 비슷한 평가를 내리고 있기 때문입니다. 이안 머레이도 빌리 그레이엄을 평가하면서 "그의 사역이 실패한 한 가지 주요 원인은 가시적인 효과와 성취를 위해서 지나치게 인간적인 방법을 의존한 것이다"라고 말했습니다.

빌리 그레이엄은 사역 초기에는 건전하고 성경적인 입장에 서 있었습니다. 그러나 그의 인기가 하늘을 치솟자 지극히 인간적인 방법론을 집회와 설교시간에 동원했습니다. 집회의 특정한 시점에 믿기로 결단할 사람들을 미리 정해 놓음으로써 회심한 사람의 숫자를 사전에 확보하고 부풀렸던 것이 대표적인 사례입니다. 결국 그가 행한 실수와 과오를 종합해 보면 '세상적인 방법으로 주님의 일을 너무나 열심히 감당한 사람'이라고 할 수 있습니다.

성령의 능력을 의지한다는 것은 인간적인 수단과 방법의 포기를 의미하는데, 빌리 그레이엄은 이 부분에서 실패한 것입니다. 실질적이고, 가시적인 효과와 업적을 위해 세속적인 방법에 마음이 빼앗겨 버린 것입니다.

이런 현상은 빌리 그레이엄에게만 나타나는 것이 아닙니다. 수많은 사람이 빌리 그레이엄과 비슷한 길을 걷는 것을 봅니다. 근본적인 이유는 어디에 있을까요? 저는 개인적으로 이것에 대한 답을 오스카 와일드(Oscar Wilde)로부터 얻게 되었습니다. 그는 "이 세상에서 험담의 대상이 되는 것보다 더 나쁜 것은 험담의 대상조차 되지 못하는 것이다"라는 예리한 일성을 날렸습니다. 사역자들의 마음에 "한번 태어난 인생 그냥 죽을 수 없다!"라는 자존심이 발동하는 것입니다. 그래서 내린 결론은 바로 "유명한 사역자가 되고 말테야!" 하는 오기입니다. 사람들의 시선과 인기를 누려 보고 싶은 간절함이 하나님의 일에 인간적인 방법론을 등장시키고, 성령의 능력을 인위적으로 규정해 버린 것입니다.

그러나 성령의 능력은 특정한 방법론을 통해서 나타나는 것이 아닙니다. 더 나아가 위로부터 임하는 참된 성령의 능력은 다른 사람들보다 탁월한 목회적 성과물을 만들어 내어 이 땅에서 그 영광을 누리는 모습으로 나타나지 않습니다. 성령의 능력은 이 세상이 가지는 속성과 명확하게 대조되는 형식으로 나타납니다. 조금 더 구체적으로 말하자면 이 세상의 정신과 방법으로는 흉내 낼 수 없는 것이 성령의 능력입니다.

세상 사람들은 삶의 괴롭고 고단한 현실을 술과 혈기로 버텨 냅니다. 머리를 술로 마비시켜야 하루를 보낼 수 있고, 쌓여만 가는 분노와 스트레스를 분출시키는 방법 외에 다른 출구를 찾지 못합니다. 분출 방법의 종류만이 다양할 뿐입니다. 이런 세상의 방식과 대비되는 진정한 성령의 능력이란 다른 것이 아닙니다. 주어진 삶의 모든 시련과 어려움을 기쁨으로 견디고 오랫동안 지속되는 참담한 현실을 소망 중에 인내하는 동력을 주시는 분이 성령님입니다. 대부분 성도의 삶은 그렇게 화려하지도 대단하지도 않습니다. 우리의 인생은 성공과 성취의 내용보다는 견뎌 내고 참고 감당해야 할 과제를 훨씬 많이 가지고 있습니다. 이것을 기쁨으로 감당하는 것, 이것이 진정한 능력입니다.

그러므로 십자가의 능력은 '지지리 궁상을 떠는 서글픈 삶의 현실' 속에서 터져 나오는 것입니다. 자폭하고 싶은 삶의 현실을 기쁨으로 수납하고 진지하게 받아들이는 믿음이 위로부터 주어지는 참된 능력인 것입니다. 그래서 참된 신자는 "너랑 나랑 그냥 한강 가자!" 이런 말을 쉽게 하지 않습니다.

이 관점을 교회 안에서 벌어지고 있는 문제들에 적용해 봅시다. 교회가 성령의 능력을 사람의 머리 숫자로 수치화하고 특정한 종교 현상으로 규정하는 것은 매우 위험한 짓입니다. 철저하게 경계해야 합니다. 성령의 능력을 특별한 어떤 사건이나 현상으로 규정해 놓고, 그것을 눈으로 확인하려고 하는 심보는 반드시 인간적인 방법론을 등장시키게 됩니다.

기독교 신앙은 그러한 과정을 통해 변질의 길에 들어섭니다.

그러므로 교회와 성도는 성령의 능력을 통해 유명해져 명성을 날리거나 영향력을 행사하는 사람이 되려고 몸부림치는 존재가 아닙니다. 주님의 능력과 권능이 나타나는 순전한 통로로의 자리에 만족하는 것이 피조물이 이 땅에서 누릴 수 있는 가장 복된 영광입니다.

조국 교회 안에 인간적인 수단과 방법을 과감히 포기하는 교회가 많이 나왔으면 좋겠습니다. 이것은 아무것도 하지 말고 가만히 있자는 말이 아닙니다. 이런 저런 수단과 방법이 없는 현실 때문에 울지 말자는 말입니다. 우리가 흘리는 눈물의 정체가 '세속적인 수단의 부재' 때문이라면 우리는 정녕 잘못된 길로 가고 있는 것입니다. 무엇보다 자신이 경험하고, 공부하고, 준비해 온 객관적 실력에 비해 너무 초라한 삶과 목회적 환경에 놓여 있다고 원망해서는 안 됩니다. 필요한 물질과 영향력을 발휘할 만한 사람이 되지 못한 것으로 인해 좌절할 필요가 없습니다. 왜냐하면 그러한 현실과 상황도 성령의 역사를 질식시키지 못하기 때문입니다. 우리는 누가 뭐라고 해도 기도하기 위해 두 손을 모을 수 있고, 살아계신 하나님의 말씀을 두려운 마음으로 펼쳐볼 수 있고, 주 안에서 뜨겁게 사랑할 수 있는 복된 환경으로 초대받는 능력자들입니다.

내 속에 있는 자질과 힘으로는 도저히 견딜 수도 버틸 수도 없는 현실을 오늘도 묵묵히 감당해 가는 것이 성령의 능력이 임한 가장 명확한 표지가 아니고 무엇이겠습니까?

┃ 목사님, 사장님이 되어 주세요 ┃

"성도들이 교회를 떠나지 않도록 마음을 잘 만져 주거라."

고향에 계신 어머니가 가끔씩 전화를 걸어 안부를 물으실 때마다 꼭 하시는 말씀입니다. 정규교육을 제대로 받아 본 적이 없는 어머니가 무심코 던지신 말씀 같지만 오늘날의 교회를 지배하고 있는 거대한 의식의 흐름을 현실적으로 간파하신 듯한 말씀입니다. 어머니가 말씀하신 의도를 심리학에서는 '행동기법'이라고 하는데 바로 이 '행동기법'이 교회를 장악하고 다스리고 있습니다. '행동기법'은 교회라는 조직을 팽창시키고, 각 개인을 효율적으로 다스리기 위한 세속적인 방식입니다. 이런 세상적인 도구가 교회 운영 방법론으로 등장한 것입니다.

"지금 고리타분하게 성경 붙잡고 있을 때가 아니다.", "우리 마음을 잘 만져 달라.", "빠른 시간 안에 교회를 부흥시켜 달라." 한마디로 목회자들을 향해 기업 경영자와 심리술사가 되어 달라는 요청을 하고 있습니다. 기계문명이 인간 세상에 주는 유익은 효율성입니다. 그러나 그 효율성에 비례하여 사람들의 인식과 생각 속 모든 일이 '더 빠르게 더 생산적으로!' 이루어져야 한다는 무서운 강박관념을 동시에 심어 놓고 있습니다.

하나님 말씀 안에 담겨 있는 복된 내용들에 감격하고 그것을 뜨거운 심장으로 증거하는 자가 목회자입니다. 그런데 목회자에 대해 교인들은 이제 더 이상 말씀 증거의 사명만을 요구하지 않습니다. 직접 확인할 수 있는 가시적 성과와 양적 생산성과 효율성을 목회 성패의 잣대로 들이밉니다.

세상이 아무리 바뀌어도 목회의 본질은 변하지 않습니다. 하나님 말씀을 잘 분변하여 선포하고, 이 말씀에 근거해 주의 교회를 목양하는 것이 목회자가 가야 할 길입니다. 그러나 기계론적 사고와 환경이라는 거대한 공룡이 신자들의 사상과 삶의 법칙에 절대적인 힘을 발휘하며 서서히 교회를 잠식해 가고 있습니다. 기계문명에 절대적 지배를 받는 사고방식은 교회의 성격과 목회의 목표도 효율과 가시적 성과 즉, '양적인 창출'에 맞추어 변경할 것을 요구합니다. 이러한 흐름이 가속화된다면 성도들의 삶에서 하나님 말씀에 대한 관심과 간절함이 떨어지는 것은 명약관화한 현실입니다.

단언하건대 실증적으로 수십 년 전의 성도들이 오늘날의 교인들보다 성경을 훨씬 더 많이 읽었고, 그 지식의 깊이와 폭이 더 풍성했습니다. 이제는 성도들이 성경을 거의 읽지도 않으면서 입을 모아 하는 말이 "목사님, 성경이 너무 어려워요"라며 난색을 표합니다. 성경이 어려운 이유는 단 한가지입니다. 성경이 일주일 내내 서재에 꽂혀 먼지만 쌓인 채 주일에 교회 갈 날만 쓰이며 읽고 묵상하지는 않으니 어려운 것입니다. 성도들의 의식을 지배하는 것은 이제 더 이상 하나님의 말씀이 아닙니다. 좋은 의도로 말하면 상식, 적나라하게 말하자면 기술 문명에 오염된 사상들입니다. 이것이 체계적으로 개념화되지 않았을 뿐이지 무의식중에 그러한 흐름에 지배를 받고 있습니다. 자신의 인식을 지배하고 있는 것이 하나님 말씀인지 아닌지에 대해 추호의 의심도 없이 '스티브 잡스(Steve Jobs)'나 '이건희'와 같은 세상 기업을 운영하는 자들의 경제적 논리와 효율적 생산성을 교회에 적용하고자 하는 것입니다.

예배에서 설교 시간이 점점 짧아집니다. 더 이상 전달되는 내용은 중요하지 않습니다. '정서적 감동'에 목숨을 겁니다. "내 마음만 움직여 주시오." 교인들의 요구는 이렇게 거침이 없습니다. 이러한 목표를 위해 목회자들은 말씀을 과감하게 포기하고 '감동적인 동영상'이나 '음악'을 붙잡습니다. 살아남기 위해서는 하나님의 거룩함을 선포하는 영성이 아닌 인간적 감성에만 호소해야 하는 처지가 됐습니다. 이렇게 세상과 별반 다름없는 세속적인 의식에 지배당한 결과, 그것이 주는 비참함이 주의 교회 안에 나타나고, 교회가 하나님의 교회로서 가져야 할 고유의 힘과 능력을 상실해 버린 것입니다. 신앙의 연수는 10년, 20년, 30년이 되었다고 자랑합니다. 그러나 십계명을 말해 보라고 하면 4~5개밖에는 말하지 못합니다. 그것도 순서는 마구 섞여 있습니다. 예수님의 죽으심과 부활하심의 의미조차 설명하지 못하는 지경에 이르렀습니다. 더 이상 그들이 소유한 신앙 안에는 거듭난 새사람으로서 세상 속에서 어떻게 승리할 수 있는지에 관한 치열한 내적 갈등과 영적 싸움은 존재하지 않습니다. 그들은 집으로 가기 위해 교회에 오는 사람들입니다. 예배란 그들에게 교양을 쌓기 위한 수단, 그 이상도 그 이하도 아닌 다른 무엇이 돼버렸습니다. 말씀따라 온 신앙이 아니기에 논리에 맞는 결과가 나타나는 것입니다. '은혜를 끼쳐야 한다는 부담' 때문에 설교를 감성 일변도로 감당한 결과물입니다. 하나님 말씀에 은혜를 받는 것이 아니라 자기 편향적인 사고에 부합하기 때문에 은혜를 받는 어처구니없는 현상이 퍼져 있습니다. 하나님 말씀에 관심이 없기에 좌우를 분변하지 못하는 무지한 성도들은 더 이상 강단에서 선포되는 내용이 성경적인지 아닌지 분별하지 못합니다. 그런 것에는 관심도 없습니다. 그냥 무조건 아멘입니다. 설교자가 오른손을 들어도, 왼손을 들어도, 기침을 해도, 욕을 해도……. 기독교 신앙이 무엇인지 모르는데 어떻게 기독교 신앙을 증거하고 변증할 수 있다고 하는지 도무지 이해가 되지 않습니다. 곱하기는 못하지만 나누기는 할 수 있다고 큰 소리를 치는 격입니다. 이것이 우리의 슬픈 자화상입니다. 벌을 받고 있으면서도 은혜를 받았다고 웃고 있습니다. 그래서 더 슬픕니다.

성경을 한 절씩 깊이 있게 설교하는 것이 특징인 금세기 최고의 강해 설교자 존 맥아더(John MacArthur)에 관한 이야기입니다. 존 맥아더가 그레이스 커뮤니티교회에 부임할 때 포기하지 않고 제시한 조건 중 하나는 바로 "일주일에 40시간의 성경연구를 할 수 있도록 나를 내버려 두라"라는 것이었다고 합니다. 필요 이상으로 여러분의 목사님을 분주하게 만들지 마십시오. 주의 교회가 그 옛날의 영광을 다시 회복할 수 있는 지름길은 의외로 간단합니다. 목회라는 것이 말씀을 준비하고 전하는 것으로만 규정할 수 있는 것은 아닙니다만, 이것이 가장 본질적이고 가장 중요한 것입니다. 여러분 교회의 목사님들이 바른 길을 갈 수 있도록 도와주시기 바랍니다. 목사님들을 향해 좋은 사장님과 심리술사가 되어 달라는 철없는 요구는 멈추시기 바랍니다.

"목사님, 우리는 세상의 처세술을 듣기 위해 온 것이 아니에요. 말씀

가운데서 만난 하나님과의 영적인 만남, 그 깊은 성찰의 우물에서 길어 낸 하나님의 말씀을 전해 주세요."

온 교회 안에 이런 아름다운 메아리가 넘치길 간절히 기도합니다.

| 마음을 팔아먹은 목사와 신자 |

수요예배 설교를 준비하면서 가슴이 답답해졌습니다. 우리 시대와 너무나 닮은 사사시대의 처참한 영적 현실이 "인간은 이럴 수밖에 없는가?"라는 자책과 반성의 자리로 저를 몰아갑니다. 하나님이 이런 본문을 성경에 담으신 것은 오고 오는 모든 세대의 주의 교회를 경성시키기 위한 목적이 아닐까 생각해 봅니다.

사사기 17장에는 자신이 가야할 삶과 소명의 자리에서 완전히 이탈한 한 명의 레위인이 등장합니다. 직접적으로 표현하자면 먹고사는 문제에 자신이 감당해야 할 사명을 던져 버린 청년입니다. 그는 떠돌다가 미가의 가정을 만나게 됩니다. 미가는 이 레위인에게 돈과 옷을 제공하고 숙식의 문제도 해결해 주겠다고 제안합니다. 자신의 사설 제사장이 돼달라고 요구하기 전에 밑밥을 던진 것입니다. 서로의 욕망이 만족을 얻는 지점에서 타협이 이루어집니다. 레위인은 먹고사는 문제가 해결되었고, 미가는 자신이 만들어 놓은 신전에 정통성 있는 레위지파 사람을 임명하여 일말의 시빗거리를 없애 버렸습니다. 부연해서 설명하자면 레위인은 하나님이 자기에게 주신 복된 소명을 경제적 만족과 바꿔치기했고, 미가는 자신이 생각하는 종교 시스템을 완벽하게 구축한 부자로 살게 됐습니다.

11절 말씀이 참 인상적입니다. "그 레위인이 그 사람과 함께 거주하기를 만족하게 생각했으니 이는 그 청년이 미가의 아들 중 하나 같이 됨이라" 레위인은 미가의 사랑을 듬뿍 받은 것 같습니다. 무엇보다 본인이 만족하는 자리에 서게 된 것입니다.

아이러니한 것은 이처럼 소명을 과감하게 던져 버렸을 때 세상적인 보상이 주어진다는 것입니다. "벌을 받는다"라고 겁주는 일은 소용이 없습니다. 많은 사람이 이런 종류의 길을 가는 것은 그 안에 세상이 제공하는 달콤한 혜택이 기다리고 있기 때문입니다. 레위인은 과감한 인생의 승부수를 통해서 나름의 만족을 누리면서 자신의 인생을 영위하게 되었습니다.

이런 사람의 특징은 더 나은 환경과 조건이 제시될 때는 언제든지 그 자리를 포기하고 타협합니다. 실제로 18장을 찬찬히 살펴보면 이런 일이 실제화되는 것을 알 수 있습니다. 단 지파 사람들이 약속하는 더 많은 물질, 더 많은 사람, 더 많은 특권을 제공하는 자리로 그는 이직을 시도합니다. 첫 단추가 잘못 끼워진 사람의 인생행로는 이렇게 흘러가게 되어 있습니다. 한마디로 더 큰 자극이 필요한 것입니다. 더 크고 화려한 무대만이 그 사람의 무너진 영혼을 만족시킵니다. 잘못된 방향으로 길을 걷기 시작한 사람은 그 잘못된 길에서 만족을 얻으려고 하지, 결코 다른 것으로는 영혼에 만족을 누리지 못합니다. 비참한 인생이 틀림없는데도 본인은 그 누구보다 만족하며 사는 것입니다.

이 이야기에는 레위인 청년을 넘어서는 또 한 명의 골통이 등장합니다. 미가라는 인물입니다. 본문에 등장하는 고용주 미가는 철저하게 잘못 믿고 있으면서 분명히 복은 받을 것이라는 확신과 기대감에 가득 차 있습니다. 삶에 있어서는 하나님과 우상을 섞은 '잡탕 믿음'을 가지고 있으면서, "이제야 말로 하나님이 내게 복을 주실 것"이라는 독단에 빠져 있는 사람입니다. 미가의 입에서는 여호와, 복, 제사장 등 신앙적인 단어들이 튀어나옵니다. 그러나 그것의 의미와 용례가 어떻게 되는 것인지에 대해서는 전혀 감을 잡고 있지 못합니다. 이 사람을 보면 하나님과 우상을 조합한 혼합주의 신앙의 극치를 알 수 있습니다. 그는 하나님의 이름도 부르고 기도도 하고 예배도 드리지만, 그 모든 종교적 시도와 몸부림을 자신의 유익만을 위해 동원합니다. 그의 영적 황폐함을 단정적으로 보여 주는 13절 말씀, "이에 미가가 이르되 레위인이 내 제사장이 되었으니 이제 여호와께서 내게 복 주실 줄을 아노라 하니라"를 보십시오.

하나님이 그에게 복을 주실 수 있는 조건이 완성되었다고 말하고 있습니다. 그런데 그 조건이란 '레위인이 내 제사장이 되었으니'입니다. 외부적인 종교 시스템만을 갖추고 충족시키면 자연적으로 하나님의 복을 쟁취할 수 있다고 생각하는 것입니다. 자신의 인생에 하나님 말씀의 지배를 받는 흔적은 전혀 찾아 볼 길이 없으면서 하나님이 허락하시는 복을 확보할 수 있다고 착각합니다. 하나님을 건전지만 끼우면 작동하는 장난감 로봇으로 생각하고 있습니다. 어떻게 이런 황당한 일이 일어날 수 있을까요? 율법의 요구에 대해서 전혀 무지한 결과일까요? 아니면 하나님의 요구를 알면서도 그것을 무시하는 것일까요? 그들 마음을 어떻게 알 수 있겠습니까마는 분명한 것은 하나님이 원하시는 '참된 신앙'의 모습이 완전히 무너져 있는 것입니다.

미가가 살던 시대의 모습이 우리가 살고 있는 이 시대와 어쩌면 그렇게 닮았는지 모르겠습니다. 노골적으로 말씀드리자면, 교회의 권속들은 자신의 입맛과 기호를 충족시켜 줄 목사를 고용합니다. 여기에서 중요한 것은 고용한 자신들의 기분이나 감정을 절대로 상하게 해서는 안 된다는 점입니다. 교회 몇 번 나오지 않았지만 죽고 나면 천당에 갔다고 장례예배를 은혜롭게 올려 달라고 합니다. 돈 주고 사택을 제공할 테니 우리에게 하나님의 무한한 복을 받을 수 있도록 기도해 주고 축복해 달라는 것입니다. 그러면서 동시에 분명한 근무 지침을 통보합니다. "자신들 삶의 모습을 설교 말씀으로 너무 많이 간섭하지는 말라." 이렇게 분명한 신호를 보냅니다. 자신과 자녀들 삶의 모습이 어떠하든지 그것과는 상관없이 무조건 기도만 해주면 장기 근무할 수 있는 직장을 약속하겠다고 큰소리를 칩니다. 한마디로 그리스도의 가르침과는 상관없는 삶을 살면서도 "하나님이 내게 복 주시길 원하신다"라는 소원은 간절한 것입니다. 하나님과는 아무런 상관도 없는 인간의 종교를 탄생시키고 있습니다.

목회자들 역시 마찬가지입니다. 어떤 의미에서 목회는 쉽습니다. 성격이 까다롭고 별난 사람들이 괴롭히기는 하지만 본문에 등장하는 레위인처럼 마음만 팔아먹으면 이것보다 더 좋은 직업은 없습니다. 일정한 규모의 청중만 확보해 놓으면 만사형통입니다. 존경 받으면서 좋은 것 먹지, 좋은 차 타지, 마음대로 사람들 부려 먹지, 애들은 유학 보내지……. 완전 장땡입니다. 단 하나의 문제는 만족이 안 된다는 것입니다. 더 좋은 조건을 제시하는 교회로 가고 싶은 마음이 간절하기 때문입니다. 이왕에 종교장사를 시작했다면 큰물에서 더욱 나은 조건으로 받고 놀고 싶은 것입니다. "내가 부름 받은 목산데 이렇게 살아도 되나?" 하는 생각이 가끔 찾아오지만 자신의 인생에 작동되기 시작한 관성의 법칙은 멈추지 않습니다. "인생 뭐 별것 있나! 이렇게 살다 가는 거지!"

하나님의 말씀을 버린 청중들과 목사는 서로의 바람을 충족시키면서 동시에 자신의 욕망을 이렇게 충족시키는 것입니다. 기독교 신앙이 하나의 종교로 변해 가고 있다고 느끼는 것은 세상을 삐딱하게 보는 몇몇 사람의 관점에 불과한 것일까요? 우리 시대의 기독교가 미가가 살던 사사 시대보다 나은 모습은 구체적으로 무엇일까요? 두렵습니다.

"아들아, 딸아, 솔직히 말해 보아라. 그리스도인의 한 사람으로서 가장 간절한 소원은 무엇이냐? 아들아, 딸아, 너는 무엇 때문에 목사가 되었느냐?"

우리 모두는 이 질문에 답을 요구받고 있습니다.

| 사역의 길 |

목회 형편이 어려운 처지에 놓여 있는 목사님들과 사모님들은 대부분 얼굴이 어둡습니다. 반면에 교회가 성장 조짐을 보이거나 부흥을 경험하고 있는 분들의 얼굴은 환합니다. 사역자 부부도 인간인지라 그런 현실적인 여건에서 완전히 자유로울 수 있는 이는 얼마 없을 겁니다. 충분히 이해가 됩니다. 어려운 형편에 있는 목사님들을 만나면 그저 빙그레 웃습니다.

"내가 많이 부족해서 이 모양이지 뭐! 목회가 내 체질이 아닌 것 같아."

할 말이 없습니다. "그래도 달려야죠. 저도 똑같아요, 목사님."

하나님의 긍휼과 은혜가 딱한 가운데 목회의 여정을 걷고 있는 분들에게 넘쳐 나기를 소망하는 것, 그것이 제가 할 수 있는 전부라는 사실이 서글픔으로 다가옵니다.

이와는 반대로 교회가 성장의 흐름 속에 있는 분들은 분위기와 말투가 벌써 다릅니다. 생기와 자신감이 넘칩니다. 곧이어 장광설이 시작됩니다. 사역 가운데 하나님이 부어 주신 은혜의 역사를 침을 튀기시며 쏟아붓습니다. 충분히 이해가 됩니다. 성공적인 사역을 펼치시는 많은 목사님은 겸손함도 갖추고 계십니다. 그러나 일부 목사님들은 해서는 안 되는 심한 말씀도 내뱉으십니다.

"기도하고, 전도하고, 예배에 목숨을 걸면 분명히 성공해. 난 오직 그것만 했어."

할 말이 없습니다. 하나님의 은혜로 시작된 이야기가 어느새 자신의 눈물과 고통의 시간을 선전하는 것으로 탈바꿈합니다. 그냥 듣고만 있을 뿐입니다. 타고난 기질이 조금 삐딱해서인지는 몰라도 이런 경험담에 쉽게 동의가 되지 않습니다.

자신의 사역 경험을 일반화해서 모든 사람에게 적용하려는 것은 자신이 이루어 놓은 업적과 성취를 자랑하는 마음에서 기인한 것입니다. 어떤 분은 죽을힘을 다해 사역을 감당했음에도 불구하고 성공과는 거리가 먼 현실에 처해 있습니다. '빚과 건강의 상실'이 일상인 목사님들이 진정성과 열심이 모자란 사역을 펼친 것이 아닙니다. 누구보다 간절한 마음으로 감당한 사역이었지만 열매와 결과가 초라할 수 있습니다. 인생의 낙오자와 패배자들을 자기 식구처럼 품어 안고 그들의 친구로서의 삶으로 만족하면서, 사역의 길을 걷는 분들의 수고를 '사람 숫자'의 확보 여부를 가지고 함부로 평가해서는 안 됩니다.

성공한 사역자로 사는 것과 초라하고 보잘것없는 사역자로 사는 것 중에 어떤 삶이 더 힘들까요? 감당해야 할 사역의 짐이 다르기에 단정적으로 말할 수 없는 부분입니다. 그러나 일반적인 관점에서 볼 때 어려운 교회를 맡은 목회자의 삶이 더 힘이 듭니다. 경제적인 현실이 끝이 없는 바닥을 향할 때 그것을 견뎌 내는 게 쉽지 않습니다.

"김 목사, 목회가 초라하니 아내와의 관계도 금이 가고, 아이들도 아빠를 부끄러워하더군. 인생 참 서럽다."

가장으로서 최소한의 경제적 여건을 만들어 주지 못할 때 찾아오는 그 고독과 자기 연민은 견뎌 내기 힘든 감정입니다. 아무나 감당할 수 있는 길이 아닙니다. 전설 같은 이야기의 소유자들, 평생 한 사람을 데리고 목회한 목사님의 이야기, 교인이 연로한 할머니 한 분밖에 없고 그 한 분에게 찬송가 한 곡 가르치는 데 6개월의 시간을 보냈다는 목사님의 이야기, 사역 중에 아내와 자식들을 먼저 하나님 앞으로 보낸 목사님의 이야기. 이런 이야깃거리를 지닌 목회자의 인생 후반에 반전이란 존재하지 않습니다. 그 모습 그대로 무덤까지 계속 흘러갑니다. 그 누가 이런 삶을 자기의 어깨에 올려놓을 수 있겠습니까? 하나님은 자신의 자녀를 그 누구보다 잘 아십니다. '아무나 감당할 수 없는 사역'을 그들에게 맡기신 것입니다. 고독, 외로움, 경제적 박탈, 소외, 열패감 앞에서 사역을 계속할 수 있는 진정한 믿음의 사람을 선별해서 이 자리로 인도하신 것은 아닐까요? 세상이 감당할 수 없는 이 복된 사역자들을 누가 실패자라고 규정할 수 있겠습니까?

반면에 성공한 사역의 길을 인도받은 분들에게는 나약함과 의지력의 부족을 아시는 하나님이 조금 수월한 사역을 허락하신 것은 아닐까요? 주목받고 인정받아야만 사역의 에너지가 넘쳐 나는 사람들, 누군가의 격려와 인정이 없을 때 그냥 주저앉아 버리고 마는 기질을 가진 분들……. 이들을 향한 하나님의 배려가 성공한 사역자의 길이 아닐까요? 순전히 개인적인 생각입니다.

어쨌든 '신실함과 충성'을 요구받는 사역의 길에 언제부터인가 '성공과 실패'라는 자기 증명과 자기 연민이 큰 화두가 된 이 '거지같은 현실' 앞에서 목 놓아 울고 싶습니다. 주님은 아무런 관심도 없는 바벨탑에 갇힌 일에 인생을 걸고 있는 가련한 우리 모습이 처량하게만 느껴집니다. 거룩하고 복된 이 사역 위에 더러운 세속적 가치를 도량형으로 등장시켜서 실패자와 성공자로 나누는 짓을 멈추어야 합니다. 사역의 초라함 때문에 울지 않고, 사역의 성공 때문에 거들먹거리지 않는 목회자들로 조국 교회가 가득 채워지길 소망합니다.

| 신앙의 보상 |

목회 환경도 많이 좋아지고 있습니다만, 많은 분이 '눈물 없이 갈 수 없는 길'로 목회의 여정을 표현합니다. 다양한 의미가 있는 말입니다.

1972년생, 서와 비슷한 연배인 분들은 굶으면서 이 길을 가고 있지는 않은 것 같습니다. 저보다 10~20년 정도 먼저 이 길을 가신 분들은 개척 교회를 하면서 밥을 굶는 일이 많았다고 합니다. 그분들보다 20~30년 정도 더 앞서 목회하신 분들은 소위 목숨을 걸어야 하는 길이었다고 합니다.

저의 목회 여정은 비교적 짧습니다. 개척 교회를 3년 정도 섬기다가

덕은교회로 청빙을 받아 왔습니다. 솔직히 그 시절보다 형편이 많이 나아졌습니다. 고생도 별로 하지 않았습니다. 그래도 추억할 만한 내용은 있습니다.

교회를 개척한다는 것은 참으로 어려운 일입니다. 그 고단함을 미리 알고는 갈 수 없는 두려운 '그 무언가'가 분명히 존재합니다. 사람마다 느끼는 부분이 다르겠지만, 저 같은 경우에는 개척 교회 시절 가장 힘들었던 것은 경제적인 문제보다는 남아도는 시간을 감당하는 것이었습니다. '할 일이 없다'보다 사람을 힘들게 하는 것은 없습니다. 자신을 향해 '무능한 인간'이라고 자책하는 시간이 많아지다 보니, '소명을 받지도 않았는데 나 스스로 이 길을 나선 것은 아닌가?'에서부터 '하나님 앞에서 무언가 크게 잘못해서 벌을 받고 있는 것은 아닌가?'까지 온갖 잡스러운 생각에 시달렸습니다. 이런저런 고민 끝에 책을 읽어 보기로 작정하고 책 속에 파묻혀 살던 기억이 생생합니다. 태어나서 처음으로 "책 좀 그만 볼 수 없어?"라는 잔소리도 들어 보았습니다. 그것만이 터질 것 같은 심장을 진정시키는 유일한 돌파구인데 어떻게 멈출 수 있겠습니까? 지식에 대한 갈망이 아니었습니다. 독서하는 그 순간만 숨을 제대로 쉬는 구원을 받았기 때문입니다.

목회자를 더 깊은 고뇌의 자리로 몰아넣은 존재는 교인도 환경도 아닙니다. 뜻밖에도 가족들이 목회자를 자책의 구덩이 속으로 몰아갑니다. 어떤 의도를 가지고 그렇게 하는 건 아님을 잘 압니다. 그러나 다른 사람에게 받는 상처보다 더 아프고 괴로운 것이 사실입니다. 아내는 "당신, 다시 생각해 봐야 하는 것 아니야? 솔직히 준비되지 않은 것 같아!" 어머니는 "아들아, 하루에 기도 몇 시간 하냐? 네가 공부가 좀 부족한 것 같다." 아이들은 "아빠, 우리는 왜 아이들이 항상 이렇게 적어? 저기 큰 교회 주일학교 다니고 싶어." 물론 그 말을 한마디 하기 위해 백번도 더 고민했다는 것을 압니다. 그러나 그 말은 비수가 되어 사람을 절망의 강으로 사정없이 내던집니다. 많이 아픕니다. 나라는 인간은 왜 이리도 무능할까? 가족들의 입에서 왜 이런 소리가 나오는 것일까? 아빠, 남편, 아들이 펼쳐 가는 목회를 보고 있자니 교인들이 모일 것 같지도, 모이지도 않는다는 오직 한 가지 이유 때문입니다. "아직 그 꼴을 하고 있는 것을 보니 목회는 너의 길이 아니다"라는 말을 에둘러 하는 것입니다. 얼마나 평범하게 살고 싶으면 이런 말을 쏟아 놓겠습니까?

목회의 본질을 놓치면 목회 활동이 사람의 영혼을 망칠 수도 있다는 것을 확인하게 되었습니다. 목회는 하나님이 요구하시는 것을 향해 온 마음을 다해 충성하는 것입니다. 자기를 증명하기 위해 나선 길이 아닙니다. 그런데 주변에서 성공을 요구하는 것입니다. 쉽게 말해 '잘 나가는 목사'가 돼달라는 것입니다. 목회자 가족들마저 이 세상이 요구하는 '성공 모델'의 프레임 안에 스스로 갇혀 버립니다. 이런저런 이유로 목사는 서러움과 비통의 눈물을 흘릴 수밖에 없습니다. 심각한 문제는 언제부터인가 울고 있는 그 이유가 주님을 더 닮지 못한 자기 때문이 아니라 목회 현실의 초라함과 열매 없음 때문이라는 것입니다.

"주님, 제 인생을 이렇게 비참하게 끝내지는 않으실 거죠?"

나름대로 순수한 마음을 유지하던 목사마저 이런 식으로 무너지기 시작합니다. 자신에게도 기회를 제공하기만 하면 누구보다 잘할 수 있는데,

하나님이 그 마음을 알아주시지 않는다는 항변을 토로하는 것입니다. 그 기회란 다른 것이 아닙니다. 유용한 사람을 많이 보내 달라는 것입니다.

"하나님, 한 번 왔던 교인도 교회의 초라함을 보고 다 떠나지 않습니까?"

이런 일이 목회자들에게만 나타나는 현상일까요? 성도들과 상담을 해보면 저들을 사로잡고 있는 한결같은 고민은 "목사님, 하나님께서 언제쯤 저와 우리 가정에도 형통함을 주실까요?"입니다. 노련하신 분들은 그 표현을 완곡하게 하고, 투박하신 분들은 직접 전달합니다. "목사님, 이 일만 해결되면 정말 충성하겠습니다. 기도해 주십시오." 이런 분들이 입버릇처럼 하는 말이 있습니다.

"하나님께서 곧 열어 주실 거야!"

'열어 주신다'는 말의 의미가 정확히 무엇인지는 모르겠지만, 아마도 '하나님께서 자신의 인생을 초라하게 마무리 짓지는 않으실 것이다'라는 뜻으로 사용하고 있는 것 같습니다. 이 분들의 마음은 순수합니다. 진정성도 있습니다. 그러나 착각하고 있습니다. 하나님 앞에서 순결한 마음과 이상을 가지면, 하나님이 자신의 길을 성공의 자리로 인도하신다고 생각합니다. 기독교 신앙을 근본적으로 오해하고 있는 것입니다.

예수님이 우리에게 약속하신 것은 우리 자신의 능력과 탁월함을 사람들에게 나타낼 수 있는 가장 적절한 환경을 주시겠다는 것이 아닙니다. 주님을 따라가는 길은 이 세상의 가치를 기준으로 할 때, 내가 다른 이들과 구별되는 보상을 얻어 내는 싸움도 아니고, 고생과 수고에 대한 가시적인 확인을 받는 과정도 아닙니다. 이는 기독교 신앙에 대한 근본적인 오해입니다. 그런데 우리는 우리의 간절한 소원대로 살아생전에 최소한의 보상을 보게 해달라고 난리를 피웁니다. 그래서인지 〈어메이징 그레이스(Amazing Grace)〉의 멜로디에 맞추어 이런 찬송을 즐겨 부르는 사람이 많습니다. "아시지요. 아시지요. 아시지요. 주님, 아시지요. 아시지요?" 처음부터 끝까지 '알아달라는 것'뿐입니다.

주님이 이 세상에 오셔서 이루신 하나님 나라는 세상이 추구하고, 사모하고, 소원하는 것과는 그 본질과 차원이 다릅니다. 이 세상의 질서를 가만히 보십시오. 효도, 충성, 노력, 겸손, 희생, 윤리, 도덕은 그것에 상응하는 보상이 주어집니다. 이 개념을 기독교 신앙 안으로 가지고 들어와서 '앙탈'을 부리면 안 됩니다.

"주님, 저의 희생과 눈물을 아시지요?"

표현은 고상하지만 보상해 달라는 말입니다. 그러나 우리가 주님을 위해 수고하고 애쓰는 것들에 대해 세상적인 보상이 주어지지 않습니다. 왜 그럴까요? 사실은 허무한 것들이기 때문입니다.

그렇다면 예수님을 믿고 따르는 것에 대한 이 세상에서의 진정한 보상은 무엇일까요? 고(故) 박윤선 박사의 설교에서 중요한 통찰을 얻습니다.

"기도의 유익이란, 평생 기도하는 복을 받는 것입니다."

순환논리 같아 보이지만 이 고백 속에는 대단한 깨달음이 내포돼 있습니다. 우리는 교회와 주님을 위해 헌신한 수고에 비례해서 이 세상적인 보상으로 우리의 신앙을 확인받기를 원합니다. 그러나 하나님이 주시는 보상은 전혀 다른 것입니다. 하나님의 자녀가 된 자들에게 주어지는 복과 은혜는 그분의 인도하심 가운데 이 타락한 세상이 약속하는 더러운 세속의 가치를 따르는 삶을 포기하기로 결단한 삶, 구주이신 주님을 만난 그 자체가 큰 보상인 것입니다. 한평생 예수 믿는 자로 살았지만 이 세상적인 것들과는 인연이 없는 인생이 얼마든지 있습니다. 하나님은 때로는 이렇게 말씀하십니다.

"그냥 그런 모습으로 살다가 죽어도 나를 따를 수 있겠니?"

이 질문에 진심으로 '아멘' 할 수 있는 인생만이 그리스도 예수 안에서 누리는 복과 은혜의 의미를 진정으로 이해한 사람입니다.

그래서 저는 이렇게 결론을 내리고 싶습니다.

"예수님을 믿는 이 세상에서의 보상은 다름이 아니라 예수님을 더욱 사랑하는 자리에 서게 되는 것입니다."

세월의 흐름 가운데 우리 주님을 더욱 사랑하게 되는 그 은혜와 보상들이 여러분들 삶에 넘치기를 축복합니다.

| 세습 놀이 |

　교회도 신학교도 세습이 번져가고 있습니다. 정확하게 말하면, 큰 유행이 지나고 끝물을 즐기는 사람들로 북적인다고 할 수 있습니다. 세습을 감행하는 분들의 만고불변의 첫 번째 논리는 '연속성'입니다.
　"내가 펼쳐 온 목회를 누가 가장 잘 이해하겠는가? 당연히 내가 낳고 키운 아들 아니겠는가? 그 누가 이 교회를 그만큼 잘 알고 애정을 가지고 돌보겠는가 말이다."
　어느 순간 교회 운영의 핵심 주체가 경험이 많은 목사가 돼버렸습니다. 더 이상 하나님의 개입과 간섭은 무의미한 일로 전락하고 만 것입니다. 이 얼마나 생경한 풍경입니까? 성경이 일관되게 가르치는 것과 상반되는 일이 버젓이 벌어지고 있습니다. 사도 바울은 자신 안에 사는 분이 그리스도이기 때문에 자신을 통해 그리스도께서 역사하신 것 외에는 감히 아무런 말도 하지 않았음을 성경을 통해 확인할 수 있습니다.
　이제 더 이상 하나님의 뜻과 섭리는 장식용 멘트에 불과한 것인지, 목회자의 의식과 삶을 주장하는 핵심적 가치가 되지 못하는 자리까지 와 버렸습니다.
　"솔직히 뭐가 주님의 뜻인지 모르잖아. 안 그래? 좋은 게 좋은 거지. 그냥 순종해. 교회를 생각해. 하나님은 질서의 하나님이지 무질서의 하나님이 아니야."

　상대방의 입을 다물게 하는 화술도 보통 수준이 아닙니다. 목회의 긴 여정 동안 "이런 것만 배웠나?" 하는 생각이 들 정도입니다.

　거창한 논리로 세습의 성경적, 신학적, 교회적 정당성을 내세우지만, 그들의 말은 번역기에 넣어서 돌려 봐야 선명하게 이해할 수 있습니다.

　"내가 어떻게 고생해서 세운 교회인데 다른 놈에게 줄 수 있단 말이냐? 얼토당토않은 이야기는 하지를 마라. 피눈물 흘린 그 인고의 시간과 아픔을 내 아들에게는 차마 반복시킬 수 없어!"

　이것이 솔직한 그들의 속내입니다. 강단에서 내려오는 날 여기저기에서 몰려온 성도들 앞에서 그들은 참으로 진지한 마음으로 자신의 목회 여정을 회고합니다.

　"모든 것이 하나님의 은혜였습니다. 개척 교회 시절부터 하나님은 크신 은혜와 사랑으로 저와 함께해 주셨고, 수많은 위기와 어려움 속에서도 저를 놓지 않으셨습니다. 저의 무능력에도 불구하고 하나님께서 역사하셔서 오늘 이 자리에 서게 되었습니다."

　이 고백을 눈물로 표했다면 자식의 삶에 대해 염려할 것이 없어야 합니다. 자기와 함께하신 하나님이 아들의 삶과 목회 여정에도 동일한 은혜로 역사하실 것입니다. 과감하게 자신을 던졌던 자리, 은혜가 넘친 그 개척의 길로 자식을 내보내야 합니다. 그래야 그의 고백은 진정성을 확보할 수 있는 것입니다. 그러나 이런 바람은 꿈과 같은 것입니다. 실상은 하나님 은혜의 흔적보다도 몸서리치게 고생한 기억이 떠나는 목회자의 마지막 판단을 장악하고 있습니다. 그 결과 아들이 있으면 아들에게,

딸이 있으면 사위에게, 이것도 저것도 아니면 친구 교회와 '상호 심어 주기'로 끝장을 봅니다.

목회자로 부름 받은 사람들은 교회를 향한 자신의 애착이 그 아무리 크다고 할지라도 피로 값을 지불하고 교회를 세우신 주님의 마음에는 '새 발의 피'라는 사실을 기억해야 합니다. 무슨 말입니까? 자기의 사명과 시간이 끝났다면 주님을 믿고 아무런 염려 없이 그냥 사라지라는 말입니다. 아버지가 그토록 소망하고 꿈꾸던 아들이 후임이 되지 못한 것으로 주님의 교회가 무너지지 않습니다. 하나님의 일하심과 성실하심을 부정하는 짓이 바로 세습의 본질입니다. 교회를 향한 사랑과 애착으로 표현하지만 사실은 집착을 넘어선 노욕입니다. 마지막까지도 자기의 영향력과 입김을 통해 후계자를 결정하려는 심보는 속된 말로 '꼬장 부리기'에 불과한 것입니다. 그러니 제발 성공적인 세습을 이루었다고 어디가서 자랑하지 마십시오.

"다른 교회는 몰라도 우리 교회는 성도들이 전부 원했어. 거의 다 찬성했단 말이야. 참으로 은혜롭게 잘 넘어갔어. 나는 별로 원하지 않았는데 교인들이 더 적극적으로 아들을 데려와야 한다고 해서 어쩔 수 없이 그렇게 결정 했어."

한두 명만 이 말을 하면 믿어 주겠는데 세습에 성공한 목회자들 입에서 똑같이 언급되는 말이므로 공신력이 상당히 떨어집니다. 그리고 그 사실을 꼭 알아두십시오. 순진하고 착한 성도들은 아버지와 아들이 함께 있는 현장에서 투표하기에 차마 반대표를 던질 수 없다는 사실을…….

| 시대의 바보들 |

쇠얀 키르케고르는 "지금 우리가 기독교라 부르는 이 종교는 그리스도가 와서 폐지해 버리고자 하셨던 바로 그 종교적 형태를 답습하고 있다. 개신교에 특별히 이런 일이 있다"라고 일갈했습니다. 그는 무엇을 보고 이렇게 과격한 비판을 개신교 진영에 던졌을까요? 다양한 의견이 나올 수 있을 것입니다. 저는 개인적으로, 개신교의 가장 큰 문제는 시대정신의 포로가 돼버린 것이라 생각합니다. 오늘날 사역자들과 신자들 삶의 모습에는 이 세상의 사조와 시대 흐름에 뒤처지지 않겠다는 비장한 각오가 엿보입니다. 교회가 갖추고 있는 오늘날의 장비와 시설들, 그러한 도구들을 기반으로 해서 운영되는 프로그램을 보십시오. 의식과 고백은 다른 것을 소유하고 있을지 몰라도 삶과 사역을 통해 보여 주는 교회의 철학은 "오래된 것은 나쁜 것이고 새 것은 좋은 것이다"를 목청껏 외치는 것 같습니다. 시대 흐름이나 현대적 감각을 지니는 것을 탓할 수만은 없습니다. 문제는 이 세상의 흐름에 뒤처지지 않겠다는 결심 때문에 더 신실하고 거룩하게 살겠다는 의지가 무너지고 있는 것입니다.

시대 흐름과 신실함을 겸비하는 일이 쉬운 건 아닙니다. "시대정신과 결혼한 사람은 곧 자신이 홀아비가 된 것을 알게 된다"라고 한 윌리엄 잉(William Ralph Inge 영국의 신학자이자 국교회 주교)의 통찰에서 우리는 교훈을 받아야 합니다.

많은 사람이 이런 질문을 던집니다.

"복음의 본질은 지켜 내고 사역의 방법론은 융통성 있게 가져가는 것이 옳지 않을까요?"

흠잡을 게 없어 보이는 주장입니다. 그러나 "본질은 방법론에 반드시 영향을 받는다"라는 사실도 기억해야 합니다. 하나님 말씀과 상관이 없는 사상과 사조는 세상의 주류 흐름에 맞추어 교회도 옷을 갈아입을 것을 요청합니다. 이 초대에 응하지 않기란 쉽지 않습니다. 새 옷으로 갈아입은 교회가 누릴 수 있는 보상과 혜택이 상상을 초월하기 때문입니다. 이런 유혹에서 교회가 자신의 정체성을 바르게 드러내지 않으면 세상의 교묘한 철학을 교회의 방향타로 삼게 됩니다. 최선을 다해 달려왔지만 어느새 세속의 노예가 되어 있는 교회로 변질되는 것입니다. 강단은 심리학과 철학이 장악하고 있음에도 성도들은 "은혜를 받았다"고 고백하고, 세련된 프로그램에 참여한 것을 신앙의 성숙과 진보로 인식하게 됩니다. 이런 현상들이 한 세대 정도 더 계속되면 교회는 돌이킬 수 없는 상황에 내몰릴 것입니다. 이런 흐름이 대세가 되어 힘과 세력을 형성하여 진행하고 있기 때문에 이를 거슬러 가는 일은 쉽지 않습니다. 목회는 유명해지고 싶은 마음, 주목을 받고 싶은 마음, 최소한의 생계를 유지하고자 하는 마음, 인정을 받고 싶은 마음, 내가 죽지 않았다는 사실을 증명하고 싶은 마음, 많은 인맥을 가지기 원하는 마음을 모두 포기하고 가야 하는 길입니다. 독일의 시인 라인홀트 슈나이더(Reinhold Schneider)는 이런 사실을 확증해 줍니다.

"주의 이름으로 시대정신에 저항하는 자들은 그 정신의 보복을 받을 것이다"

저항의 대가는 가혹할 것입니다. 처절한 응징이 우리의 삶에 찾아올 것입니다. 그래도 시대정신의 포로가 되는 길을 포기하면서 십자가의 복음을 높이 드는 사역자와 신자들을 통해 하나님 나라는 한 치의 오차도 없이 이 땅에 이루어질 것입니다. 그 길이 힘들다면 하나님이 주신 선물인 '눈물과 한숨'을 사용하십시오. 그런 다음 또다시 걸어가십시오. 그 길 위에서 생각보다 많은 '시대의 영광스러운 바보'들을 만나게 될 것입니다. 그들과 함께 어깨동무하면서 바보의 자리로 우리를 불러 주신 하나님을 노래하며 또 걸어가십시다.

| 욕망이라는 이름의 폭주 기관차 |

목사로 부름 받아 살면서 변질되지 않겠다고 수많은 다짐을 해왔습니다. 나름 의로운 길을 가겠다고 두 번 세 번 저 자신과 약속을 한 것이지요. 그런데 저의 내면 깊숙한 곳을 들여다보면 이것이 단순하고 순결한 동기에서만 시작된 것이 아님을 발견하게 됩니다.

설명을 좀 드리자면, 저는 마음을 팔아먹은 목사가 되지 않겠다는 목표를 지키기 위해 삶과 사역의 현장에 일정한 규칙도 만들고 경계선을 확실히 그어 놓았습니다. 스스로를 특정한 영역 안에 가두어 놓은 것입니다. 그것이 저의 죄성을 억제하기 위한 것일 수도 있고, 바른 길을 걷겠다는 의지의 천명일 수도 있습니다. 문제는 일정한 시간이 흐르자 저 자신이 그어 놓은 그 경계선 안에서 만족을 누리지 못했습니다. 저의 내면 깊숙한 곳에서는 기름진 초장을 동경하고 있었습니다. 노골적으로 표현하자면, '한번 잘 나가고 싶은 마음'이 간절한 것입니다. 이런 마음이 더 심화되어 저 자신이 스스로 설정한 그 경계선이라는 감옥을 부수고 싶은 마음이 심심찮게 찾아왔습니다. 대외적 이미지는 독야청청의 백조와 같은 모습으로 저 자신을 꾸며 놓고, 내면에서는 그 백조 이미지를 활용한 비상을 꿈꾸는 추잡한 인간이 되어 있었습니다. 하지만 경계선을 만들 때, 너무나 큰 소리를 쳐 놓았기 때문에 그것을 허물 명분이 없는 것이 또 문제입니다. 그렇다고 해서 마음 가운데 일어나고 있는 세속적 성공을 향해 삶의 모든 수단을 조정하고 바꿀 자신이 있는가? 그렇지 않습니다. 일말의 양심이라고 할 수도 있고, 최소한의 믿음이라고 할 수도 있는 그 무엇이 저의 발목을 잡고 있었습니다. "절대로 마음을 팔아먹지 않겠다", "오직 한 길을 가겠다", "이로움의 길보다는 의로움의 길을 가겠다"라는 진정성 있는 다짐과 고백은 참으로 귀한 것입니다. 그러나 더 정직하고 겸손한 삶의 자세는 우리 안에 있는 세속적 욕망을 솔직하게 인정하는 것일 겁니다.

누군가를 향한 비판력으로 까마귀에서 봉황의 자리로 가고자 하는 사람들이 있습니다. 개혁을 팔아서 비주류에서 주류의 흐름에 편승하고

자 하는 자들이 있다는 말입니다. 자기 안의 세속적 욕망은 상대를 향해 더 강한 비판을 쏟아 내는 것으로 철저하게 감추면서 자신의 욕망을 실현하고자 하는 이들이 얼마나 많은지 모릅니다. 제가 바로 그런 인간처럼 느껴져 몹시 괴롭습니다. 삶의 최소한의 메커니즘도 몰랐던 젊은 시절, 마구잡이로 토해 놓고 비판했던 저의 삶의 태도에 진정성이 있었다고 하더라도 이제야 솔직히 인정하게 된 것은 "내가 속물 같은 목사들과 인간들의 잘못을 정말로 날카롭게 잡아내지?" 하는 인정을 받고 싶은 욕구가 있었다는 점입니다. "나의 성공의 수단은 바로 이것이야" 하며 그렇게 까불어 댔습니다.

랭던 길키(Langdon Gilkey)가 쓴 《산둥 수용소》에 보면, 수용소에서 함께 지낸 개신교 선교사들과 목사들의 행태를 평가하는 대목이 나옵니다. 한 부분만 그대로 소개합니다.

"그들은 육체적인 죄를 피하고 거룩해지려고 미친 듯이 애쓰면서, 자기도 모르게 영적인 죄, 즉 교만, 거부, 사랑 없음이라는 더 무거운 죄에 빠지고 말았다. 바로 이것이 개신교인들의 삶에서 가장 큰 비극이라는 사실을 나는 계속해서 느꼈다."

제 삶의 행적이 이런 경로를 따라 여기까지 온 것 같습니다. 특히 '교만'이라는 글자가 저의 심장을 마구 두들기는 고통을 느낍니다. 누군가를 욕하고, 비난하는 것으로 나의 신앙과 삶의 여정이 자동적으로 '거룩'의 자리로 향하는 것이 아님을 이제야 깨닫습니다. 그런 의미에서 라인홀드 니버(Reinhold Niebuhr)의 말은 너무나 아프게 폐부를 찔러 옵니다.

"종교는 인간의 이기심이 자동적으로 해결되는 장소가 아니다. 오히려 종교는 인간의 교만과 하나님의 은혜가 충돌하는 궁극적인 전투지다. 따라서 인간의 교만이 이기면 종교는 인간의 죄악의 도구가 될 수 있다."

삶의 모든 여정이 마무리 되는 순간까지 하나님의 자비와 긍휼의 은혜가 없다면 제가 죽을힘을 다해 비판하고 욕했던 속물들과 동일한 자리에, 아니 그들보다 더 추잡한 자리에 서 있는 존재가 바로 저임을 깨닫게 됩니다.

| 소명의 길 |

부끄럽고 창피한 고백이지만 저보다 못해 보이는 사람들이 유학을 떠나고, 아버지의 교회를 물려받아 자신의 인생을 당당하게 살아가는 모습을 보면 저도 마음이 흔들립니다. "집안이나 부모를 탓하지 마라"는 틀에 박힌 이야기는 조금의 위로도 안겨 주지 못합니다.

"집안이 안 받쳐 준 사람 중에 만에 하나 천에 하나 있는 성공한 주인공이 여유를 부리며 하는 이야기지. 나처럼 집안이 안 받쳐 줘서 인생이 계속 고달픈 사람은 비통한 감정을 해결할 길이 없는 것 아닙니까?"

말이라도 못하면 괜찮은데 못난 주둥이로 괴상한 논리를 만들어 내서 불평의 보호막을 만듭니다. 하나님은 저를 부르실 때 제가 누구인지, 무엇을 잘 감당할 수 있는 자인지를 아시고 소명을 허락하셨습니다. 쉽게 말해, 이 세상의 다른 어떤 누구도 대신할 수 없는 은사가 저의 영혼에 새겨져 있다는 말씀을 주신 것입니다. 그것을 귀히 여기는 마음은 없고 일반적이고, 많은 사람의 주목을 쉽게 받는 길로 달려가고 싶은 욕망이 제게도 잠재해 있었습니다. 한마디로 저의 소명을 내던지고자 몸부림을 치는 모습과 다르지 않습니다. 《삶이 내게 말을 걸어올 때》를 쓴 파커 파머(Parker J. Palmer)는 그의 책에서 저와 같은 사람을 향해 참으로 귀한 도전의 말을 던집니다.

"소명이란 성취해야 할 어떤 목표가 아니라 주어지는 선물이다. 소명을 발견하고 소명의 삶을 산다는 것은, 바깥에 있는 그 무엇을 바라고 다투는 것이 아니라, 이미 내 안에 가지고 있는 참 자아의 보물을 받아들이는 것이다."

그렇습니다. 자기 자신의 본연의 모습을 찾는 일이 소명의 핵심입니다. 이것을 잊지 않아야 합니다. 나에게 익숙하지도 않고, 나에게 존재하지도 않는 어떤 것, 나 자신이 아닌 다른 존재가 되려고 몸부림을 치는 것은 소명의 길에서 이탈하는 것임을 기억해야 합니다.

하나님의 크심과 광대하심을 전부 깨달아서 표현해 낼 수 있는 인생은 이 세상에 존재하지 않습니다. 하나님은 그분의 어떤 한 측면을 이 세상 그 누구보다 더 잘 표현하고 전달할 그릇으로 우리 각자의 인생을 빚어 오신 것입니다. 주류 흐름에서 이탈한 마이너의 사역과 삶을 산다는 이유 때문에 절망하지 마십시오. 그 고통과 눈물의 길을 통해서만 하나님 심정의 어떤 한 부분을 담아 낼 수 있기 때문에 그 길을 허락하신 것입니다. 굶는 것은 굶을 이유가 있기 때문입니다. 굶지 않는 자가 체득할 수 없는 영혼의 감각이 그에게만 형성된 것입니다.

하나님은 제게 "왜 너는 모세 같은 사람이 되지 못했느냐?"라고 묻지 않으십니다. 그분은 이렇게 물을 것입니다. "왜 너는 '너답게' 살지 못했느냐?"

우리 각자는 하나님으로부터 자기만의 형상을 선물로 받았고 자기만의 숭고한 영혼을 지닌 존재로 부름 받았음을 잊지 말아야 합니다.

"까마귀가 비둘기처럼 거들먹거려 보겠다는 생각을 하게 되자, 그날로 까마귀는 제 보법을 몽땅 까먹어 버렸다"라는 작가 니코스 카잔차키스(Nikos Kazantzakis)의 일성을 다시 한 번 마음에 새기게 됩니다.

제2부

사랑하는 사람들
·
본질과 현상의 관계

❘ 눈물의 가을 운동회 ❘

　아이들의 가을 운동회 날입니다. 아내는 아침 일찍부터 김밥과 초밥을 준비한다고 분주합니다. 아이들과 나는 김밥이 만들어지기가 무섭게 손과 입이 바쁘고, 품평회를 하면서 맛보는 김밥은 운동회에서 먹는 것에 비길 수 없이 꿀맛입니다

　"아빠, 오늘 꼭 와야 해. 알았지?" 아들과 달리 딸의 마음은 더 간절합니다.

　"알았어. 엄마 보낼게." 딸이 토라집니다.

　"걱정 하지 마. 꼭 갈게." 웃으며 아이들을 먼저 보내고, 아내와 나는 이것저것 챙겨 학교로 향합니다.

　운동회를 향해 가는 동안 여러 상념이 떠오릅니다.

우리 아이들은 엄마와 아빠를 자랑스러워합니다. 아빠는 동네 교회의 목사님이라 사람들 사이에서 회자되는 신분이고, 엄마는 아이들에게 영어를 무료로 가르쳐 주는 선생님이라는 사실이 자부심을 주고 있습니다.

그런 생각과 동시에 옛날 저의 초등학교 시절의 운동회가 오버랩됩니다. 어머니에 대한 기억이 떠오릅니다. 마흔두 살에 늦둥이로 저를 낳은 어머니가 친구들의 어머니보다 한참이나 늙어 보인 것이 창피했습니다. 철없던 그 시절 부모님이 학교에 오시는 날엔 하루 종일 어디론가 숨어 버리고 싶었습니다. 아빠가 되어 아이들의 운동회를 보러 가는 동안 내내 한없는 자책과 죄송한 마음으로 가슴이 아파옵니다.

'알코올 중독자 김 씨의 막내아들'

'고래 고기 파는 강 씨 아줌마의 막둥이'

제 의지와 상관없이 이름표가 돼버린 어린 시절의 그 현실이 참 참기 어려웠습니다. 아버지는 한평생을 술과 노름으로 사셨고, 어머니는 가정 경제를 책임지기 위해 새벽 4시부터 하루 일과를 시작하셨습니다. 사십 년의 세월을 못난 지아비 때문에 혹독한 시간을 보내신 어머니……

그 바쁜 일과 속에서도 막내아들의 운동회가 열리는 날이면 제가 기죽지 않게 하려고 꼬박꼬박 운동장을 찾아온 어머니였는데, 철없던 아들은 어머니의 초라한 외모와 꺼내 놓기 창피한 음식 그리고 촌스러운 옷차림 때문에 악다구니를 질렀습니다.

"나는 때려 죽여도 엄마와 아버지처럼 살지 않을 거야. 두고 봐."

말로 다 할 수 없는 수고로 저를 기르신 어머니에 대한 뼈아픈 후회와 기억들을 어찌 다 지울 수 있겠습니까?

세월이 흘러 어머니께서 저를 낳은 그 나이가 된 막내아들이 여기 서 있습니다. 철없이 내지른 말이 어떤 의미에서는 실현된 것 같습니다. 그러나 사실은 주어진 환경과 여건의 차이밖에 없습니다. 어머니가 감당하신 그 상황이 제게 주어진다면 그 시절의 어머니처럼 그렇게 강하고 따뜻한 부모가 될 수 있을지 저는 자신이 없습니다.

무책임하고 무능한 아버지에 대한 원망도 사십이라는 고개에 진입한 지금 이해가 되기 시작합니다. 죽을힘을 다해 이루고 싶던 삶의 목표가 처절하게 무너지고 난 뒤의 선택이 술과 노름이었습니다. 그것이 아니면 하루도 버텨 낼 수 없었기에 술로 머리를 마비시키면서 삶을 이어가셨습니다. 새벽시장을 나가신 어머니를 대신해서 저의 도시락을 싸주기도 했습니다. 그렇게밖에 살 수 없던 아버지의 회한이, 자식들에 대한 미안함에 남몰래 흘리셨을 그 눈물이 왜 이제야 이해가 되는 것일까요?

아들과 딸의 활약을 보러 가는 즐거운 날, 우울한 기분을 추스르고 학교 운동장으로 들어갑니다. 여러 종목이 여기저기서 진행되고 있는데 형식과 방법이 우리 때와는 확연히 달라진 느낌입니다. 그래도 많은 사람의 시선을 한곳으로 모으는 마력은 예나 지금이나 이어달리기입니다. 우리 아들 지호가 마지막 주자였습니다. 제 마음은 긴장 상태입니다.

"여보, 왜 이렇게 불안하냐? 저 녀석 저거 바통 땅에 떨어뜨릴 것 같아. 아니면 넘어지든가……."

"걱정 마요. 지호 잘 달려요. 두고 봐요."

아내의 말에 30년 전 어머니가 다시 제 마음에 찾아옵니다.

'30년 전 그 운동장에서 엄마도 나처럼 이렇게 두근거리는 마음이었

겠지…….'

눈물이 흘러내립니다.

"여보 울어?"

"……."

"나 화장실 좀 다녀올게."

이놈의 눈물은 시도 때도 없습니다.

세수하고 나오니 지호가 달릴 시간이 거의 다 되었습니다.

'아들아! 너를 믿는다. 아빠를 닮았다면 일등일 것이고 엄마를 닮았다면 순위에는 들지 못할 것이다. 누구의 아들인지 증명해다오…….'

스타트를 알리는 딱총 소리와 함께 응원의 함성이 운동장에 가득합니다. 드디어 릴레이의 마지막 주자인 아들 지호에게 바통이 넘겨지는 순간입니다.

"여보, 창피해요. 자리에 좀 앉아요."

나도 모르게 고함을 지르면서 자리를 이탈했는지 아내가 말립니다.

지호는 역시 아빠의 아들이었습니다. 이등을 한참 뒤에 두고 여유 있게 결승 라인을 통과했습니다. 별것도 아닌데 왜 이렇게 아들이 자랑스러운지요.

'나도 어머니에게 이런 아들이었겠지.'

좋은 날, 왜 자꾸 눈물이 나는지 모르겠습니다.

고난의 세월을 참고 삶을 포기하지 않고 저를 길러 주신 어머니, 감사합니다. 저도 어머니처럼 좋은 아비가 되겠습니다. 삶의 무게가 아무리 무겁더라도 어머니께서 보여 주신 그 길로 아들과 딸의 삶을 인도하겠습니다.

어머니, '고래 고기 파는 강 씨 아줌마의 막내아들'이라는 이 이름을 죽는 날까지 자랑스럽게 간증하겠습니다.

히가시노 게이고의 《편지》를 읽고 형님 생각이 났습니다

"가족이란 보는 눈만 없다면 쓰레기처럼 갖다 버리고 싶은 그 어떤 것이다."

어느 일본인 작가의 말입니다. 공감이 가십니까? 저는 개인적으로 뼛속 깊이 공감이 됩니다. 저에게 가족은 삶의 희망이자 버팀목이기도 했지만 또한 삶의 무게요 장벽이기도 했습니다.

전형적인 역기능 가정에서 자란 저의 누이들과 형님의 삶은 불 보듯 뻔한 고통이 펼쳐졌습니다. 사회적 통념상 여성들에게 보수적일 수밖에 없는 누님들은 많은 아픔과 상처에도 불구하고 무난한 삶을 살아 냈습니다.

그러나 저와 10년 차이가 나는 바로 위의 형님은 야곱의 고백처럼 '험악한 세월'을 살았습니다. 중학교 시절부터 시작된 방황은 끝이 보이지 않았습니다. 형님은 어머니 근심의 핵심 진원지였습니다.

가출, 폭력, 전과, 이혼, 자식들과의 이별, 사업 실패, 고립······. 형님의 인생을 묘사하기 위해서는 온갖 종류의 부정적인 단어를 총동원해야 합니다. 형님은 자신의 몸 안에 험난한 인생을 고스란히 새겨 넣었습니다. 가슴에는 용이 하늘로 승천하고 있고, 그 용들 옆으로는 용맹함을 상징하는 칼자국과 담배로 지진 흔적들이 깊이 각인되어 있습니다. 어린아이들 낙서장 같이 돼버린 처참한 삶의 흔적은 형님의 양팔에도 그려져 있습니다. 여름에 사람들에게 혐오감을 줄까 봐 항상 긴팔 옷을 입고 다니는 이유가 달리 있겠습니까?

아버지로 인한 수치심도 견디기 어려운 판국인데, 집안의 전통을 이어가야 한다는 사명을 형님은 역시 멋지게(?) 펼쳐 냈습니다. 가족 이야기만 나오면 저를 작아지게 하는 원인의 큰 자리를 형님이 차지하고 있습니다.

아버지를 넘어서는 자식이 많지 않다고 하지만 저희 형님은 예외입니다. 아버지가 지닌 더럽고 부정적인 삶의 내용들, 그 모든 기록을 형님은 갱신했습니다. 아버지 역시 인정할 수밖에 없었습니다.

"니가 이겼다."

이유야 어찌되었건 형님은 가족들에게 경멸적인 존재요 수치스러움의 대명사였습니다. 저에게도 마찬가지였고요. 한마디로 형님이란 존재가 목사의 길을 가는 저에게는 가장 큰 걸림돌이었습니다. 그래서 고향을 떠나 서울까지 와서 목회를 하고 있는 것인지도 모르겠습니다.

이런 형님에 대한 부정적인 시선을 거두게 된 결정적인 계기가 있습니다. 히가시노 게이고의 《편지》라는 책 때문입니다.

이 책은 돌아가신 부모님을 대신해 동생의 학비 마련을 위해 우발적인 강도 살인을 저지른 형과 그런 형을 둔 동생의 이야기입니다. 강도 살인을 저지른 심성이 착한 형으로 인해 동생은 본의 아니게 엄청난 시련을 경험해 갑니다. 집안에 강도를 두었다는 세상의 부정적인 시선으로 동생은 사람들로부터 따돌림을 받고, 회사에서도 해고를 당하고, 사랑도 포기해야 하고, 가수로서의 타고난 재능도 포기할 수밖에 없는 상황으로 내몰립니다.

평범하게 살고 싶은 오직 한 가지의 이유로 그는 형님에게 마지막 편지를 올립니다.

"출소하더라도 절대로 저를 찾지 말아 주십시오. 형님과 저의 인연은 여기서 끝난 것입니다."

이 편지 한통에 형님은 엄청난 충격을 받습니다. 그 충격이란 동생의 절연 선언 때문이 아닙니다.

"이렇게 오랜 시간 동안 나라고 하는 존재가 이 감옥 속에서조차 동생에게 저런 고통을 안겨 주었다니……. 그런 내 자신이 너무나 혐오스럽습니다."

개인적으로 이 부분에서 참 많은 눈물을 흘렸습니다.

"어쩌면 나라는 인간의 멸시 어린 시선으로 형님이 서러운 눈물을 쏟고 있는 것은 아닐까? 동생의 목회 길에 자신의 존재가 방해거리라는 생각에 자책하고 있는 것은 아닐까?"

사실 저의 태도와 시선만 차가움과 멸시로 채워져 있었지, 형님은 언제나 저에게 따뜻하셨습니다. 저의 아내와 아이들에게도 항상 너그러웠고요. 별것도 아닌 '목사 동생'이 형님에게는 늘 자랑의 원천이었습니다.

한번은 이런 일이 있었습니다. 밤 11시가 지난 시간에 형님으로부터 전화가 왔습니다.

"여보세요? 관성아, 전화 바꿔 줄 테니 통화 좀 해 봐라. 내가 돌겠다."

다짜고짜 무슨 상황인지 전혀 이해가 가지 않았습니다.

"나는 무성이 형 친군데요. 그 뭐시기 동생 분 진짜 목사 맞아요?"

"예, 침례교 목사 맞습니다."

"와, 씨바, 진짜네. 대박이다."

형님이 친구들과 대화 중에 "내 동생 목사다"라고 자랑을 한 것입니다. 그런데 형님의 꼴을 보자니 도저히 믿을 수가 없어 내기를 걸고 저에게 전화를 한 것입니다. 제가 가진 형님을 향한 태도와 얼마나 상반돼 있습니까? 저는 참 나쁜 인간입니다.

어쩌면 어머니의 말씀이 정확했던 것 같습니다.

"성품은 니보다 니 형이 훨씬 착하다. 어렸을 때부터 그랬어. 너는 독종이고."

마음이 약해서 친구들과의 인연을 정리하지 못하는 형님을 바라보면서 어머니가 항상 하시던 말씀이었습니다.

조금만 생각해 보면 형님 인생의 비참함은 형님 자신에게만 있는 것이 아닙니다. 얼마든지 이해할 수 있는 삶인데, 원인과 과정은 고려하지 않고 삶의 결과만을 가지고 형님을 무시하고 살았습니다.

동생의 '까칠함'으로 인해 남몰래 서러운 눈물을 흘리고 지내는 것은 아닌지……. 서울에 올라오지 못하는 이유도 자기 같은 형으로 인해 동생의 목회에 방해가 될지도 모른다는 마음 때문은 아닌지……. 참 괴롭고 죄송한 마음뿐입니다.

제가 그리스도 안에서 새 사람으로 살 수 있었던 것도 사실 형님 덕분입니다. 손버릇이 고약했던 6학년 시절, 슈퍼마켓에서 초콜릿을 훔치다가 들켜 경찰서로 연행된 적이 있습니다.

담임선생님, 어머니, 형님이 모두 출동을 했지요. 어리다는 이유로 훈방되어 집으로 돌아온 저는 형님에게 이끌려 동네 우물가로 갔습니다.

"야! 이 새꺄! 옷 전부 벗어."

발가벗은 저에게 형님은 물을 몇 차례 부었습니다. 그런 다음 준비한 전기 줄로 사정없이 두들겨 팼습니다.

"샤아아아 악~ 착~!"

전기 줄이 저의 몸에 감기는 소리를 묘사한 것입니다. 온몸에 피 멍이 들었고, 극도의 공포감에 사로잡혔습니다.

"너 이 새끼, 내일부터 동네 교회 다녀. 빠지면 죽는다."

자기는 교회에 다니지 않으면서 동생은 착한 사람 되라고 교회에 보낸 것입니다. 그것이 침례교회와의 첫 만남이었고, 그 길로 지금까지 교회 한 번 빠지지 않고 이렇게 살고 있습니다. 자신의 인생은 박살이 나더라도 동생만은 지키겠다는 형님의 배려로 저는 그리스도 안에서 새 사람이 되었습니다.

동생의 되먹지 못한 건방진 모습과는 달리 늘 양보하고, 손해 보고,

배려하는 형님의 모습이 떠오릅니다. 형님의 남은 인생이 더 이상 아픔과 고단함으로 채워지지 않기를 소망해 봅니다.

"형님, 동생이 목산데 교회 나가야죠?"

"그렇지 않아도 다니기 시작했어!"

눈물이 쏟아졌습니다.

"형님, 미안하고 고마워요."

"네가 목사 됐다고 내가 얼마나 자랑하고 다니는지 아냐? 고향 진하(간절곶 바로 옆 바닷가) 사람들 다들 깜짝 놀란다. 니가 우리 집안 자랑이다."

하나님 앞에 서는 날, 우리 인생은 직책과 직위에 따라 평가받지 않을 것입니다. 목사가 된 사실 자체가 형님보다 나은 인생을 살았다는 증거가 될 수 없습니다. "먼저 된 자로서 나중 되고 나중 된 자로서 먼저 될 자가 많으니라"(마 19:30)는 진리의 말씀이 우리 형제의 삶에 역사하기를 간절히 소망합니다. 괴롭고 고단하고 외롭던 형님의 인생이 그리스도 안에서 새롭게 되기를 소망합니다. 형님의 남은 인생에 화사한 봄날이 찾아오기를 기대합니다. 그리스도 안에만 있는 기쁨의 시간들이 고통당했던 시간과 세월만큼 형님의 삶에 채워지기를 기도합니다.

"형님, 미안하고 또 미안합니다. 정말 고맙습니다. 그리고 형님! 사랑합니다."

❚ 세종문화회관 가는 날 ❚

　세종문화회관에 공연을 보러 갔습니다. 목회자의 정서적 필요를 위해 선배 형님이 우리 가족을 초대해 주셨습니다. 이런 문화적 향유란 저의 일생에 없는 일입니다. 듣기만 했던 세종문화회관은 어마어마한 규모였고 그 호화로움이란 상상 이상이었습니다. 관람객의 옷차림이나 외모도 나의 주변에서는 볼 수 없던 상류층 부자들 모습이고 그들의 광채에 절로 주눅이 들었습니다. 어색함에서 비롯된 엄청난 긴장감이 당황스런 혼란함 속으로 정신을 몰고 갔습니다.

　'세종문화회관이라니……, 이거 내가 이런 곳에서 공연을 봐도 되나?'
　'좌석은 어떻게 찾아가지?'
　'혹시 공연 관람 중에 내가 큰 실수를 하는 것은 아닐까?'
　집에서 공연장으로 향하는 순간부터 당황스럽고 조마조마한 긴장의 연속이었고 아무렇지 않은 듯 표정을 관리했지만, 마치 고문을 받는 듯했습니다. 제발 얼른 그 자리를 벗어나기만을 고대하며 공연 감상도 제대로 못한 채 언제 끝나고 집에는 어떻게 왔는지도 모르게 돌아왔습니다. 이토록 지나치게 긴장하고 염려하는 병적인 심리를 갖게 된 데는 나름의 이유가 있습니다.

어린 시절 저는 아버지로부터 엄청난 언어폭력에 시달렸습니다. 그때는 그것이 폭력인지도 몰랐습니다. 아버지의 감정이 조금이라도 상하는 일이 생기면 여지없이 날카롭고 독이 가득한 화살이 날아왔습니다. 심각한 상처가 마음속에 새겨지고 있는지도 모른 채 성장기를 보냈고, 그때 입었던 상처가 제 영혼에 치명적인 상처를 주었음을 알기 시작한 것은 한참 시간이 흐른 후였습니다.

"샛바닥(혀) 뽑아 죽일 새끼!"

"수금포(삽자루)로 배때지(배)를 확 쑤셔 버릴까 보다."

"대창(대나무)으로 눈에서 먹물을 다 뽑아 뿔라."

아버지는 자유자재로 욕을 구사하셨고 그 현란함은 타의 추종을 불허했습니다. 이런 아버지의 욕 화살은 저를 극도로 소심하고 두려움 많은 사람으로 만들었습니다. 대표적인 것을 말하자면 어떤 일을 시행하는 것에 지나친 두려움을 가진다는 것입니다. 특히 새로운 일을 시작할 때는 보통 사람보다 몇 배나 되는 부담과 공포 속에서 대면합니다.

전도사 시절 첫 설교를 할 때 약 여덟 페이지가 되는 원고를 토씨 하나 빼지 않고 암기하고 그것도 모자라 아무도 없는 강대상에 올라가서 설교의 총연습까지 직접 시행해 보고도 집에서 그것을 또다시 연습하다가 목소리가 쉬어 버렸습니다.

결혼하고 아내가 저에게 늘 했던 말이 있습니다.

"나는 당신의 박력을 보고 결혼했는데, 알고 보니 당신은 너무나 겁이 많고 소극적이고 도전정신이 없어요."

저를 잘 알지 못하는 사람들은 제가 동적이고 외향적인 사람으로 알고 있습니다. 그러나 사실은 대단히 정적이고 소심한 사람입니다. 객관적으로 살펴볼 때 저 자신의 내면은 어떤 두려움에 사로잡혀 있습니다. 이런 삶의 패턴이 지속되는 이유는 사람의 눈치를 극심하게 보기 때문입니다. 굉장히 비참한 인생인 것입니다.

'저 사람이 나를 어떻게 생각할까?'

'제대로 하지 못하면 나를 엄청나게 비난하겠지?'

혼자서 이런 공상, 망상에 사로잡혀서 시간을 보내다가 결국은, '나는 안 돼. 그런 일을 감당할 그릇이 아니야.' 그렇게 결론을 내버립니다. 충분히 잘할 수 있는 일인데도 도전하지 못하는 정신적 장애인인 것입니다.

또 지극히 평범하고 익숙한 삶에서 약간의 예외적 현상이 벌어지면 긴장 상태로 들어갑니다. 이것은 자동 착신이 되어 있기 때문에 다른 방어 수단이나 지연 전략은 저에게 아무 소용이 없습니다.

개척 교회 시절 부잣집 아주머니 같아 보이는 분이 잠깐 교회에 나오신 일이 있습니다. 얼굴에서는 광선이 나오고 말은 정통 서울 표준말을 구사하는 다른 세상에서 오신 듯한 분이었습니다. 별것도 아닌 상황이 공포로 다가왔습니다. 그분이 제발 교회에 나오지 말기를 빌었습니다. 그분이 앉아 있는 것이 부담이 되어 설교를 제대로 할 수 없을 지경이었습니다. 심각한 병이지요. 다시 말하면 저보다 높은 레벨의 지적, 경제적 여건의 사람들과 편안한 마음으로 대화를 나누는 일이 거의 불가능합니다. 눈을 응시하지도 못하고 무조건 상대방의 말이 옳다고 인정하고 비굴할 만큼 굴욕적인 태도를 보입니다. 고양이 앞에 쥐가 된 그런 기분이 되는 것입니다.

사리 분별을 할 수 있는 성인이 되면서 이러한 행동 양상의 원인이 아버지의 언어폭력에 시달린 결과임을 알게 됐습니다. 삶에서 이런 행동이 지속되는 것은 신앙의 관점에서 보더라도 정상이 아닙니다.

언어폭력이 준 영향은 목사로 부름 받은 후에도 여전히 저의 삶에서 떠나지 않았습니다. 하나님의 말씀을 대언하는 목회자로서 이러한 트라우마에 갇혀 있는 것은 고뇌의 가시입니다.

오늘도 이 트라우마가 하나님 앞으로 인도합니다. 내 영혼을 소성케 하셔서 주께서 맡겨 주신 많은 영혼을, 신실하신 하나님을 의뢰하며 사는 삶으로 인도할 수 있도록 무릎을 꿇습니다. 하나님의 치료의 손길이 상처 난 어린 영혼의 깊숙한 곳을 어루만져 주실 것을 눈물로 간구합니다. 나를 빚으신 하나님이 긍휼로 어루만지사 가장 선한 길로 인도해 주실 것을 믿습니다.

무엇보다 이 트라우마로부터 지호와 지은이가 자유로울 수 있도록 아비의 허물을 덮어 주실 것을 주께 날마다 간구합니다. 제 안에 내주하시는 하나님이 저를 통해 자녀들에게 이어지는 삶의 부정적인 요소들을 정결케 해주실 것을 믿습니다. 내일 아침엔 잠자리에서 일어나는 아이들을 꼭 안고 이렇게 속삭이려고 합니다.

"아빠 아들, 아빠 딸, 사랑해!"

저 같은 겁쟁이가 주님을 위해서 죽는 자리에 가기는 쉽지 않겠지만 아이들이 따뜻한 둥지 안의 사랑을 느낄 수 있도록 좋은 아빠는 될 수 있겠지요?

▎아무것도 모르고 따라나선 길 ▎

우리 부모 세대 여자의 일생은 남자를 잘 만나는 것에 그 운명이 결정됐습니다. 여자 팔자는 누구에게 시집을 가느냐에 따라 판이하게 달라지는 시대였습니다. 그런 의미에서 보자면 우리 어머니는 억세게 운이 따라주지 않은 인생입니다. 돌아가시기 하루 전날 간절히 하나님 앞에 기도하시던 어머니의 모습을 누님들이 보았다고 합니다.

"하나님, 저를 긍휼히 여기셔서 하나님 나라에 들어가게 해주옵소서……."

당신의 죽음을 예감하고 계셨던 것 같습니다.

그 기도를 듣고서 누님은 자연스럽게 맞장구를 쳤답니다.

"엄마, 천국에 가면 아버지도 다시 만날 거야."

이 말을 듣자마자 어머니는 특유의 유머를 그 마지막 순간에 보여 주셨다고 합니다.

"그러면 난 안 갈란다."

상황은 심각한데 웃음이 터져 나오는 이 사태를 어떻게 설명해야 할까요? 아버지와의 지나온 인생이 어떠했을지 그 한마디 속에 다 녹아 있음을 쉽게 짐작할 수 있습니다. 아버지는 어머니의 생애 마지막 순간에 다시는 기억 속에 떠올리고 싶지 않은 인물로 지목된 것입니다. 그것은 단순한 농담이 아닌 처절한 인생을 마감하는 마지막 고통의 한숨이었는지도 모릅니다. 한 사람에게 당하는 복수 중에 이것보다 더 심각한 것이 있을까요? 가장 가까운 곳에서 가장 많은 시간을 함께 보낸 사람으로부터 평가 받은 성적표가 이런 종류의 것이라면, 그 사람의 인생은 이루고 성취한 것들이 많고 대단할지라도 실패한 인생이 틀림없습니다.

아버지의 삶은 그대로 자식에게 학습된다고 하는데, 어머니의 그 마지막 선언이 지금 저와 함께 사는 아내의 고백이 될 수도 있겠다는 생각에 두려운 마음이 듭니다.

"정미 씨를 행복하게 해줄 자신 있습니다!"

새파란 철부지 전도사의 객기 어린 한마디에 아내는 그대로 포섭돼 버렸습니다. 아내는 목회의 실체가 어떤 것인지 전혀 모른 채 제 목소리에 자신감이 가득 차 있는 듯 보여서 함께 살기로 작정했습니다.

아마도 사기꾼이 순진한 사람을 이런 식으로 속일 거라는 생각을 해봅니다. 그러한 치기를 겁 없이 쏟아 내던 그 시절의 저는 여자가 어떤 상황에 행복해하는지, 삶이 무엇인지, 목회가 무엇인지에 대하여 전혀 모르는 애송이였습니다.

자연스럽게 아내는 신혼집에서 열세 명의 사람과 함께 살면서 그들의 밥을 해 먹이는 식모가 되어야 했고, 그렇게 붐비는 상황에서 두 아이를 출산했습니다. 단돈 오백만 원을 들고 결혼한 가난한 전도사 남편……. 당연지사 산업현장으로 아내는 달려 나가야 했습니다. 아내는 제 대학원 학비를 대며 살림살이를 하는데다, 시어머니를 물질적으로 부양하기 위해 13년 동안 영어 강사를 하면서 감당해 왔습니다. 그러한 벅찬 삶에도 단 한마디의 불평도 하지 않고 자신이 선택한 못난 남자 인생의 짐을 대신 껴안고 여기까지 왔습니다.

시어머니가 이 세상을 떠나는 순간에도 남편보다 더 많은 눈물을 쏟으며, "어머니, 미안해요. 죄송합니다. 사랑합니다"라고 연신 토해 놓는 이 여자의 정체는 도대체 무엇일까요?

이렇게 속도 없는 여자가 오늘 밤 참 야릇한 질문을 제게 던졌습니다.

"여보, 나 좋아?"

"당연하지. 그런데 왜 그래?"

"아니, 그냥 나도 당신이 좋아."

아내의 마지막 말에 울컥했습니다. 자격 없는 자에게 임한 하나님의 은혜처럼 아내의 사랑도 그와 같은 원리로 내게 주어지고 있다는 느낌을 받습니다. 말을 따뜻하게 하는 것도 아니고, 집안일을 잘 도와주는 것도 아니고, 돈을 잘 버는 것도 아니고, 아이들과 잘 놀아 주는 것도 아닌데 이렇게 속없이 제 곁에서 신비로운 사랑을 보여 주고 있습니다. 아내의 객관적 사고력을 마비시켜 주신 하나님의 섭리에 그저 감사할 뿐입니다.

그러나 나의 삶 가운데 아내 사랑이 보이지 않는 듯해도 마음 깊은 곳에는 진심이 가득합니다. 변명처럼 들릴지 모르지만, 늘 아내를 향한 마음은 애틋합니다.

"구체적인 삶으로 보여 줘야지."

여성들로부터 듣는 이 말이 옳은 말이며 정당한 요구인 줄 알면서도 그렇게 하지 못하는 저는 참 나쁜 남편입니다.

혹시 영화 〈타워〉를 보셨습니까? 소방관인 설경구가 다른 사람을 살리기 위해 자신의 목숨을 포기하는 장면이 나옵니다. 아내를 향해 휴대전화로 마지막 녹음을 시도합니다.

"여보, 나 같은 놈 만나서 고생 많았다. 미안하고, 고맙고, 사랑해……."

이 마지막 대사에 제 감정도 이입이 됐습니다.

이 밤에 설경구처럼 아내에게 고백하고 싶습니다.

"아무것도 모르고 따라나선 목회자 사모의 길, 평범하게 살고 싶어 한 당신의 바람을 부질없게 만들어 버린 날 용서해 줘. 미안하고, 고맙고, 많이 사랑해……."

저같이 보잘것없는 자를 위해 하나님이 예비해 두신 두 명의 천사가 어머니와 아내입니다. 생의 마지막 순간에 아내가 남편을 떠올릴 때 평안하고 잔잔한 미소로 삶을 추억할 수 있기를 바랍니다. 이 세상을 살아가는 동안 그것보다 더 큰 목표는 제 앞에 놓여 있지 않습니다. 온 마음과 정성을 다해 아내를 사랑할 것입니다.

| 결혼기념일 |

아내와 부부의 연을 맺은 지 14주년이 되는 결혼기념일이 다가옵니다. 이날을 기억하고 선물을 준비하기 위해 아들과 딸이 푼푼이 돈을 모았나 봅니다. 봄이 되면 초등 6학년과 5학년으로 올라가는 녀석들이 참으로 대견해 보입니다. 아빠에게는 카디건을, 엄마에게는 화장품을 준비했습니다. 아이들의 처지에서 십이만 원은 적은 돈이 아닙니다. 사만 원 정도 남았는데 그 돈은 결혼기념일 파티를 위해 남겨둔 비용이라고 합니다. 자신의 전 재산이 날아간 것입니다. 기쁘고 감동적이긴 한데 아이들의 생색이 만만치가 않습니다.

"아빠, 우리 전 재산 다 들어간 거야. 이제 길바닥으로 나갈 일만 남았어."

생글생글 웃으며 말하는 아이들을 보며 뭔가 찜찜합니다. 가만히 생각해 보니 그 돈은 전부 제게서 나간 것입니다. 사실 돈만 제 것입니까? 아들과 딸의 존재 자체도 아내와 저를 통해서 이 세상에 나온 것이 아닙니까?

"야! 사실 그 돈은 아빠에게서 강탈해 간 돈이잖아."

똑똑함이 지나친 딸은 절대로 뒤로 물러나는 법이 없습니다.

"줬으면 그것으로 땡이지. 그게 어떻게 아빠 돈이야? 아빠는 '일사부

재리'도 몰라요?"

 그 맹랑한 항변에 두 손을 들 수밖에 없습니다. 더 이상 말을 보태면 저만 바보가 되는 것 같아 그저 빙그레 웃기만 합니다. 그런데 바보가 되어도 콧노래가 나오는 이런 종류의 감정을 어떻게 설명해야 할까요? 잔잔한 파문처럼 기쁨이 번지고 있습니다.

 하나님 아버지와 우리의 관계를 생각해 봅니다. 우리는 주를 위해 산다고 입버릇처럼 말합니다. 그런데 자칫 이 말의 의미는 오용될 수도 있습니다.

 시간, 물질, 봉사, 재능, 은사, 찬송……. 이 모든 것은 하나님이 우리에게 풍성한 은혜를 허락하셔야 하는 것입니다. 우리의 소유 중에 하나님의 것이 아닌 것은 아무것도 없습니다. 그러므로 내가 가진 열심과 수고로 주의 일을 이루어 드리는 것이 아니라, 하나님이 한량없는 은혜를 우리에게 부어 주심으로 당신의 일을 성취해 가시는 것임을 알아야 합니다. 이러한 사실을 제대로 인식하지 못할 때 우리는 자신의 의를 드러내는 경거망동에 이르게 됩니다.

 "알아서 해요. 난 이제 교회 봉사에 손을 놓을 테니까……."
 "어디 교회가 여기뿐이야? 흥!"
 "나를 건드리면 교회에 좋을 일이 아무것도 없어……."
 자기의 힘과 관계망을 동원하면 교회에 제법 큰 타격을 입힐 수 있다고 생각하는 더러운 교만이 그 중심에 자리 잡고 있습니다. 그들은 교회가 자신의 역량 안에서 많은 것을 지탱하고 있다는 확고한 신념을 가지고 있으며, 그들의 태도는 마치 하나님에게 적선을 하는 모양새입니다. 이러한 태도를 갖게 하는 발상은 모든 소유의 권리가 자기에게 있다는 착각에서 비롯됩니다. 이들이 지향하는 바는 자신의 종교적 업적과 성취를 가지고 자신의 능력을 증명하려는 데 있습니다. 정작 이들은 자신의 태도가 얼마나 무지하고 어리석은지 모릅니다.

지상에서 우리 인생이 누리는 복된 경험과 영육간의 혜택은 하나님의 사랑과 자비의 표현입니다. 동시에 하나님의 아름다운 덕을 찬양하도록 하게 하시는 하나님의 열심입니다.

> 만물이 그에게서 나고, 그로 말미암아 있고, 그를 위하여 있습니다. 그에게 영광이 세세에 있기를 빕니다. 아멘(롬11:36, 새번역).

소심한 저는 이런 신앙적 결론에 의해 두 녀석에게 마지막 한마디를 날렸습니다.

"지호, 지은, 고맙긴 한데 내 돈 가지고 너무 생색내지 마라. 알겠냐?"

그러나 결과는 참으로 비참했습니다.

"아빠가 항상 하시는 설교대로 하자면 전부 하나님 것이니까 너무 큰소리는 치지 마세요."

아들의 맹랑한 결정타에 저는 나가 떨어졌습니다.

"아휴, 이것들을 그냥……."

| 특별한 조카 |

    며칠간의 휴가를 마친 조카 온유가 고향을 향해 떠나는 날입니다.
    "삼촌하고 숙모하고 여기에서 같이 살면 안 돼요?"
    특별한 사연을 지닌 조카의 간청입니다. 온유에게서 이 간절한 말이 터져 나오는 까닭을 휴가 기간 동안 생생히 알게 되었기 때문에 저의 마음은 몹시 괴로웠습니다.
    "등신아, 저리 비켜. 너와 같이 일하는 자체가 진짜 재수 없는 일이야!"
    이런 무지막지한 언어폭력 앞에서 비교적 스트레스를 받지 않는 온유도 더 이상은 버티기가 힘들었던 모양입니다. 보통 사람의 기준에서 볼 때 약간 비정상적인 모습을 보인 온유가 함께 일하는 동료들에게 놀림과 조소거리가 되고 있었던 것입니다. 자신을 향해 날아 온 그 아픈 독화살을 피하고 싶은 간절한 마음에서 터져 나온 외침이 "삼촌과 함께 살 수 없어요?"였습니다. 온유의 질문에 아무런 말도 하지 못하고 기차표를 끊어 손에 건네주었습니다. 그리고 꼭 안아 주었습니다.
    "온유야, 힘들어도 주어진 삶을 잘 이겨내야 한다. 알겠지?"
    참으로 초라하기 그지없는 말만 전할 수밖에 없는 자신이 미워집니다. 조카의 볼을 두 손으로 감싸고, 시선을 그의 두 눈에 고정시켜 봅니다. 잠시 잠깐의 이별이지만, 온유의 눈가에 눈물이 그렁그렁 맺혀 있습니다. 그의 눈을 보니 저의 마음도 흔들리고 눈물샘도 열리기 시작합니다. 조카를 보내는 것이 쉽지 않은 사연이 있습니다.

온유는 나이 스물 둘이지만 정신지체라는 두렵고 무거운 삶의 무게가 그의 마음과 정서를 지배하고 있기에 나이에 걸맞은 언어와 행동에 장애가 있습니다. 그래서 초등학교 6학년과 5학년으로 올라가는 사촌 동생들과 있으면 편안함을 느낍니다. 자신에게 약간의 사랑과 관심을 주는 사람과는 1초만에 친구가 되지만, 자신을 거부하는 목소리와 눈빛 앞에서는 그 부담에 저항하거나 이겨 내지 못하는 가련한 아이, 할머니와 영원히 이별하는 날, 화장터로 향하는 할머니의 시신을 향해 "할머니, 장난 그만하고 빨리 일어나!"를 외치며 삼촌 품에 안겨 눈물을 쏟아 놓던 고마운 존재, 저의 사랑스런 조카 온유를 소개합니다.

온유는 막내 누님의 딸입니다. 온유가 갓난아기일 때 입양했습니다. 우리 집으로 오던 날을 생생하게 기억합니다. 이 핏덩어리는 날 때부터 왼쪽 손의 손가락 전체가 붙어 있었습니다. 의사 선생님은 성장 과정에서 힘든 수술을 여러 번 해야 함을 주지시켜 주었습니다. 더 아픈 현실은 수술에도 불구하고 손가락을 온전히 분리해서 정상적으로 기능하게 하는 '수술의 성공'은 담보할 수 없다는 것이었습니다. 꼬마 때부터 보인 남다른 행동으로 인해 데리고 간 정신과에서도 정상적인 아이로 자라지 못할 가능성이 많다는 사실을 알려 주었습니다. 쉽게 말해, 온유는 몸과 정신이 온전하지 못한 아이였습니다. 부정적인 현실을 넘어서고자 하는 간절함 마음을 담아 누님은 따뜻하고 부드러운 사람이 되라고 아이의 이름을 '온유'라고 지었습니다. 그러나 누님이 겪어야 할 어려움은 온유가 가진 신체적, 정신적 한계를 극복하고 이겨내는 것만이 아니었습니다. 살아생전 어머니는 옛날 분들 대부분이 그러했듯이 여러 터부를 가지고 있었습니다.

"어디서 애를 데리고 와도 병신을 데리고 왔어?"

욕쟁이 어머니의 한마디는 너무 아파서 가슴을 후벼 파면서도 핵심을 비켜 가는 법이 없었습니다. 다른 가족들도 달리 말은 하지 않았지만 어머니와 비슷한 감정선을 가지고 있었습니다. 졸지에 삼촌이 되어 버린 저 역시 창피한 마음을 숨기기는 어려웠습니다. 무엇보다 누님이 온유를 양육하면서 겪게 될 시련과 아픔이 염려가 되었습니다.

온유는 누님의 정성 어린 양육으로 손가락 분리 수술을 세 차례 이상 받았습니다. 예상을 넘어서는 좋은 결과로 낙을 누리는 호사도 잠깐뿐이었습니다. 온유의 정신은 어린 시절 진단받은 대로였습니다. 정확하게 묘사할 수는 없지만 온유는 과잉성 행동 장애를 가진 아이들의 3~4배 정도 되는 불안정한 정서를 가진 아이입니다. 피해 보려고 몸부림쳐 보았지만, 결국 정신지체 3급 장애 판정을 받았습니다.

누님은 온유로 인해 참 많은 눈물을 흘려야 했습니다. 저를 붙잡고 가슴을 치면서 통곡한 적이 한두 번이 아니었습니다.

"관성아, 능력도 없는 주제에 괜히 아이를 데리고 와서 저 고생을 시키고……. 온유에게 너무 미안하다."

아무리 자신의 신세를 한탄한들 삶의 무게와 책임은 가벼워지는 법이 없습니다. 누님은 온유로 인한 삶의 고통을 견디고 버텨 내야만 했습니다. 온유는 정상적인 아이들이 다니는 학교와 장애를 가진 아이들이 다니는 학교를 번갈아 가면서 성장했습니다. 온유의 상태를 객관적으로 평가해 보면, 정상인과 정신지체 아동 사이의 경계선에 놓여 있다고 할 수 있습니다.

누님의 피눈물 나는 헌신과 돌봄 때문이었을까요? 모든 사람이 예상한 모습보다 훨씬 나은 모습으로 온유의 몸과 마음이 회복해 갔습니다. 대화를 나누어 보면 거의 정상인과 다름이 없는 수준이 되었습니다. 무엇보다 큰 가능성을 보여 준 지표는 온유가 정상적인 아이들과 당당히 겨루어 실업계 고등학교를 좋은 성적으로 졸업한 것입니다. 그 흐름은 상승 곡선을 타기 시작했습니다. 장애인을 배려하는 정책에 따라 졸업과 동시에 패스트푸드 매장에 정식 직원으로 취직하는 기쁨을 얻었습니다. 온유는 어른들이 시키는 것은 무슨 일이 있어도 순종해야 한다는 강박증을 가지고 있기 때문에 매장에서도 인정받는 직원이 되었습니다.

"요새 아이들 잔머리 굴리고 어른들에게 말대답은 있는 대로 다하고, 일자리를 줘도 오랫동안 일하는 애들이 없어요. 그런데 온유는 시키면 시키는 대로 잘 따라오고 정직하니까 계속 데리고 있고 싶네요."

사장님의 말은 고맙기도 하고 때론 마음 아프기도 했습니다. 온유는 갓난아기 때의 일을 기억이나 하고 있는 듯 자기를 따뜻한 마음으로 환영해 주지 못한 가족들에게 사랑으로 복수를 감행하기 시작했습니다. 월급날마다 할머니 용돈부터 먼저 챙기고, 할머니가 좋아하는 음식을 사들고 찾아갑니다.

"할머니, 건강하세요. 이만큼 키워 주셔서 감사드려요."

어머니는 지나온 세월의 고통스런 기억과 함께 예상을 훨씬 뛰어넘는 모습으로 자란 손녀의 모습에 감격의 눈물을 흘릴 수밖에 없었습니다. 어머니에게는 아들 둘과 딸이 셋 있지만 온유만큼 효도하는 자식은 없습니다.

"너희들은 온유 똥이나 먹어야 된다."

전화를 자주 드리지 못하는 막내아들을 향한 섭섭함을 어머니는 그렇게 표현했습니다.

"관성아, 알고 보니 온유 저게 복덩이라 지 할미한테 얼마나 잘하는지 내가 눈물이 다 난다."

온유를 보면서 머리 좋고, 많이 배우고, 똑똑하고, 배경 좋은 사람이 이기는 것이 아님을 배우고 느끼게 됩니다. 동시에 온유를 보면 부끄럽고, 고맙고, 감사한 마음이 밀물처럼 밀려옵니다. 그러나 온유가 가야할 길은 아직 많이 남았습니다. 함께 일하는 동료들의 배타적 시선과 조롱은 계속되고 있고, 편견 어린 시선으로 보면 그는 여전히 한 사람의 '바보'로서의 삶을 이어가야만 합니다. 철없는 어린 시절에는 모든 조롱과 놀림을 그냥 지나쳐 왔지만 이제는 온유의 마음에도 자의식이 생겼습니다.

이 특별한 조카를 다시금 고향으로 보내는 시간, 온갖 생각이 저를 사로잡습니다. 세상을 향해 "제발 우리 조카 가만히 내버려 둬!" 이렇게 외치고 싶지만 그렇게 해본들 달라질 것은 없습니다. 모질고 서러운 현실이지만, 온유는 자신의 인생을 살아 내야 합니다.

가야할 길이 아득하여 정신이 혼미해지지만 지나온 세월을 생각해 보면 얼마든지 이걸 낼 자신감과 용기가 샘솟습니다.

"온유야, 삼촌 말 잘 들어. 안 죽으면 사는 거야. 알겠지? 아무리 힘들고 괴로워도 삶을 포기하면 안 된다. 너의 옆에서 온 가족이 한마음으로 응원하고 있다는 사실을 늘 기억해. 많이 사랑한다."

기차역에서 온유와의 이별은 이렇게 마무리되었습니다. 돌아오는 차 안에서 온유의 인생을 향해 뜨거운 심장으로 축복의 마음을 품어 봅니다.

"온유야, 멋지게 자라서 좋은 배우자도 만나길 바래. 그 지점까지 삼촌이 너의 옆에서 끝까지 동행할게."

이 마음을 언젠가는 꼭 전해 줄 것입니다. 온유를 한 가족으로 맞이해서 경험한 귀하고 복된 추억을 무엇과 바꿀 수 있을까요? 조카가 너무나 자랑스럽습니다. 갓난아기 때의 일이지만 그를 향해 못된 마음을 가졌던 이 못난 삼촌을 용서해 주면 좋겠습니다. 이 따뜻하고 싱그러운 아침에 온 마음을 다해 온유의 삶을 축복합니다.

▎자녀 교육 1 ▎

덕은교회에 와서 제가 처음으로 결심한 것은 철저하게 이 동네 사람이 되겠다 입니다. 그 결심을 우리 아이들에게도 적용했습니다. 구체적 내용은 이 동네 아이들 수준에 넘는 옷차림이나 교육 환경은 지양했습니다. 덕은교회가 있는 덕은동은 서울과 고양시의 경계 지역입니다. 서울이라고 해도 되고 고양시라고 해도 되는 곳입니다. 재개발 후보 지역으로 오랫동안 거론은 되어 왔지만 여러 여건으로 말미암아 만년 '재개발 후보 도시'에만 머물러 있습니다. 그래서 도시 속의 시골 같은 분위기입니다. 자연히 이곳에 사는 사람들은 말 그대로 서민층입니다. 단순히 서민들이면 괜찮은데, 결손 가정이 매우 많습니다. 우리 교회에도 그런 가정에서 자라는 아이들이 제법 있습니다. 엄마가 어느 날 갑자기 사라져서 할머니 손에 자라는 아이, 이혼으로 아빠와 동생하고만 사는 아이, 돌아가신 아빠로 인해 엄마 손에서 자라는 아이……. 자연스럽게 교회학교 아이들도 다양한 결손가정 출신들로 구성돼 있습니다. 객관적으로 말하자면 이곳의 교육 환경은 좋은 편이 아닙니다. 아이들의 미래와 꿈을 위해 도움이 될 만한 환경이 거의 없습니다. 그 흔한 영어학원도 하나 없고, 롤 모델이 될 만한 사람들도 없습니다. 가장 많은 시간을 함께 보내는 또래들의 가정환경도 좋지 못합니다. 등하굣길에 아이들의 머리 위로 날아다니는 항공대학교의 비행기를 보면서 '비행 조종사'의 꿈을 키우는 아이들이 있다면 그나마 다행스러운 정도입니다.

솔직히 이런 현실을 극복하고 탁월한 인물이 나오기란 쉽지 않습니다. 실제로 동네 안에는 '공부 잘하는 아이'가 별로 없습니다. 아이들이 술 담배를 일찍 배우고, 비행 청소년의 길을 택하는 경우가 많습니다. 동네 탓을 하기는 좀 그렇지만 무시할 수만도 없는 현실입니다. 처음 부임해서 왔던 시기에 이런 환경으로 인해 아이들 교육 문제가 고민이었습니다. 아이들의 교육 환경이나 교제하는 친구들의 성향은 참 중요합니다.

세상에 어떤 부모가 이것으로부터 자유로울 수 있겠습니까?

"목사님, 아이들 학교를 서울 쪽으로 보내는 게 좋을 것 같은데요."

"왜요?"

"분위기가 좀 그래서……."

먼저 조언해 주시는 분들로 고민이 된 것은 사실이지만 이 동네 사람이 되기로 작정한 이상 그 마음과 원칙을 밀어 붙이며 지키고 싶었습니다. 저의 염려와는 달리 지호와 지은이는 학교에 잘 적응했습니다. 일단은 우리 아이들은 조금 촌스럽습니다. 아들은 저를 닮아서 외모에 거의 관심이 없습니다. 딸의 별명은 '까만 콩'입니다. 그것이 이 동네 아이들과의 이질감을 많이 상쇄시켜 준 것 같습니다.

"이 놈들아, 하나님은 피부색과 외모까지 다 이렇게 예비하시는 분이야."

학교 성적도 제법 상위권이다 보니 '으스대는 맛'도 조금씩 누리는 것 같고요. 그래도 마음에 걸리는 것이 몇 가지 있었습니다. 아이들의 방과 후 교육을 어떻게 할 것인지가 제일 큰 문제였습니다. 하나님이 지혜를 주셨습니다. 영어학원이 없다면 한번 만들어 보자는 생각을 하게 되었습니다. 저의 아내가 영어 전공자이기도 하고 실제로 영어를 꽤 잘합니다. 영국에서 소설가 이문열 씨의 통역을 한 이력도 있습니다. '무료 영어 학원'을 만들어 보기로 작정하고 아이들을 모았습니다. 의외로 반응이 좋았습니다. 그 중에서 공부할 각오가 된 아이들을 추려서 유치, 초등 저학년, 초등 고학년 이렇게 세 클래스를 만들어서 매주 월, 수, 금요일에 열심히 가르쳤습니다. 벌써 1년이 다 되어 갑니다. 지호와 지은이는 각 해당 클래스에 속해서 엄마에게 직접 영어를 배우니 자연스럽게 영어 사교육 문제가 해결되었습니다. 학원이 아니라 집에서 직접 배움으로 효과도 좋았습니다. 동네 아이들도 혜택을 보니 일석이조가 된 셈이죠.

지호와 지은이는 학교 환경에 만족해하는 눈치입니다.

"아빠, 애들도 착하고, 일단 내가 공부를 잘하게 되니까 좋아!"

딸의 반응입니다. 아들 지호는 관점이 조금 독특합니다.

"아빠, 그런데 불쌍한 애들이 너무 많아. 엄마 없는 아이, 아빠 없는 아이, 외모가 이상한 아이, 뭐 좀 그래!"

얼마 전 지호가 진지하게 아빠에게 사정을 이야기했습니다.

"아빠, 우리 교회학교에 나오는 일두 있잖아? 내 방에서 같이 놀다가 갑자기 많이 울었다."

"왜?"

"울면서 '형은 엄마 아빠 다 있지만 나는 없잖아!' 그렇게 말하더라고!"

현실적인 방안을 찾기도 힘들고 해결하기도 어려운 문제이기에 더 마음 아픕니다. "지호야, 친구들을 절대로 가려서 사귀지 마라. 아빠 말이 무슨 뜻인지 알겠니?"라고 말해 주었습니다. 알겠다고 녀석이 대답은 했지만 아빠의 속을 다 이해했을 리가 없다고 생각하면서 지냈습니다.

지난주에 이 녀석이 학교에서 제일 친하게 지내는 친구를 전도한다고 난리법석을 떨었습니다. 기대도 되고, 우리 아들과 가장 친하게 지내는 아이가 누구인지 궁금하기도 했습니다. 토요일 생일잔치에 그 친구가 드디어 나타났습니다. "아뿔싸!" 우리가 낮잡아 사용하는 표현으로 '언청이'였습니다. 얼굴도 전체적으로 균형이 무너져 있고, 코가 심하게 왼쪽으로 꺾인 외모의 아이였습니다. 게다가 발음이 조금씩 새어 말도 분명하지 않았습니다.

순간 하나님 앞에 참 감사한 생각이 차올랐습니다.

'녀석이 완전 철부지인 줄 알았는데 아빠 말대로 친구를 가려서 사귀지는 않았구나.'

잔치가 끝나고 모두 집으로 돌아간 뒤 지호를 불러서 물었습니다.

"지호야, 아까 걔 불쌍하게 생각해서 친구하는 거냐?"

이놈의 대답이 걸작입니다.

"아빠, 전학 왔을 때 나에게 제일 잘해 준 친구가 저 녀석이야. 오히려 내가 고맙지!"

과연 목사 아들입니다. 참 감사했습니다. 목사 아빠 만나서 이사를 수도 없이 다녔고, 만들어 준 환경이라고는 늘 초라하기 그지없었는데 이토록 멋지게 자라 주니 무엇을 더 바라겠습니까? 학원이 없다면 만들면 되고, 좋은 친구를 사귀려면 내가 좋은 친구가 되면 되고, 롤 모델이 없다면 예수님을 소개하면 되고……. 인생 그다지 어렵지 않습니다.

앞으로 넘어야 할 산이 많을 것입니다. 우리 아이들이 믿음의 눈으로 세상과 환경을 볼 수 있으면 좋겠습니다. 무엇보다 사람을 향한 연민과 긍휼이 넘치는 모습으로 자라기를 간절히 소망합니다. 미리 염려하고 걱정했던 모든 것이 아무런 영향을 미치지 않는 이런 현실을 보면서 앞서 길을 예비하신 하나님의 손길을 새삼 느끼게 됩니다. 결혼, 사업, 군 입대, 취직, 출산, 교회 개척을 앞두고 우리는 생각해야 할 범위를 넘는 고민을 할 때가 많습니다. 주어진 현실만 냉철하게 계산할 줄 알지 베풀어 주시는 하나님의 도우심과 은혜는 생각하지 못합니다. 그것이 염려와 걱정으로 우리 앞에 다가오는 것입니다. 넘을 수 없는 산과 같이 느껴지는 현실도 막상 그 속에 들어가 보면 하나님이 예비해 놓으신 큰 길이 뚫려 있음을 보게 됩니다. 인생에 이런 경험을 반복하면서 이제는 중요한 선택과 결단의 순간에 생래적으로 내 안에 없던 믿음의 시각과 용기로 세상을 향해 나아가게 됩니다.

군 입대 하던 날, 어머니께서 해주신 말씀이 삶의 여정에 그대로 적용되는 것을 봅니다.

"관성아, 아무것도 걱정 말거라. 안 죽으면 산다."

그렇게 죽지 않고 살게 되는 것이 우리의 운명이라면 그 운명 안에는 하나님의 때를 따라 도우시는 은혜가 항상 함께 있음을 믿습니다.

"들에 핀 꽃을 보살피는 그분께 당신의 걱정을 맡겨라. 그분께서 당신 또한 돌보실 것을 확신하며 편히 쉬어라."

찰스 스펄전(Charles H. Spurgeon)의 음성이 귓가에 울려 퍼집니다.

| 자녀 교육 2 |

"양파, 쪽파, 당근, 오이, 청양 고추, 상추, 가지, 열무, 느타리버섯!"
열거한 채소들은 덕은동에 매일매일 찾아오는 채소장사 아저씨의 트럭에서 뿜어 나오는 우렁찬 광고 멘트입니다. 아들 지호는 언제부터인가 리듬에 맞춰 똑같이 흉내를 내고 다닙니다.
"아빠, 재미있는 것 들려줄까? 잘 들어 봐. 양파, 쪽파, 당근, 오이, 청양 고추, 상추, 가지, 열무, 느타리버섯! 하하하. 이거 뭔 줄 알지?"
같이 활짝 웃습니다. 하나도 틀리지 않고 리듬에 맞춰 줄줄 외웁니다. 재미가 쏠쏠한가 봅니다. 이런 아들을 보면서 교육 환경의 중요성을 실감합니다. 우리 동네의 환경이 형편없다는 말을 하고 싶은 게 아닙니다. 아이들은 어떤 것에 생각보다 쉽게 영향을 주고받는다는 것입니다. 채소를 담은 차량에서 나오는 선전용 방송에도 저렇게 영향을 받는 아이들이 가성 안에서 부모로부터 얼마나 큰 영향을 받겠습니까? 따뜻하고 부드러운 말, 격려와 사랑이 담긴 말, 아빠가 엄마를 온 마음을 다해 사랑하는 모습, 엄마가 아빠를 진심으로 존경하고 순종하는 모습……. 이런 삶의 모습이 아이들의 인격을 온전하고 건강하게 만들지 않을까요? 사실은 돈이 부족해도 행복할 수 있는 길이 우리 앞에 놓여 있습니다. 잘 사느냐 못 사느냐의 기준을 떠나 하나님은 모든 가정에 좋은 환경을 허락하십니다. 너무 똑똑한 인간들이 그것을 외면하고 자기 방법을 고수하기 때문에 문제가 생기는 것입니다.

아이들의 미래와 꿈을 위한답시고 밤늦은 시간까지 학원으로 돌리는 것, 기러기 아빠가 되어 가족들과 헤어져 사는 것, 주일에도 악착같이 공부를 시키는 것, 공부에 진보가 없는 아이들을 향해 언어폭력을 쏟아붓는 것……. 이런 행위를 중단하지 않는 이유는 단 하나입니다. 부모의 불안감 때문입니다. 그렇게 죽을힘을 다해 살았지만 손에 잡히는 결과는 허망한 것들뿐입니다. 무엇이 아이들을 위해 궁극적 유익을 가져다주는 것인지 한 번 더 생각해 봤으면 합니다.

좋은 아빠와 좋은 엄마가 되는 것보다 더 나은 교육이 어디 있을까요? 돈이 없어도 할 수 있는 이 일에 교육의 전부를 걸어 보십시오. 아이들 인생에 핑크빛 고속도로가 열릴 것입니다.

| 경배 아저씨 |

경배 아저씨는 언어 장애 4급을 판정받은 분입니다. 늘 밝고 즐거움이 가득한 얼굴의 경배 아저씨가 오늘은 더 신이 났습니다. 새 집이 생겼기 때문입니다. 저소득층과 장애인을 배려하는 국가 정책의 수혜가자 된

것입니다.

"목사님, 한 달에 4만 5천 원만 내면 돼요."

경배 아저씨의 얼굴에는 미소가 한가득입니다. 20년 동안의 단칸방 생활을 청산할 수 있게 된 그 기쁨은 겪어 보지 않은 사람은 헤아리기 어려운 천국의 선물입니다. 기쁨에 동참하기 위해 권사님들과 집사님 두 분을 모시고 새로 이사한 13평 아파트로 심방을 갔습니다.

"사철에 봄바람 불어 잇고 하나님 아버지 모셨으니 믿음의 반석도 든든하다 우리 집 즐거운 동산이라"

찬송을 부르는 모두의 얼굴에 기쁨이 가득합니다. 1절, 2절 잘 넘어갑니다. 3절 중간 부분에 오니 저의 감정선이 흔들리기 시작합니다. 사람들 앞에서 울음을 참아 내기 쉽지 않습니다. 방법이 없어 다른 이들의 찬송만 듣고 저는 멈추었습니다. 경배 아저씨의 눈에도 이슬이 맺히기 시작합니다. 찬송이 계속되는 그 순간 수많은 상념이 스쳐 지나갑니다. 얼마나 고단한 인생이었을까? 아흔이 넘은 어머니를 모시고 살면서 겪은 서러움과 아픔들, 취직을 하고 싶어도 말이 통하지 않는다는 이유로 직업을 가지지 못했던 사연, 돈이 없어 이 집 저 집을 떠돌며 지낸 수십 년의 세월⋯⋯. 하나둘 꼽아 보면 이야기는 끝이 없습니다. 그의 목소리와 얼굴 속에 인생의 피곤함과 무거움이 그대로 새겨져 있습니다. 지금 이 순간 경배 아저씨는 그 고통스러운 시간들을 이 찬송으로 지워 내고 있는 것입니다. 목사와 아저씨의 눈물샘이 동시에 고장이 나 13평 아파트가 이렇게 하나님 나라가 되었습니다. 예배 후에 봉투를 꺼내 주십니다.

"경배 아저씨, 우리 교회는 심방받을 때 헌금 금지예요."

목사의 강력한 이의 제기도 경배 아저씨에게는 소용이 없습니다.

"절대 안 돼요. 무조건 받아. 너무 기쁘고 감사해서 그래요."

어떻게 해볼 도리가 없어 그 헌금을 받아 재정 집사님에게 드리고 세상에서 가장 넓은 그 집을 안내자인 경배 아저씨를 따라 관광했습니다. 생전 처음 가져보는 욕실, 작은 방, 베란다, 새로 구입한 텔레비전, 냉장고, 세탁기……. 입에는 어느새 거품이 넘쳐흐릅니다. 자랑하는 그 모습이 더 눈물 나게 합니다. 어느새 경배 아저씨의 마음속 더 깊은 자리로 저의 마음이 옮겨가 있습니다.

'경배 아저씨의 외로움과 서러움의 현장에 제가 계속 서 있겠습니다. 오늘 하루라도 모든 아픔과 괴로움 뒤로하고 행복하십시오. 많이 사랑합니다. 우리 가족이 되어 주셔서 고맙습니다.'

이 말을 하고 싶은데 차마 입 밖으로 나오지는 않습니다. 경배 아저씨를 향한 마음보다 저를 향한 경배 아저씨의 마음이 더 아름답고 깊었습니다.

"목사님, 밥 먹으로 가. 미국에 부흥회 하러 가기 전에 내가 밥 사 드리려고 돈 모았어요. 해물탕 좋아하잖아."

순간, 저의 수도꼭지는 완전 작살이 나버렸습니다. 견딜 수가 없어서 먼저 방을 나와 모퉁이에서 눈물을 연신 닦았습니다. 그렇게 따라나선 식당에서 그의 전 재산을 털어 준비한 밥을 먹었습니다. 교회로 돌아오기 전, 경배 아저씨는 저를 꼭 안고 속삭입니다.

"목사님, 고마워요. 날 많이 사랑해 줘서. 미국 가서 설교도 잘하고, 건강하게 돌아오세요. 많이 그립고 보고 싶을 거예요."

확신하건대, 저보다 더 행복한 목사는 이 세상에 존재하지 않습니다. 예순셋의 아저씨로부터 사랑을 고백받아 본 목사가 어디에 있겠습니까? 성도들을 더 많이 사랑하고, 이 큰 사랑을 배신해 마음을 팔아먹는 목사는 되지 않겠다고 다짐하면서 집으로 돌아왔습니다.

| 아들이 준 선물 |

저는 아버지가 살아계신 동안 한 번도 아버지와 화평하게 지낸 적이 없습니다. 마음속으로 아버지를 향해 늘 복수의 칼날을 시퍼렇게 갈고 지냈습니다. 하나님이 우리 가정에 허락하실 가장 큰 은혜는 '저 인간을 속히 데려가는 것'이라고 생각하며 살았습니다. 용서에 관한 수많은 설교를 들었지만 척박했던 저의 마음 밭에는 그 메시지들이 열매 맺는 일이 불가능했습니다. 주일 날 예배가 끝나고 한 번씩 방문했던 어느 단란한 집사님 가정의 모습은 저에게 신선한 충격도 주었지만 심한 열등감에 빠지게도 했습니다. "왜 우리 집만 이 모양 이 꼴인가? 왜 나는 이런 아버지를 만나서 가정다운 가정을 경험하지 못하는가?"

집사님 댁에서의 환대를 경험하고 집으로 돌아올 때마다 집 앞에 서 있던 전봇대 앞에서 서러움의 눈물을 얼마나 많이 쏟아 냈는지 모릅니다.

"아! 나도 행복하게 살고 싶다." 그 소박한 꿈은 쉽게 저의 삶에 찾아오지 않았습니다. 간절한 소망이 꼭 현실이 되는 것은 아니었습니다. 인생이 망가져 버린 아버지와의 불편한 동거는 신학교 1학년 시절 막을 내렸습니다. 죽음이 거의 임박했던 아버지는 신앙을 받아들였습니다. 누님들의 간곡한 설득 때문이었지요. 아비와 아들의 정은 좋은 추억만으로 형성되는 것이 아니었습니다. 가난, 처절한 삶, 부정적인 자아상을 유산으로 안겨 준 아버지였지만 이별 앞에서는 참 많은 눈물이 터져 나왔습니다.

그렇게 시간은 흘렀고 아버지가 이 세상에 계시지 않은 상태에서 한 여인을 아내로 맞아 가정을 꾸렸습니다. 그 사이에 아들과 딸을 두었습니다. 여전히 가난하고 힘겨운 삶이었지만 제게 주어진 소명의 길을 열심히 달렸습니다. 그 소명이란 것이 교회 일과 관련된 직책을 의미할 수도 있지만, 남자들은 한평생 술 마시고, 노름하고, 두들겨 패고, 반면 여자들은 그런 남자들의 희생양이 되어 한 평생 비참하게 살아야 하는 김씨 집안의 악순환 고리를 종식시키는 것도 포함된 길이었습니다. "부모의 정서와 삶의 태도는 자식들에게 그대로 카피가 된다"라는 이 무시무시한 말을 항상 기억하며 살았습니다. 아버지가 반면교사가 되어 저의 삶을 인도해 주었습니다.

자연스럽게 제게 중요한 삶의 목표는 '좋은 아버지 되기'입니다. 이것이 제 평생 가장 이루고 싶은 과업입니다. 이를 이루어 가는 과정에서 하나님의 작은 선물을 받았습니다. 어제 저녁이었습니다. 저녁 식사 후에 아이들과 축구도 하고, TV도 보고, 농담 따먹기도 하다가 양치를 하려고 욕실로 들어가는 순간 아들이 제게 말했습니다.

"아빠! 나는 아빠가 참 좋다."

그 다음 말을 저는 할 수가 없었습니다. 아들은 그냥 한 말인지 모르지만 그 짧은 한 마디가 저의 심장을 흔들었습니다. 울컥하면서 눈물이 터져 나오기에 급히 문을 닫았습니다. 오래 전에 돌아가신 아버지 생각도 나고, 그 아버지와의 부부의 끈을 놓지 않으면서 저를 길러 준 어머니 생각도 나고, 저같이 못난 인간을 만나 지금 이 순간까지 함께 살아 준 아내 생각도 나서 마음껏 울었습니다. 어젯밤은 아들이 아버지를 그렇게 울린 날입니다. 동시에 할아버지 때부터 내려오고 있는 더럽고도 견고한 집안의 인습이 무너지기 시작한 날이기도 합니다.

"그 사소한 사건 하나에 무슨 의미를 그렇게 과하게 두냐?"라고 반문할 수 있겠지만 아버지가 살아계실 때 저는 그런 종류의 말을 단 한 번도 해본 적이 없었습니다. 그런 저에게는 아들의 그 말이 눈물 나게 큰 감사와 감격의 감정을 일으키기에 조금도 부족함이 없었습니다. 그 사건을 왜 그렇게 나팔 불고 싶은지 견딜 수가 없습니다.

"여보, 지호가 나보고 뭐라고 했는지 알아? 아빠가 참 좋다고 했어!"

아내는 빙그레 웃기만 합니다. 이것은 다른 사람이 볼 때 분명히 한 편의 코미디입니다. 그러니 저에게는 평생 잊지 못할 큰 선물입니다. 한 걸음 한 걸음 더 전진하고 싶습니다. 아들과 딸의 기억 속에 아버지를 생각하면 행복한 감정이 쏟아지는 그런 인생을 살고 싶습니다. 아빠와의 추억만으로도 삶의 시련을 넉넉히 이겨낼 수 있도록 해주고 싶습니다. 오늘 아들 녀석은 방과 후에 이유도 모르게 큰 용돈을 받게 되는 경험을 하게 될 것입니다. 딸은? 엄마가 주겠지요! 하하.

| 선택의 기로에서 |

예수 그리스도 안에 있는 모든 자는 하나님이 허락하신 은사를 소유한 사람들입니다. 그것이 가시적인 형태로 나타나는 것들이 있고, 다른 사람들에게는 포착되지 않는 것들이 있습니다. 우리 자녀는 어떤 은사를 하나님께 받았을까? 이 질문은 모든 부모의 깊은 관심사입니다. 저도 마찬가지고요. 우리 집 아들과 딸은 어떨까요? 딸은 비교적 어린 시절부터 눈에 띄는 재주가 보였습니다. 그림 그리기, 글쓰기에 자타가 인정하는 재능이 있습니다. 그러나 아들 녀석은 지극히 평범한 소년입니다. 가시적으로 나타나는 은사라고 할 만한 것이 전혀 보이지 않았습니다. 없는 재능을 쥐어짜서 인위적으로 하나를 말해 보자면 '말을 조리 있게 잘하는 것' 정도입니다. 그리고 최근에 버스커 버스커의 노래를 부르는 것을 보니 '음감과 노래 실력'이 평균 이상인 듯싶습니다.

"지호야, 너는 무엇이 되고 싶니?"

"기자나 목사님이 되고 싶어."

직감적으로 자신이 조금이라도 잘한다고 느끼는 것을 근거로 꿈을 이야기해 주었습니다. 두 직업 모두 일반적으로 '말을 잘해야 하는 것'을 필요로 합니다.

"학교 방송반에 한번 들어가 봐."

"그렇지 않아도 이번에 신청했어. 그런데 신청자들이 너무 많아서 뽑힐지 모르겠어."

며칠 지나 문을 두들기면서 아빠를 찾는 아들의 목소리가 상당히 하이 톤이 되어 있었습니다.

"아빠, 됐어! 뽑혔다고!"

아들에게 전해들은 이야기는 고양시 초등학교 축구대회에 출전하는 학교 대표 선수에 최종 선발이 되었다는 것입니다.

"생각보다 볼을 좀 차는가 보군." 그렇게 생각하고 넘어갔습니다. 다음 날 아들 녀석이 고민을 털어놓습니다.

"아빠, 축구 연습 시간과 방송반 시간이 겹치는데 어떻게 해야 좋을지 모르겠어."

"지호가 더 즐겁게 할 수 있는 것을 선택해."

아들은 당연히 축구를 선택했습니다. 자연스럽게 어렵게 들어간 방송반은 탈락되었습니다. 그래도 축구대표로 나간다는 사실로 퍽 흥분 상태였고, 밤마다 교회 지하실에서 저와 한 시간씩 슈팅 연습을 하며 방송반에 대한 아쉬움을 달랬습니다. 아뿔싸! 그 다음 날 비보가 날아들었습니다.

"아빠, 축구대회가 다가오는 주일 9시부터 시작이래."

"스스로 판단해서 결정을 내려 보렴."

그렇게 말하고 넘어갔습니다. 다음 날 아침 등교하고 얼마 지나지 않은 시간에 지호의 문자가 한통 들어왔습니다.

"아빠, 나 우리 학교 축구대표팀 선생님에게 교회 예배시간이랑 겹쳐서 내가 안 나간다고 먼저 말했어."

"아들, 섭섭하겠지만 하나님께서 너를 귀히 보실 거야. 많이 사랑한다."

그날 딸과 함께 등교한 아들 녀석은 저를 보자마자 눈물을 한가득 쏟아놓기 시작합니다.

"아빠, 방송반도 날아가고, 축구대표도 날아가고 마음이 너무 힘들어."초등학생 아들에게 '주일 성수'에 관한 복잡한 이야기를 할 수는 없는 노릇이고 무슨 말을 해줘야 할지 고민이 되었습니다. 저 역시 잠시 생각을 정리하고 아들에게 입을 열었습니다.

"지호야, 잘 기억해라. 예수님을 신실하게 믿는 것이 이 세상에서 행복하고 좋은 일만을 가져다주는 것이 아니야. 네가 축구와 방송반을 포기할 때 마음이 상하고 무너졌지? 어쩌면 너의 인생에서 처음 겪는 신앙적인 갈등일 텐데, 잘 이겨냈구나. 주님을 따라가는 길은 좁은 길이야. 그래서 많은 사람이 가고 싶어 하지 않아. 꼭 명심해라. 행복, 성공, 형통 이런 것들이 너의 인생과 삶에 찾아오지 않더라도 주님을 믿고 그분을 따라가는 삶을 절대로 포기하지 말아야 해."

아빠 옆으로 아들이 다시 다가옵니다.

"아빠, 나 마음이 안 좋은데 TV로 유료 만화영화 한 편 보고 싶어."

"그래, 그거 보고 마음을 좀 추슬러. 아들아, 네가 자랑스럽다."

이 녀석, 초등학생은 초등학생입니다. 만화 시작 5분이 지나니 깔깔거리며 웃고 난리가 났습니다.

"영화를 보기 위한 수작이었나? 고단수 아니야, 이거?"

그래도 기분은 참 좋습니다. 태어나서 처음으로 신앙적 선택의 갈림길에 선 아들이 우선순위를 예배에 두었다는 사실로 인해 하나님 앞에 감사한 마음이 차오릅니다.

유진 피터슨(Eugene H. Peterson)의 《유진 피터슨》이라는 목회 회고록을 보면 피터슨 목사님이 달리는 것을 좋아해서 꾸준히 연습해 마라톤 대회에 참여하는 이야기가 등장합니다. 그런데 마라톤 대회가 주일 날 개최되었습니다. 그때 목사님은 참가를 포기하려고 하다가 교회 앞에 이 문제를 제시하고 의논한 끝에 회중들의 허락을 받고 마라톤 대회에 참여하게 됩니다. 그 교회는 '안식일 엄숙주의'의 전통을 고수하지 않은 것입니다. 저는 그것도 참 귀한 믿음의 결단으로 느껴집니다. 존중하고 싶습니다. 그러나 주일을 특별히 구별해서 지켜야 하느냐 마느냐 하는 문제를 넘어 마라톤 대회에 나간 유진 피터슨 목사님보다 우리 아들의 선택이 더 멋있게 다가옵니다(하하). 앞으로 얼마나 더 많은 갈등과 시험이 지호를 찾아올까요? 오늘 흘린 그 눈물의 의미를 마음에 깊이 새겨 하나님을 삶의 우선순위에 두는 인생이 되기를 간절히 소망합니다.

"아들아, 주님을 따라가는 길에 눈물, 고통, 기회 박탈, 낙오, 조롱이 동반된다고 해도 신실하게 신앙의 여정 안에서 살아가기를 바란다. 내가 낳았지만 너 이 녀석, 참 멋지다."

| 스승의 은혜 |

　오늘은 스승의 날입니다. 한 사람의 목사로서 이 자리에 있기까지 많은 선생님이 저의 인생에 영향을 주셨습니다. 그분들 모두가 저에게는 참으로 귀한 분들입니다. 그 중에서도 제 영혼 깊숙한 곳에서 진심 어린 감사와 존경의 마음을 드리고 싶은 분이 한 분 계십니다. 이정애` 선생님입니다. 우리 선생님은 고향 교회 고등학교 2학년과 3학년 때 저를 지도해 주신 분입니다. 평범한 주부였죠. 그러나 비범한 분이었습니다. 다소 율법주의적인 분위기가 팽배한 학창 시절 고향 교회에서 볼 때 우리 선생님은 아름다운 이단자(?)였습니다.
　"전도사님, 애들한테 무슨 수요예배를 다 나오라고 그래요?"
　우리 선생님은 이런 이의 제기를 늘 따뜻한 마음으로 하셨기에 권위에 도전한다는 느낌을 한 번도 주신 적이 없습니다. 선생님은 학교에서 좋은 학생이 되는 것이 예배하는 것이라고 늘 강조하셨습니다. 종교적 활동을 열심히 하는 것을 신앙의 전부로 알던 시절이었는데, 선생님으로 인해 신앙이란 교회 안에서 증명하는 것이 아님을 알게 되었지요. 지금 생각해 보면 대단한 통찰력을 지닌 분이 틀림없습니다. 항상 학생들의 입장에서 우리를 변호하고 이해해 주신 기억이 생생합니다.
　"애들아! 연애도 교회에서 해라. 그런 맛도 있어야 교회 나오는 것이 즐겁단다."

어디서 이런 선생님을 만날 수 있겠습니까. 선생님은 듣기 좋으라고 형식적으로 이런 말을 하는 분이 아니었습니다.

"선생님! 혜정이 때문에 마음이 설레서 미치겠어요. 잠도 안 와요."

"내가 도와 줄 테니까 연애편지 한통 준비해 와라. 선생님이 내용 한 번 봐줄게. 그리고 선물도 같이 준비해 보자."

선생님은 제게 여학생들에게 마음을 얻는 법을 자세히 가르쳐 주셨을 뿐만 아니라 실질적인 도움도 많이 주셨습니다. 그런 부탁을 드린 주일의 분반공부 시간은 '그리스도인의 이성교제'로 성경공부의 주제가 급히 변경되었습니다. 공부 중간에 "김관성은 멋지고 귀하다. 여자들은 이런 남자 만나야 행복하다"라며 장광설을 여학생들에게 늘어놓으셨습니다. 그 여학생에게 좋은 점수를 얻도록 배려하신 것입니다. 일종의 짜고 치는 고스톱이었지요.

"내가 사윗감을 고른다면 관성이가 1순위다. 여학생들 잘 들어라. 여자는 남자 보는 눈이 있어야 된다. 알겠니?"

때로는 과부하가 걸릴 때도 있었지만 선생님의 진심은 늘 저를 행복하게 해주었습니다.

"한창 자라는 너희들에게 성경공부보다 더 중요한 것은 먹는 거란다."

선생님은 먹으면서 사람의 마음이 서로 소통하게 된다는 것을 알고 계셨습니다. 매주 음식을 손수 준비해 오셨습니다. 성경공부를 시작하기 전에 기대하는 마음을 가지도록 배려하신 것입니다. 선생님 덕분에 공포의 시간과 다름없던 분반공부 시간이 늘 즐거웠습니다. 선생님은 성경 지식을 인위적으로 주입하지 않으셨습니다. 공부시간도 길지 않았습니다. 그런데 신기한 것은 주일학교 시절 분반공부를 통해서 배운 말씀은 우리 선생님에게 배운 내용밖에 기억나지 않습니다. 선생님은 종교적이고 신앙적인 용어를 많이 사용하지 않으셨지만 그 누구보다 말씀을 잘 가르쳐 주셨습니다. 단순히 성경만을 이야기하시지 않고 역사, 정치, 경제, 심리학 등 모든 것이 녹아 있는 가르침이 생생하게 떠오릅니다.

"관성아, 너는 목사가 될 사람이니까 신문과 책을 손에서 놓지 않도록 해라."

칼 바르트(Karl Barth)가 "한 손에는 성경을, 한 손에는 신문을 들라"라고 한 것을 이정애 선생님은 이미 깨우치고 조언하셨습니다.

선생님은 무엇보다 예수 믿는 사람은 참 따뜻하고, 멋있는 사람이란 것을 선명하게 보여 주셨습니다. 어떤 상황에서도 친절하셨고, 공감해 주셨고, 실제적인 도움을 주시려고 노력하셨습니다. 선생님에게 고민을 토로하면 정답을 주려고 하지 않고 같이 웃거나 울어 주셨습니다. 우리들을 위해서 기도하는 일에도 열심을 내셨지만, 공부한다고 시력이 떨어지는 학생에게는 토비콤을 사주셨고, 등록금 때문에 고민하는 학생에게는 돈을 주셨습니다. 아낌없이 부어 주셨습니다. 선생님을 만나고 나면 거의 모든 고민과 아픔이 눈 녹듯이 사라지는 경험을 수도 없이 했습니다. 목사님에게도 전도사님에게도 할 수 없는 이야기를 선생님에게는 할 수 있었습니다. 선생님은 언제나 비밀을 철저히 지켜 주셨습니다.

경제적인 어려움과 아버지의 폭력에 시달렸던 그 시절, 선생님의 품에 안겨 울기도 참 많이 울었습니다.

"관성아, 선생님이 그냥 하는 말이 아니라 너는 크게 된다. 선생님이 사람 볼 줄 안단다. 두고 보거라. 눈물을 흘리며 씨를 뿌리는 자는 기쁨으로 거두리로다(시 126:5)."

어느 주일, 격려의 편지에 담아 주신 그 말씀이 저로 하여금 계속해서 전진하도록 큰 힘을 주었습니다. 선생님은 인간이 어떻게 하면 진정한 위로를 경험할 수 있는가를 꿰뚫어 보고 계신 분이었습니다.

"이제까지 살아오면서 너를 만나서 너의 선생이 된 것이 제일 행복한 경험이란다. 선생님 인생의 전성기도 너를 만나고 시작됐어. 진심이야."

저는 죽을 때까지 이 말을 잊지 못합니다. 나같이 보잘것없는 인간도 누구에게 유익을 줄 수 있는 존재가 될 수 있다는 것을 선생님은 그런 방식으로 가르쳐 주셨습니다. 그 말씀은 어디에 가서도 칭찬받거나 인정을 받아보지 못한 저에게 일생일대의 감격이요 큰 기쁨이 되었습니다. 평생의 어록이 되어 저의 심장에 새겨져 있습니다.

하나님이 제 일생에 주신 복들 중에 이정애 선생님을 만나게 하신 것만큼 귀한 것이 있을까요? 야곱의 고백 중에 '나의 출생으로부터 지금까지 나를 기르신 하나님'(창 48:15)이란 표현이 있습니다. 하나님은 저의 인생이 그냥 그렇게 어그러질 수 있는 그 시기에 이정애 선생님이라는 천사를 통해서 저의 삶을 확장시켜 주신 것입니다. 평생 갚아도 다 갚을 수 없는 은혜와 사랑을 선생님을 통해서 경험하게 된 것이죠. 그때만 해도 마흔 중반의 멋진 아주머니였는데. 이제는 예순넷의 권사님이 되셨습니다.

| 이정애 선생님께 |

　선생님, 저 오늘 C스토리 강연을 합니다. 무슨 이야기를 할까 하다가 선생님께서 베풀어 주신 돌봄과 사랑이 저를 변화시킨 이야기를 하려고 합니다. 외모는 볼품이 없고, 입에는 거친 언어가 도배돼 있고, 몸에는 간접흡연의 영향으로 담배 냄새가 진하게 배여 있는 데다, 자아상은 부정적이었고, 세상을 바라보는 시각과 시선은 심각하게 왜곡돼 있던 저를 선생님은 그리스도의 사랑으로 다 품어 주셨지요.

　어떤 조건 때문이 아니라는 것을 잘 알지만 제 안에 있는 무엇을 보고 그렇게 많은 사랑을 주셨는지 아직도 다 이해가 되지 않습니다. 교회에서 만날 때마다 저에게 들려주신 두 마디의 말은 저의 심장에 새겨져서 아직도 제 삶의 엔진이 되고 있습니다.

　"관성아, 선생님이 사람 좀 볼 줄 아는데 너는 엄청 크게 될 사람이다. 절대로 잊지 마라."

　"관성아, 선생님 인생의 전성기도 너를 만나고 시작되었어. 너를 가르치고 돌보는 것보다 선생님의 가슴을 설레게 하는 것은 없단다."

　태어나서 그 누구에게도 진심어린 칭찬을 받아본 적이 없던 제게 선생님은 폭포수와 같은 격려와 위로를 주셨습니다. 의심과 눈치로 살아온 저는 선생님의 그 모든 말이 처음에는 솔직히 믿어지지 않았습니다.

그러나 한결같고 일관된 선생님의 사랑과 은혜 앞에서 제 마음이 녹기 시작했습니다. 선생님의 은혜와 사랑이 저의 영혼을 뚫고 들어오기 시작하면서 말씀해 주신 그 인생을 살고 싶어졌습니다. 삶이 곤고하고 힘들 때마다 선생님께서 해주신 그 두 마디를 항상 떠올렸습니다.

"우리 선생님은 거짓말 하실 분이 아니야!"

그것을 의지해 달려온 시간이 절망과 탄식으로 가득 채워져 있던 저의 삶을 조금씩 변화시키기 시작했습니다. 선생님의 삶과 가르침을 생각할 때마다 《대주교에게 죽음이 오다》라는 책에서 "위대한 사랑이 있는 곳에는 늘 기적이 있다"라고 말한 미국의 여류작가 윌라 캐더(Willa Cather)의 말이 떠오릅니다. 선생님을 만나지 못했다면 저의 인생은 어떻게 되었을까요?

"사랑이란 손에 잡히지 않은 것이지만 그것이 사람에게 부어질 때, 비로소 알 수 있는 것이란다. 사랑이 없으면 행복할 수 없단다."

선생님은 앤 설리번(Anne Sullivan) 선생님이 헬렌 켈러(Helen Keller)에게 한 이 말을 앤 설리번보다 더 깊이 제 삶에 새겨 주셨습니다. 그것 때문에 저는 아버지로부터 받은 수많은 상처를 극복하고 그리스도 안에서 새 사람이 되었습니다. 이 세상에 '이정애'라는 이름보다 그리스도의 사랑을 지극히 작은 소자에게 너 아름답고 멋지게 전달한 사람이 어디에 있을까요? 선생님, 저는 결단코 그런 사람은 존재하지 않는다고 생각합니다.

선생님, 건강하셔서 부족한 저의 인생을 계속 지켜봐 주세요. 선생님이 저에게 보여 주신 그 길을 저도 묵묵히 걸어가겠습니다.

선생님, 그냥 너무 고맙고 감사합니다. 선생님만 생각하면 왜 이리 눈물이 나는지요? 선생님 때문에 저는 가슴속에 담고 있던 아버지를 향한 복수와 증오의 칼날을 지워낼 수 있게 되었습니다. 그리고 새 인간이 되었고 목사가 되었습니다. 오래오래 사셔서 제가 더 잘되는 것 보시고, 선생님의 영원한 자랑거리로 우뚝 서는 모습 지켜봐 주십시오. 저에게 보여 주신 참 스승의 길을 저도 걷겠습니다. 사랑하고 축복합니다.

| 고마운 친구 최인선의 생일 |

20여 년 전 침례신학대학교 목동 캠퍼스에서 처음 만난 그는 맨들맨들한 서울 사람의 외모에 김천 사투리를 구사하는 모습이 무척이나 생경했습니다.

"나하고 친구하자."

그 한마디에 그는 내 손을 덥석 잡았습니다. 그날 이후로 우리 둘은 20년이 넘는 동안 단 한 번의 빈정 상함도 없이 좋은 친구로 지내왔습니다. 서로를 알아가는 과정 속에서 그와 나는 전혀 다른 배경에서 자라왔다는 사실을 알게 됐습니다. 그러나 극과 극은 통한다는 속설처럼 서로의 부족한 부분을 기가 막히게 커버하면서 깊은 공감의 자리로 나아갔습니다. 그는 목사의 아들, 나는 알코올 중독자의 아들로 자라 가까워졌기에 서로 함께할 수 없는 어떤 선이 있지 않겠는가를 막연히 걱정한 적도 있었습니다. 그러나 쓸데없는 걱정이었습니다. 김천고등학교라는 명문고 출신으로 경북 전체에서 순위를 다투던 수재, 목사 아들, 반들반들한 외모에 어울리지 않게 그 녀석의 몸에는 '일탈'을 꿈꾸는 카사노바와 돈키호테의 DNA가 들어 있었습니다. 나는 그것이 참 좋았습니다. 모범생에게서 뿜어져 나오는 특유의 '재수 없음'이 그에게 없었습니다. 그는 명석한 두뇌를 가진 사람에게서 찾아보기 힘든, 사람을 향한 연민과 동정의 성정을 지니고 있었습니다. 사람의 처지와 입장을 있는 그대로 받아들이고 자신과는 정반대의 스토리를 가진 나 같은 사람에게 나타나는 전형적인 상처와 아픔을 그냥 안아 주는 넉넉한 가슴이 있었습니다. 그는 아버지와 어머니로부터 기독교 신앙의 본질을 제대로 체득한 청년이었습니다. 어떤 이야기도 건넬 수 있었고, 어떤 행동도 그 앞에서 자유롭게 할 수 있었습니다. 그것이 눈물 나게 고마웠습니다. 그도 부유한 환경은 아니었지만 늘 빈궁하게 지낸 내 신학교 시절의 호주머니를 채워 주었습니다.

"관성아, 밥은 굶지 마라. 돈 없으면 언제든지 말해라."

이제야 고백하는 말이지만 그의 사랑과 따뜻한 마음에 그 녀석 몰래 운 적이 많았습니다. 개척을 한답시고 미지의 길에 발을 들여놓을 때도 그는 묵묵히 거금을 헌금해 주었습니다. 다른 사람들이 "무모하다, 안 된다, 돌았다"라며 부정적인 말로 저를 조롱할 때도 "내가 아는데 너는 무조건 된다"라며 내 인생을 펌프질해 주었습니다. 은혜교회라는 곳에서 부를 만한 강사가 아닌데도 "설교는 김관성이 최고다"라면서 교인과 사모님을 속이고 계속해서 저를 불러 주었습니다. 그러고는 말도 되지 않는 엄청난 사례비를 제 호주머니에 넣어 주었습니다.

지나 온 나의 20년을 뒤돌아보니 그곳에는 이 친구가 한결같은 모습으로 서 있습니다. 일방적인 베풂을 입은 자와 일방적인 은혜를 베푼 사람으로 그 20년이 채워졌습니다. 하나님께서 저같이 초라하고 가련한 인생을 위해 준비시킨 천사가 최인선 목사가 아닌가 싶습니다. 다 표현할 길 없어 "그저 고맙다"는 말로 마음을 전하지만, 이 녀석을 위해서라면 내 목숨도 줄 수 있을 것 같습니다. 아내가 줄 수 없는 위로, 자녀들이 해결해 줄 수 없는 텅 빈 공간을 이 친구가 채워 주었습니다.

오늘은 이 녀석의 생일입니다. 그저 태어나 준 것이 눈물 나게 고맙습니다. 이 녀석에게 얻은 추억과 사랑을 무엇에다 비교하며 비유할 수 있을까요? 나그네 인생길을 가는 동안 이 녀석을 만난 그 하나의 사건만으로도 내 인생은 성공했노라고 외칠 수 있습니다. 그와 나는 헤어질 수가 없습니다. 서로가 알고 있는 비밀 때문입니다. 어느 한쪽에서라도 그 비밀을 불어 버리는 날에는 그와 나의 삶과 목회는 끝이 납니다. 하나님은 우리의 관계를 비화로 묶으시면서 어깨동무하며 이 힘든 목회의 여정을 함께 걷도록 인도하신 것 같습니다.

그와 함께 만들어 온 추억들로 인해 행복합니다. 지나 보니 내 쪽에서 그 녀석에게 도움이 된 적은 별로 없습니다. 한없이 미안한 오늘입니다. 나도 그를 위해 무언가를 할 수 있는 그런 사람임을 남은 인생으로 증명해 보려 합니다. 이 복되고 귀한 친구를 주신 하나님께 감사한 마음이 샘솟습니다. 사랑하는 마음 가득 담아서 그를 축복합니다.

┃ 다른 길 한 마음, 친구 최병락 목사에게 ┃

"관성아, 내가 꼭 성공해서 너를 부를게."

헤어짐의 고통에 무너져 눈물 속에 존재 자체를 삼켜 버린 내게 네가 나의 손을 놓으며 마지막으로 던진 말이었다. 그 말 속에 포함된 '성공'이란 단어에 알레르기를 가진 사람들이 온 세상에 진을 치고 있기에 몇 마디의 부연이 필요할 것 같구나. 그 의미는 너무나 분명하고 순수한 것이었다. '함께하고 싶은 마음' 그 이상도 그 이하도 아니었다고 나는 믿는다. 그것이 너와 나의 진심 어린 바람과 소원이었다. 우리 둘은 수복 사모님의 말대로 마치 연애를 하는 사람 같았지.

네가 내 친구라는 것이 항상 자랑스러웠고 이 세상 그 무엇과도 너라는 가치와는 바꿀 마음이 없다. 그것이 너를 향한 나의 마음이었고 너의 마음에도 나란 존재가 그렇게 자리매김하고 있으리라 단 한순간도 의심하지 않았다. 다윗과 요나단의 우정과 사랑은 우리의 우정에 비하면 저급한 삼류 소설에 불과하다는 착각 속에 나는 살고 있다. 이 정신병을 고치고 싶은 마음이 손톱만큼도 없다. 사람이 너무 완벽하면 좋지 않다고 들었다. 나도 어느 한 구석은 모자란 법이 있어야 하지 않겠니(흐흐)?

하나님이 내 인생에 너를 통해 주신 위로와 격려, 삶의 소망과 용기를 어찌 잊을 수 있으며, 그 놀라운 은혜를 배반할 수 있겠니? 너와 내

속에 존재하는 우정의 산물들, 그것만 해도 나는 이미 성공자의 반열 위에 서 있다고 확신한다. 하나님의 시샘이었을까? 하나님은 너와 나의 길을 한 시간과 한 공간에 살도록 허락하지 않으셨다. 잠깐의 시간이 흐르면 죽음의 순간까지 함께 갈 줄 알았는데, 울산공항에서의 그 서글픈 이별 이후 우리는 가련한 이산가족같이 돼버렸다. 하나님은 어떤 이유로 너와 나의 길을 다른 쪽으로 인도하셨을까? 병락아, 생각해 본 적 있니?

나는 아사다 지로의 《창궁의 묘성》을 읽으면서 이 부분에 대한 답을 얻었다. 이 작품은 19세기 청나라 말을 배경으로 하고 있는데, 두 주인공이 등장한다. 이춘운과 양문수가 바로 그 사람들이지. 이 둘은 한 마을에서 둘도 없는 형과 동생의 관계로 지낸다. 실제적으로는 둘도 없는 친구지. 춘아(이춘운)는 지독한 가난 속에서 죽은 형과 아픈 형, 동생이라는 짐을 짊어진 채 똥을 주워 입에 풀칠하며 처절한 고통을 견디는 비극적 환경 속에서 백태태라는 인물의 점괘를 믿고 자신의 운명을 개척해 나간다. 결국 그는 환관으로서 권력의 정점에 오른다. 그에 비해 양문수는 주변에 있는 가족이나 그 누구도 기대하지 않는 현실 속에서 과거에 1등으로 급제해서 자금성에 입성한 후 진사가 된다. 이들은 서태후와 광서제를 자신의 자리에서 각각 모시게 되지. 둘은 정치적으로 서로 반대편에 서게 되는 묘한 운명에 처한다. 그러면서도 그들은 서로를 한없이 존중한다. 권력과 정치적 입장도 두 사람의 우정을 갈라놓지 못하지.

병락아, 이 소설을 읽으면서 참 많은 것을 느꼈다. 특별히 마음에 들었던 것은 사람의 인생을 참 따뜻하게 그린다는 점과 각 사람의 인생에 대해 '누가 옳고, 누가 틀리고가 없다'라는 메시지를 던져 준 부분이야.

한마디로 악당이 존재하지 않는 소설이었어. 이 두 인물은 자신의 자리에서 주어진 삶을 치열하게 살아 낸다. 아사다 지로는 서태후와 광서제를 각각 보좌한 춘아와 문수의 인생을 그 자체로 큰 의미를 지닌 아름다운 모습으로 그리고 있어. 누가 더 나았다든지, 누구의 인생이 더 복되다든지 이런 메시지가 없는 점이 너무나 인상적이었다.

병락아, 하나님께서 너와 나의 삶을 한곳에서 함께하는 것으로 인도하시지 않은 이유를 이렇게나마 희미하게 정리했다. 같은 길과 같은 생각을 가지고 살아야만 의미가 있거나 친구가 될 수 있는 것은 결코 아님을 새삼 깨닫게 되었다. 그러나 너무나 오랜 시간을 너를 그리워하며 지낸 모진 현실이 조금은 야속하다. 그러한 정서적 공백 때문인지는 몰라도 너를 생각하며 기도할 때마다 내 가슴에는 항상 한과 같은 정서가 감돌고 그것의 마지막은 눈물로 끝맺곤 한다. 돈 없이 유학생활을 감당한 너의 처지, 맨땅에 헤딩을 하면서 이민 교회를 시작한 너의 숱한 사연, 성공한 목회자가 되어 겪는 이런저런 오해들, 그 모든 것이 내겐 아픔과 눈물의 이유였어. 힘이 되어 주지 못하는 마음과 그리움은 참으로 잔인한 정서임을 깊이 자각하게 된다.

이제 우뚝 선 너의 모습을 보러 태어나서 처음으로 미국 땅을 밟는다. 소풍을 기다리는 초등학생의 마음이 이런 것이겠지? 밤을 새워 너와 나의 삶에 역사하신 하나님의 은혜를 마음껏 나누어 보자. 하나님이 다른 신학적 배경과 목회 환경을 허락하신 이유에 대해서도 치열하게 이야기해 보자.

병락아, '사람을 귀히 여기고 존중하는 태도' 그것이 오늘의 너를 있게 한 힘임을 나는 잘 안다. 그 자리까지 가면서 얼마나 많이 울고 힘든 시기를 보냈을지 훤히 보인다. 시간과 공간의 제약은 우리 둘의 우정에 아무런 영향을 미치지 못하고 있음이 참으로 신기할 따름이다.

고백하기에 조금은 쑥스럽지만, 나는 네가 매일매일 그립고 사무치도록 보고 싶다. 한없이 품어 주고 사랑해 준 너의 넓은 가슴을 나는 항상 동경하며 살았다. 이제 너의 품에 안겨 내 서러웠던 세월을 이야기하면서 펑펑 울고 싶구나. 병락아, 분명한 점이 하나 있다. 네가 나를 사랑하는 것보다 내가 너를 더 사랑한다는 사실이다(흐흐).

병락아, 조금 있으면 만나겠네. 울산공항에서의 그 고통스런 이별의 아픔을 댈러스 공항에서 기쁘게 만나 다 지워 버리자.

사랑하고 또 사랑한다.

제3부
성도 _ 본질을 추구하다

| 사소한 것을 온 마음 다해
감당하는 사람 |

교회의 역사를 살펴보면 '핍박'이 임했을 때 오히려 신앙의 부흥이 나타나는 것을 알 수 있습니다. 총칼로 위협하고 겁주는 방식으로는 절대로 기독교를 무너뜨리지 못한다는 것을 역사가 증명합니다. 마오쩌둥(毛澤東)이 활약한 중국의 공산혁명 시절의 상황을 보면 그것을 분명히 확인할 수 있습니다. 총과 칼로써 그리스도인들을 핍박하자 전혀 예상하지 못한 신앙의 부흥이 나타났습니다. 믿음의 불길이 더 뜨겁게 타오름과 동시에 지하 교회가 엄청난 속도로 번져 나간 것을 문헌을 통해 확인할 수 있습니다.

C. S. 루이스 《스크루테이프의 편지》에도 인상적인 이야기가 등장합니다. 노련하고 경험이 많은 삼촌 악마 스크루테이프가 그의 조카인 초

보 악마 웜우드를 교묘하게 코치하는 내용입니다. 웜우드는 핍박을 통해서 교회를 무너뜨려 보겠다고 자신 있게 이야기합니다. 그때 고참 악마 스크루테이프는 절대로 그런 짓을 하지 말라고 당부하는 장면이 나옵니다.

"그렇게 하면 신자들은 더 열심히 기도한다."

참으로 예리한 시각입니다. 환난과 핍박과 같은 커다란 사건으로는 결코 교회가 무너지지 않고, 오히려 단결을 가져올 뿐입니다. 참으로 오묘한 일입니다. 그런데 더 이상한 것은 아주 시시껄렁한 것으로 교회가 무너진다는 것입니다. 전 세계 사람들의 사망 원인의 첫 번째 자리에 어떤 질병이 놓여 있는지 아십니까? 뇌졸중, 심장병, 암, 에이즈 이런 것들이 아닙니다. 감기로 인한 폐렴 합병증이 넘버원의 자리를 차지하고 있습니다.

교회도 마찬가집니다. 무겁고 중한 사건으로 교회가 와해되지 않습니다. 한번 째려 본 것, 사소한 뒷담화 한 방, 따뜻함이 사라진 말투, 목사님과 커피 마시러 갈 때 자기는 빼놓고 간 것 등 이런 것들로 교회가 갈라지고 무너지는 것을 접하곤 합니다. 한편, 아주 사소하고 작아 보이는 삶의 영역에서 제대로 된 신자의 모습을 보이는 것이 주님의 몸 된 교회를 진정으로 강하게 합니다.

우리는 명분과 큰 형태로서 기독교의 힘을 보여 주는 일에는 승리를 거두고 있습니다. 대규모의 군중집회를 한다거나, 이권이 걸린 문제들에 대해 기독교의 입장을 집단적으로 피력하는 일에는 아주 능숙한 모습을 보여 주고 있습니다. 그러나 그 누구도 주목하지 않지만 교회를 참된 의미에서 지탱해 주는 친절함과 따뜻함, 배려, 긍휼과 연민을 이웃에게 베푸는 일에는 너무 많이 실패하고 있습니다. 이것이 우리의 가장 큰 문제입니다.

다윗도 거창하고 대단한 업적을 이루어 내고, 큰 환난과 핍박을 이겨 낸 일들로 하나님의 인정을 받은 것이 아닙니다.

또 그의 종 다윗을 택하시되 양의 우리에서 취하시며 젖 양을 지키는 중에서 그를 이끌어 내사 그의 백성인 야곱, 그의 소유인 이스라엘을 기르게 하셨더니(시 78:70~71)

그 누구도 주목하지 않는 천한 '양치기'로서의 자리를 믿음으로 감당하다가 쓰임을 받게 되었습니다.

"스코틀랜드를 내게 주옵소서. 아니면 내게 죽음을 주옵소서."

존 낙스(John Knox)와 같은 거창한 고백에 한국 교회의 성도들은 엄청난 은혜를 받고 헌신하고자 합니다. 주님을 위해 인생을 드리고 헌신하는 일이 사생결단의 각오와 목숨을 필요로 하는 비장한 액션으로만 표현되는 것이 아닙니다. 무엇보다 존 낙스와 우리는 다른 시대를 살고 있고, 싸우고 감당해야 할 신앙의 내용도 전혀 다릅니다. 아주 현실적으로 말하자면 우리에게는 주님 때문에 사생결단하고 목숨을 내놓아야 할 일이 거의 없습니다. 진짜 주님을 위해 목숨을 바치는 일로 헌신해야 할 사람이 있는 반면 자신의 직장과 가정을 거룩한 믿음의 전당으로 수호하고 지키는 자리로 부름을 받는 자들도 존재하는 것입니다.

아내의 잔소리와 짜증을 따뜻한 미소로 겸손하게 받아 내는 일은 죽는 것보다 쉽지 않습니다. 남편의 발광을 인자함과 여유로운 이해로 수용하는 일은 순교만큼 힘든 것입니다. 순교는 일순간이지만 삶은 죽을 때까지 이어지기 때문입니다.

신자 각자에게 맡겨진 신앙의 과제와 사명은 '그 누구는 더 어려운 일을, 그 누구는 더 쉬운 일을' 하는 것이 아닙니다. 각자에게 주어진 몫은 그 사람의 믿음의 분량의 관점에서 보면 모두가 눈물겨운 사투를 벌여야 하는 것들입니다.

일제강점기 때 신사참배를 반대하면서 자신의 목숨을 버린 목사님들의 헌신을 가볍게 생각하고 싶은 마음은 추호도 없습니다. 그러나 살아서 그 혹독한 시기를 신앙을 지키며 견딘 분들의 수고 또한 무조건 폄하할 수는 없습니다. 순교와 죽음만이 신앙의 진정성을 표현하는 유일한 길은 아니라고 봅니다.

마라도에서 목회하신 목사님 한 분의 이야기가 영혼에 큰 울림을 줍니다. 교회를 개척하고 얼마 지나 할머니 한 분이 오셨답니다. 글도 모르시고, 노래에 대한 감각도 전혀 없는 이 유일한 성도인 할머니를 붙잡고 목사님이 하신 일은 오직 한가지였습니다. 6개월 동안 가르치고 또 가르쳐서 "내주를 가까이 하게 함은 십자가 짐 같은 고생이나" 이 찬송 한 곡을 익히게 한 것입니다. 천신만고 끝에 이 곡을 온전히 부르게 되신 할머니, 예배 시간에 할머니와 목사님 두 분이 앉아서 그 찬송을 부르며 얼마나 큰 은혜를 받았는지 모른다는 목사님의 고백이 얼마나 아름답습니까?

사탄이 목사에게 던지는 가장 무서운 핵폭탄은 고독과 외로움입니다. 피눈물 나는 사투에도 불구하고 몇 명밖에 안 되는 교인 수, 이것만큼 두려운 것이 없습니다. 그래서 다들 부흥 또 부흥을 나팔 부는 것입니다. 마라도에 계신 목사님은 믿음으로 이 외로움을 이겨냈습니다. 이렇듯 우리의 믿음은 거창한 것으로 증명되는 것이 결코 아닙니다.

오늘 여러분이 서 있는 삶의 현실에 눈에 띄는 성취와 업적이 없다고 해서 낙심하지 마십시오. 외로움과 열매 없는 황량한 처지가 '내가 지금 뭐하고 있나?'와 같은 생각으로 의식을 채우고 있지 않는지 점검하십시오. '무언가를 이루어 내야 하는데……' 하는 그 마음은 '다른 사람들의 주목을 받고 싶은데……'의 변형된 소원일 가능성이 많습니다.

여러분은 이미 이 세상 그 누구도 감당할 수 없는 하나님의 광대하심의 한 부분을 가장 멋지게 표현하고 있는 존귀한 인생입니다. 여러분 자신을 허망한 것들로 가혹하게 다루지 마십시오. 눈을 뜨면 할 수 있는 아주 사소한 것을 감사한 마음으로 감당하십시오. 이제 숨을 쉬고, 노래를 부르십시오. 그것이 세상을 이길 가장 소중하고 가치 있는 믿음입니다.

▌ 자신을 괴롭혀야 행복한 신앙 ▌

존 파이퍼(John Piper)는 자신의 저서 《장래의 은혜》에서 독특하고 예리한 통찰의 신학을 주장합니다. 직접 만들어 낸 표현인지는 몰라도 그는 '채무자의 윤리'라는 말을 사용하고 그것을 경계합니다. 쉽게 말해서 그리스도가 우리를 위해 희생당하신 그 은혜를 갚기 위해 고난을 받아야 한다는 것은 성경적인 주장으로 볼 수 없다고 말합니다. 여기서의 중요한 포인트는 '은혜를 갚기 위해'입니다. 빚을 갚기 위해 순종하고 헌신하는 것은 하나님 앞에서 바른 믿음의 자세가 아니라고 말하고 있습니다.

성도로 하여금 실제적인 순종의 열매를 맺게 하는 힘은 과거의 일들에 대한 감사가 아니라 장래를 바라보는 믿음의 시각에서 나온다고 합니다. 과거에 대한 은혜에 기초해서 주의 일에 매달리게 될 때는 지치게 되어 있다고 주장하며 그러한 신앙의 모습은 지나치게 자학적이고 비장한 모습을 보인다고 말합니다.

특히, 그는 이 부분에 관한 자신의 주장에 힘을 더하기 위해서 옥스퍼드 대학의 복음주의 신학자 알리스터 맥그라스(Alister Mcgrath)의 글을 인용합니다.

"많은 사람이 대단한 열정을 품고 신앙생활을 시작하지만 얼마 못가서 자신이 커다란 위험에 직면하고 있음을 깨닫는다. 그들의 원대한 소망과 선한 의도는 서서히 사라지는 듯이 느껴진다. 마음은 원하고 있지만 육신이 약하여 사람들의 열정이 식어질 때 그들을 굳게 붙잡아 줄 버팀목이 필요하다."

존 파이퍼는 '채무자의 윤리'에 기반을 둔 믿음은 반드시 고갈될 뿐 아니라 성도가 품어야 할 신앙의 자세도 아니라고 확실히 말하고 있습니다. 장래에 베풀어질 은혜를 기대하고 소망하는 믿음으로 가능한 일을 과거의 은혜에 대한 기억에만 의존해서 이루려 하는 것은 잘못된 결과를 초래한다는 것입니다.

> 내 너를 위하여 몸 버려 피 흘려
> 네 죄를 속하여 살길을 주었다
> 너 위해 몸을 주건만 날 무엇 주느냐

이 찬송 역시 기독교 신앙의 풍성함을 다 담아 내지 못하는 '채무자의 윤리'를 요구하는 경향이 강하다고 비평합니다. 신앙의 동기는 장래에 한 치의 오류도 없이 베푸실 하나님의 풍성한 은혜를 소망하는 것에 기초해 있어야 한다는 것입니다.

그의 주장에 대해 얼마든지 찬반이 나뉠 수 있습니다. 그러나 분명한 것은 교회 안에 나타나는 신앙의 모습 중에 자학적 신앙을 보이는 분들이 꽤나 있는 것이 사실입니다. 이것은 다름 아니라 고생을 하고 있어야 마음이 편한 상태를 말합니다. 봉사나 헌신이 도를 넘어섰다고 표현해야 될까요? 여하튼 이런 분들의 특징은 주의 일과 고난은 항상 함께 가야 된다고 생각하는 경향이 강합니다. 편안함과 안락함 가운데 있으면 불안합니다. 그린 상황은 스스로가 죄를 짓고 있다고 여깁니다. 고난을 동반한 헌신만이 주님께 진 빚을 갚을 수 있다고 생각하는 것입니다.

'선교사님들은 아프리카에서 죽을 고생을 하는데 어떻게 내가 이렇게 좋은 호텔에서 숙박하며 관광하는 일에 정신을 팔 수 있는가!'

이런 생각의 분들은 주변에 긴장을 유발시키거나 분위기를 비장하고 엄숙하게 만듭니다. 내세우는 명분이 너무나 정당하다 보니 상대방은 늘 바보가 되어 버립니다.

박영선 목사의 설교집에 보면 비장한 청년이 한 명 등장합니다.

"목사님, 돈 아껴서 선교비 보내야죠. 어떻게 교사들 회식하는 데 돈을 펑펑 사용하십니까?"

박 목사는 그 청년을 향해 한방의 독설을 가합니다.

"입 다물고 조용히 수박이나 처먹어라."

통쾌하기도 하고 상처 받지는 않았을까 걱정도 되는 장면입니다. 그러나 목사님은 올바른 의도와 방향을 가지고 계셨습니다. 이 땅에서 우리가 수박을 맛있게 먹는 일에 돈을 사용하더라도 하나님은 선교지에 있는 선교사들의 필요를 충분히 채우실 수 있는 분이라는 것입니다.

선교지에서 고난을 자신의 몸에 새겨 넣는 과정을 통해 주님의 몸 된 교회를 세우는 일도 중요하지만, 다음 세대를 위해 여름을 반납하고 봉사한 교사들을 격려하는 일도 중요합니다. 헌신과 신앙의 형태가 비장함과 고난으로만 나타나야 하는 것은 아닙니다.

"은혜가 꼭 고통의 도움을 받아서 존재하는 것은 아닙니다. 고통과 고난이 있는 곳에서 여러 가지 색채의 은혜가 발견되는 것뿐입니다."

윌리엄 폴 영이 쓴 《오두막》에 등장하는 멋진 문구입니다.

다른 나라 교회의 분위기는 모르지만 조국 교회에는 영적 마조히스트와 영적 사디스트 들이 제법 많이 있습니다.

"오천만 원 손들어! 집문서 가지고 올 사람 손들어!"

부흥회에서 만나본 적 있는 대목입니다. 물론 이런 식의 헌신을 총체적으로 부정할 필요는 없습니다. 다만 크게 희생하고 고난을 받는 것만이 옳은 충성과 헌신은 아니라는 것입니다. 주님을 위해 수고하는 일은 믿음의 분량에 따라 작은 일을 죽을 때까지 감당하는 영역도 있다는 사실을 기억해야 합니다.

하나님의 광대하심은 고난과 눈물로만 설명할 수 있는 것이 아닙니다. 어떤 사람에게는 성공과 화려함으로 그의 인생을 채우셔서 그 길을 걷게 하십니다. 그러한 삶도 하나님의 섭리 가운데 얼마든지 존재할 수 있습니다. 그 일을 맡은 사람은 좋은 자동차를 타고 높은 사람들을 만나기도 합니다. 그에게 주어진 사명 안에 포함된 일이기 때문입니다. 그의 교만과 타락을 비판할 수는 있지만 그런 종류의 일을 주의 일이 아니라고 생각해서는 안 된다는 것입니다.

"선교지에 나가서 목숨 바칠 사람은 그 자리에서 일어나."

"주의 종이 되기로 결단한 사람 일어나."

이런 과정을 통해서 실제적으로 선교사나 목사가 되는 사람이 있을 수 있지만, 목사와 선교사만을 특별히 헌신된 사람으로 부각하는 것은 온당하지 않습니다. 그 어떤 일도 목사나 선교사의 일보다 열등할 수 없는 것이 성경적인 관점입니다.

하나님은 고난과 어려움을 우리 삶에 주시기보다는 기쁨과 즐거움으로 우리의 인생을 채우기를 기뻐하시는 분입니다. 고난을 안고 가야 하는 그 길에도 근본적인 기쁨을 채우시는 분이 하나님입니다.

자신의 자리가 고난이 요구되는 자리라면 시련과 고초 속에서도 그 길을 묵묵히 걸어가야 할 것이고, 기쁨과 성공이 펼쳐지는 인생으로 부름 받고 있다면 겸손하고 낮은 마음으로 부요함을 허락하신 하나님을 찬양하면서 그 길을 가야합니다. 우리 각자가 하나님 앞에서 부름 받은 자리가 다를 수 있다는 사실을 알아야 합니다.

광대하신 하나님을 특정한 신앙의 형태 안에 제한하는 것은 자신의 사고와 헌신의 방식 안에 하나님을 가두는 것입니다. 특별히 더 수고하거나 험난한 고난과 환난 속에서 주님을 섬기는 분들은 마음 안에 다른 사람을 향한 정죄의 칼을 덜어낼 수 있기를 바랍니다.

| 인간의 마음은 우상의 공장 |

여러 문헌이나 책을 통해서 고대 그리스 사람들이 섬겼던 신들을 보면 그들의 욕망이 오늘날의 우리와 다르지 않음을 볼 수 있습니다. 미의 여신 아프로디테, 전쟁의 신 아레스, 다산과 부의 여신 아르테미스…….
그 시대의 사람들이 어쩌면 이렇게 우리와 똑같은 가치를 추구하며 그것을 생의 목적으로 삼았는지 신기할 정도입니다.

오늘날 우리가 살고 있는 사회를 한번 보십시오.

"부모님 날 낳으시고, 선생님 날 가르치시고, 원장님 날 거듭나게 하셨다."

어느 성형외과 광고 문구입니다. '성형중독'이라는 말은 이 시대의 신조어로서 '아프로디테'를 섬기는 현대인의 모습을 단적으로 묘사하는 단어입니다. 하나님이 빚으신 자연 그대로의 자기 모습에 만족함이 없이, 언젠가는 스러져 갈 아름다움이라는 가치에 목숨을 걸고 집착하는 허망한 인생의 모습을 잘 나타내 줍니다.

그 목적이 자기만족이든 어떤 다른 노림수가 있든 그것은 영적 공허함을 아름다움으로 채워 보려고 발버둥치는 미련한 집착입니다. 하나님 한 분으로 만족하지 못하고 자신에게 만족을 제공할 것처럼 보이는 아프로디테에게 속고 있다는 걸 모르고 있습니다.

또한 돈에 대한 유혹만큼 인간을 약하게 만드는 것도 없습니다. 예수님도 자신의 라이벌로 돈을 지목하셨을 정도이니 무슨 설명이 더 필요하겠습니까?

> 한 사람이 두 주인을 섬기지 못할 것이니 혹 이를 미워하고 저를 사랑하거나 혹 이를 중히 여기고 저를 경히 여김이라 너희가 하나님과 재물을 겸하여 섬기지 못하느니라 (마 6:24)

프랑스의 정치 철학자 알렉시 드 토크빌은 부와 풍요를 좇는 자들을 향해서 날카로운 일성을 날렸습니다.

"넘치는 풍요 속에서…… 한 시도 떨쳐버리지 못한 기이한 멜랑콜리."

이 표현은 그가 미국 사회를 묘사한 말이긴 하지만, 그것이 어디 미국에만 한정된 이야기일까요? 어리석은 인간은 부와 풍요가 행복에 목마른 자신의 갈증을 충족시켜 줄 수 있다고 착각하고 있습니다. 그러나 그 결과는 충족이 아닌 '멜랑콜리'일 뿐입니다.

죽을힘을 다해 돈을 벌어 봐야 만족하는 법을 배우지 못하면 그 재물은 아무 소용이 없습니다. 돈을 벌수록 만족한 것이 아니라 더욱더 마음 안에는 공허함이 커지는 것이 사람 마음입니다.

우리가 먹을 것과 입을 것이 있은즉 족한 줄로 알 것이니라(딤전 6:8)

사도 바울의 이러한 외침이 현대인에게 얼마만큼의 영향력을 미칠 것인지 자못 궁금합니다.

"새해에는 부자 되십시오."

인사말조차 돈의 가치로 치환되는 이 세상은 욕망의 폭주 기관차를 타고 절망의 나락을 향해 가는 것과 다름없습니다. 이처럼 우리 시대는 '다산과 부의 여신 아르테미스'에게 장악되었습니다. 심지어 교회까지도 이러한 현상에 편승되어 주님의 몸 된 교회가 정말 소망이 없어 보이기도 합니다. 그렇다면 전쟁은 무슨 동기로 시작될까요? 명분은 항상 그럴듯하게 멋진 법입니다.

"민족의 해방을 위해 일어납시다."

그러나 그 이면에 감추어진 모티브는 더러운 권력의지입니다. 권력의지가 발동하는 메커니즘에 대해서 미국의 신학자 라인홀드 니버(Reinhold Niebuhr)가 정확히 말했습니다.

"인간은 남에게 무언가를 의존하는 무력한 존재라는 느낌을 떨쳐 내기 위해 발버둥 친다."

자신의 한계를 인정하고 하나님께 전 생애를 의뢰해야 함을 인정하기보다는 스스로의 삶과 운명을 계획하고 만들어 갈 권한을 소유하고 있다고 착각하는 존재가 인간입니다. 바로 이러한 생각이 전쟁을 낳고, 그 결과로 비참한 죽음과 파괴를 맞을 뿐입니다. 이렇게 전쟁의 신 아레스는 자신의 혀를 길쭉하게 내밀어 인간을 마음껏 조롱하고 있습니다.

정처 없이 물 위를 떠다니는 부평초보다 인간의 마음 상태를 잘 묘사하고 있는 것이 있을까요? 어제는 아프로디테를, 오늘은 아르테미스를, 그리고 내일은 아레스를 좇아 살다가 허무하게 죽어 가는 존재가 바로 인간입니다.

"인간의 마음은 우상의 공장이다."

존 칼빈은 소름이 돋을 만큼 정확한 표현을 했습니다. 인간의 마음에 끊임없이 양산되는 우상을 막을 방법은 어디에도 없습니다. 욕망의 이름으로 날마다 삶 가운데 찾아오는 우상을 현실화시키는 어리석은 존재가 인간입니다.

하나님이 인간에게 내리신 최악의 벌은 "그들을 마음의 정욕대로 더러움에 내버려 두사 그들의 몸을 서로 욕되게 하게 하셨으니(롬 1:24)"라고 성경은 말하고 있습니다. 결국 정욕의 종착역은 허무와 비참함이 기다리는 곳입니다.

진정한 삶의 의미와 초월적 기쁨은 오직 우리 주 예수 그리스도 안에만 있음을 깨닫는 지혜로운 인생이 되기를 소망합니다.

▎ 마돈나가 도움을 다 주네 ▎

결혼하기 직전에 가장 존경하는 목사님을 찾아뵙고 드린 질문입니다.
"목사님, 결혼의 목적이 무엇입니까?"
저의 뜬금없는 질문에 목사님은 잠시 동안 생각을 정리하신 후 친절하게 말씀해 주셨습니다.
"전도사님, 그리스도인의 결혼 목적은 행복이 아닙니다. 주님밖에 없다는 사실을 깨닫기 위해서 결혼하는 것입니다."
이 말을 들었을 때 저는 적잖이 당황했습니다. 결혼이 환상은 아니더라도, 가장 사랑하는 여인을 아내로 맞이하는 일이 내 삶에 주님밖에 없다는 것을 깨닫기 위함이라니, 너무 허무주의적 발상이 아닌가 하는 생각이 들었습니다. 그러나 목사님의 두 눈은 진지했습니다. 목사님의 진의는 결혼의 허무함을 부추기거나 부각하려는 의도가 아니었습니다. 결혼의 자리로 아직 들어가지 못한 사람은 알 수 없는 깊은 세계의 말을 전해 주고 싶으셨던 것입니다. 가장 큰 기대와 소망을 품고 선택한 그 일이 실현되는 순간에도 자신이 처음에 꿈꾸고 바라본 그 수준의 만족을 맛볼 수 없다는 것이 말씀의 핵심이었습니다.
목사님의 말씀은 결코 자신의 기대가 실현되지 않은 상황에서 오는 좌절을 말하는 것이 아닙니다. 처음에 기대하고 소망한 대로 이루어졌음에도 불구하고 나를 기다리고 있는 것은 뭔가 모를 허전함이더라는 것입니다. 목사님은 결혼이란 사건을 넘어서는 저에게 삶의 객관적 현실을 생생하게 가르쳐 주셨습니다.

그러나 꿈꾼 대로 성취되었음에도 지울 수 없는 이 '삶의 허무함'이란 주제는 그 당시로서는 이해하기 힘들었습니다. 실패가 주는 좌절과 절망감은 몰라도, 의도한 대로 이루어진 인생에 남아 있는 허전함이란 도대체 무엇인지 고민하며 살았습니다. 그런데 뜻밖에도 팝스타 마돈나의 고백을 통해 그 개념을 이해하게 되었습니다.

"나는 성공적인 무대를 만들기 위해서 내 의지를 다 쏟아부었다. 그것의 결과로 성공적인 무대를 가지고 나면 내가 특별한 사람임을 깨닫게 된다. 그러나 그 다음 또 다른 무대에 서면 내가 평범하고 시시한 사람이 된 것 같다. 이런 일이 반복되고 또 반복된다. 고만고만해질지 모른다는 끔찍한 공포심이 내 인생을 움직이는 힘이다. 언제나 그 공포가 나를 몰아붙이고 또 몰아붙였다. 이미 대단한 사람이 되었건만 여전히 나는 대단한 사람임을 증명해 보여야 한다. 이런 나의 투쟁이 끝이 난 적이 없었고 앞으로도 절대 끝나지 않을 것이다."

마돈나의 삶만 이러하겠습니까? 우리의 삶도 동일합니다. 사업의 성공, 취직, 대학 합격, 연애, 출산, 여행 등 거의 모든 삶의 영역에서 우리는 이런 종류의 정서와 감정을 만나게 됩니다. 분명히 의도한 대로 되었는데도 우리의 영혼은 항상 무언가 부족을 느끼고 있습니다.

이런 인간의 현실에 대해서 C. S. 루이스만큼 멋지게 이해하고 표현한 사람을 보지 못했습니다.

"이 세상의 어떤 경험으로도 충족되지 않는 열망이 내 안에 있다면, 아마도 내가 다른 세상 즉, 초자연적이고 영원한 세상에 맞게 창조되었기 때문이 아니겠는가?"

얼마나 놀라운 통찰입니까? 루이스의 말을 답으로 받아들인다면 인생 가운데 경험하는 일정 부분의 공허함과 좌절감은 오히려 하나님의 선물이 됩니다. 그것은 우리들로 하여금 영원한 세계를 동경하며 소망하도록 만드는 촉매제입니다.

하나님은 범죄한 아담에게 이마에 땀을 흘려야 먹고 살 수 있다고 말씀하셨습니다. 현상적인 면만 보면 이것은 저주입니다. 시편 기자의 고백도 그러한 면을 부각시키고 있습니다.

> 우리의 연수가 칠십이요 강건하면 팔십이라도 그 연수의 자랑은 수고와 슬픔뿐이요 신속히 가니 우리가 날아가나이다(시 90:10)

이런 내용으로 삶의 무가치함을 전면에 부각시키는 것은 하나님의 마음의 표층만 보고 있는 것입니다. 생각보다 훨씬 깊은 하나님의 의도를 읽을 수 있기를 바랍니다. 고통스럽고 힘든 노동을 통해 우리가 살고 있는 이 현실과는 다른 세계가 있음을, 그리고 그 다른 세계가 언젠가는 안식이란 이름으로 다시금 주어질 날을 소망하도록 하신 것입니다.

그런 의미에서 생의 한가운데서 경험하는 우울하고, 심심하고, 허전하고, 공허한 감정들은 사실 굉장히 귀하고 복된 것들입니다. 흥분되고 즐거운 경험만을 추구하며 달려가지 마십시오. 어떤 의미에서는 신나고, 즐겁고, 행복한 감정에서 깨닫게 되는 삶의 진리보다 허전하고 공허함이 주는 정서와 감정 속에서 더 많은 것을 깨닫게 됩니다.

그래서 전도서 기자는 이렇게 말하고 있습니다.

슬픔이 웃음보다 나음은 얼굴에 근심하는 것이 마음에 유익하기 때문이니라 지혜자의 마음은 초상집에 있으되 우매한 자의 마음은 혼인집에 있느니라(전 7:3~4)

우리 삶에 닥치는 두려움과 공허함 앞에서 조지 허버트(George Herbert)의 귀한 고백에 동참할 수 있기를 바랍니다. 그는 십자가에 못 박힌 예수님을 바라보면서 이렇게 고백했습니다.

"그대는 내 사랑이요, 내 삶이며, 내 빛이요, 나에게 유일한 아름다움이도다."

천성에 이르는 그날까지 구멍 난 우리의 마음은 온전히 메워지지 않을 것입니다. 성공과 성취 앞에서도 불안과 두려움은 끊임없이 찾아올 것입니다. 그때마다 그런 마음을 예수 그리스도 앞으로 더 가깝게 나오는 계기로 사용하시기를 바랍니다.

| 간섭과 통제의 복 |

영국에 있을 때 우연히 본 BBC의 '실험 방송' 프로그램이 생각납니다. 제가 봤던 실험 방송의 내용은 이러했습니다. 깨끗하고 넓은 집에 15명의 아이들을 일주일 정도 살게 했을 때 어떤 결과가 나오는지 확인하는 내용이었습니다. 기본적인 생활필수품은 제공했습니다. 식사, 장난감, 그림 그리는 도구, 악기 등을 주었습니다. 단지, 어른들의 간섭과 통제가 일체 없는 상태를 유지합니다. 아이들만의 왕국이 된 세상을 확인하기 위해 카메라를 거실과 각 방에 설치했습니다. 아이들을 그 집으로 들여보낸 부모들은 카메라를 통해 자신의 아이가 어떻게 생활하는지를 확인할 수 있었습니다.

결과가 어떠했을까요? 부모들의 입에서 제일 많이 나오는 말은 "오 마이 갓!"이었습니다. 자신의 집에서는 모범적이던 아이가 해방의 분출구에서 벌이는 기이한 행동에 넋을 잃고 만 것입니다.

분명히 아이들이 들어간 집은 새 집이었습니다. 그러나 일주일 만에 이 집은 아수라장이 돼버렸습니다. 약간의 여백이라도 남아 있는 곳은 전부 낙서로 뒤덮였고, 도배는 찢어지고, 계단 난간은 아이들 놀이터로 용도가 바뀌었다가 거의 다 박살이 났습니다. 각 방들도 폐허 수준으로 변했습니다. TV를 보다가 자연스럽게 떠오른 생각은 '아, 바로 이곳이 지옥이구나'입니다. 한마디로 무법천지의 세상이 펼쳐졌습니다. 인간은 자기보다 높은 권위의 존재가 없거나 그런 존재를 인정하지 않을 때 막장으로 갈 수밖에 없는 존재임을 깨닫게 하는 프로그램이었습니다.

인류 역사를 차분히 살펴보십시오. 중세와 근대 사회를 구분 짓는 가장 두드러진 특징을 들자면 합리성입니다. 신화와 신 중심의 사고에서 해방되어 이성이 주장하는 대로 생각하고 실천하는 합리적인 인간과 예측 가능한 사회의 모습, 이것이 근대가 지향한 흐름입니다.

자본주의와 민주주의도 이러한 흐름이 계속되면서 발생된 결과물입니다. 객관적이고 합리주의적 요소를 강조하기 때문에 절대적인 신의 존재를 인정할 수 없게 된 것이 근대에 일어난 계몽주의 사상입니다.

이와 같은 이성 중심 사회의 모습은 역사 안에서 그들의 모습을 구체적으로 어떻게 나타냈을까요? 칼 포퍼(Karl Popper)의 주장대로 자유롭게 토론하고 대화하면서 인간 안의 오류들을 점차적으로 수정해 가면 이루어 낼 수 있다고 한 그 열린사회가 현실이 되었나요?

계몽주의 철학들이 인간의 사상을 지배하기 시작하고 한 세기 정도의 시간이 지난 뒤 인류의 최대 비극인 1차, 2차 세계 대전이 일어났습니다. 인간 이성이 끝없는 진보와 발전을 만들어 낼 줄 알았지만 그 결과는 너무나 비참했습니다.

결국 아도르노(Theodor Wiesengrund Adorno)와 호르크하이머(Max Horkheimer)와 같은 프랑크푸르트 학파 사람들은 계몽주의가 강조한 이

성 중심 사회가 오히려 비이성적 모습을 간직하고 있다고 통렬하게 비판하고 나섰습니다. 신앙적인 관점에서 계몽주의를 비판하자면 그들은 인간의 죄성을 간과한 것입니다. 순진한 계몽주의자들은 이성이 만들어 낸 사회 시스템, 과학 기술의 발달, 합리적 사고 등을 조합하면 이 땅에 유토피아가 올 줄 알았습니다. 그러나 인간의 죄성이 이 모든 것을 한 번에 날려 버릴 수 있다는 것을 간과한 것입니다. 인간의 주권자로서 인생을 다스리시는 하나님의 존재를 인정하지 않을 때 인간은 스스로를 파멸의 길로 몰고 가는 어리석음을 벗지 못합니다.

하나님의 보호와 간섭을 받는다는 것이 얼마나 복되고 귀한 특권인지를 알아야 합니다. 인생을 자기 마음대로 살고 싶은 욕망에 대한 보호와 간섭을 부정적인 것으로 간주하는, 그런 어리석음을 행하지 말아야겠습니다.

어느 목사님의 설교 예화에 등장하는 허클베리 핀과 톰 소여의 이야기는 시사해 주는 바가 많습니다. 허클베리 핀과 톰 소여 중에 허클베리 핀을 부러워하는 것이 인간의 일반적 심리입니다. 톰 소여에게는 두려운 존재인 폴리 고모가 있습니다.

"공부 열심히 해라.", "그만 놀아라.", "씻어라.", "일찍 들어와라.", "방 청소해라.", "………."

톰은 날마다 미칠 것만 같아서 허클베리 핀을 세상에서 가장 부러운 존재로 생각합니다. 그 누구의 간섭도 없이 마음대로 살아가는 허클베리 핀. 이 두 사람 중에 누가 더 행복한 사람일까요? 어리석은 사람들은 허클베리 핀이라고 말하지만 간섭과 통제를 받는 톰이 진정 행복한 존재임을 알아야 합니다. 제한된 시각과 죄성을 가진 인간이 전능자의 간섭과 통제를 받을 수 있다는 것은 엄청난 복을 누리는 것입니다. 하나님의 날개 그늘 아래에서 보호와 간섭을 받는다는 것은 이 세상에서 신자만이 누릴 수 있는 복된 영광입니다. 그런데 우리는 대부분 어리석게도 영적 허클베리 핀이 되고 싶어 합니다.

로마서 1장을 자세히 읽어 보십시오. 하나님을 부정하는 자들에게 하나님이 내리시는 벌이 참 인상적으로 묘사되어 있습니다. 그것은 바로 '내버려 두기'입니다. 결국 온갖 악의 온상이 되는 것입니다.

동성연애, 살인, 불의, 탐욕, 분쟁, 악독 충만……. 객관적 현실이 이러한데도 불구하고 제발 간섭하지 말라고 아우성을 치고 있습니다. 이것이 인간의 정체입니다. 인생이 자기 마음대로 되지 않는 사실이 얼마나 큰 은혜와 복인지 아는 사람이 진정 그리스도를 만난 사람입니다. 만약 우리가 원하는 대로의 인생이 펼쳐졌다면 하나님의 손을 붙잡고 있을 사람이 몇 명이나 될까요?

하나님께 순종하며 사는 삶이 진정 행복한 사람입니다. 그런 삶을 살아낼 수 없다면 그 힘을 달라고 기도하십시오. 하나님의 날개 그늘 아래에서 영원한 안식과 평강을 누리는 복을 얻게 될 것입니다.

| 복이 강림한 인생 |

어느 날 초로의 한 남자가 예배당을 찾아왔습니다. 삶의 고단함에 지친 모습인 그는 누군가와 말을 하고 싶어서 용기를 내어 찾아왔다고 했습니다. 사정을 들어 보니 두 번의 이혼으로 큰 아픔을 가지고 있었고 여덟 번의 교통사고로 한 쪽 다리는 거의 사용할 수 없는 처지였습니다. 딸들의 거처를 알고 있지만 만나 주지 않아 가족에게도 버림받은 고통을 안고 있었습니다. 하루는 그분이 저에게 간곡한 부탁을 했습니다.

"목사님, 딸 아이 전화번호를 드릴 테니 한 번만이라도 만나게 도와 주세요."

간절한 부탁에 전화를 돌렸고 통화가 되었습니다. 하지만 딸은 한사코 통화를 강하게 거부했습니다.

"우리를 버리고 가신 아버지를 더 이상 만나고 싶지 않습니다."

그와 관련된 자세한 사연은 묻지 않았습니다. 그분을 더 비참하게 만들고 싶지 않았기 때문입니다. 그는 교회에 나온 지 약 6개월 만에 낮 예배에서 헌금 송 독창을 했습니다.

"복의 근원 강림하사 찬송하게 하소서 한량없이 자비하심 측량할 길 없도다"

토요일에 맹연습한 결과가 그대로 나타났습니다. 목청도 크고 나름의 박자 감각도 있었습니다. 성도들은 평상시와 다른 분위기의 특송이었지만 한 인생이 회심하고 부른 찬양에 큰 은혜를 받았습니다.

저 역시 강단 뒤에서 특송하는 그분을 바라보며 눈물을 흘렸습니다. 얼마나 큰 은혜로 다가오는지 감정을 다스리기가 힘들고 벅찼습니다. 하나님 앞에 감사하기도 하고 그분에게 고맙기도 하고 복잡한 심경에 잠겼습니다. 찬송이 계속되는 동안 눈을 감고 그분의 인생을 위해 간절한 마음으로 기도했습니다. 시편 기자의 기도가 생각났습니다.

우리를 괴롭게 하신 날수대로와 우리가 화를 당한 연수대로 우리를 기쁘게 하소서(시 90:15)

'하나님, 이제 그만 고단하게 하소서. 더 이상 외롭지 않게 하시고 저분의 손을 꼭 잡아 주소서.' 기도하는 동안 울음이 그치지 않았습니다. 특송이 끝나자 박수 소리가 터져 나왔습니다. 하나님 앞에 찬양하는 것이니 성가대 순서가 끝나거나 특송 이후에 박수를 치지 말라고 여러 번 교육했음에도 불구하고 모두가 함성과 함께 격려의 박수를 보냈습니다. 저도 그 분위기에 휩쓸려 같이 박수를 쳐버렸습니다.

찬송하리로다 하나님 곧 우리 주 예수 그리스도의 아버지께서 그리스도 안에서 하늘에 속한 모든 신령한 복을 우리에게 주시되(엡 1:3)

한 사람의 성공과 실패를 무엇으로 가늠할 수 있을까요? 예수님을 인격적으로 만나 입으로 시인하고 믿는 사람은 그 순간부터 죽는 날까지 '하늘에 속한 모든 신령한 복'이 주장하는 인생입니다. 그리스도 안에 있는 믿음의 형제와 자매의 인생이 다소 초라해 보일지라도 우리의 식견과 관점으로 함부로 평가해서는 안 되는 것입니다.

그분의 인생은 본인이 부른 찬송의 가사처럼 '복이 강림한 인생'입니다. 그가 지나온 인생의 경력과 이력이 아무리 초라하고 보잘것없다 할지라도 그리스도 안에 있는 인생이기에 하늘의 신령한 복을 받아 누리는 사람이 된 것입니다. 이제는 누구라도 그 복된 인생의 걸음을 멈추도록 할 수 없습니다. 주님의 날개 그늘 아래 있는 인생이기에 노래하며 가는 순례자가 되었습니다.

어느 날 그분이 작은 선물을 들고 사택을 방문했습니다.

"목사님, 제가 죽고 나면 장례식만은 목사님이 꼭 집례를 해주세요."

건강이 좋지 않고 그 누구와의 관계도 끊겨 버린 외로운 인생이기에 그렇게 간절한 부탁을 한 것입니다.

하나님이 그분과 저의 삶을 어떻게 인도하실지는 아무도 모릅니다. 다만 그분과 저의 관계가 죽음의 순간까지 계속되기를 바라며 그 외로운 손을 제가 먼저 놓는 일이 없도록 하나님께 기도할 뿐입니다.

| 이것도 다 지나가리라 |

"목사님, 1년 6개월의 투병을 끝내고 딸이 결국 하나님 앞으로 갔습니다. 전 이제 어떻게 하죠?"

"목사님, 남편이 음주운전하다가 오늘 새벽 교통사고로 현장에서 죽었습니다. 지금 그곳으로 가는 길이에요. 기도해 주세요."

"목사님, 최종적으로 회사는 부도 처리가 됐습니다. 저는 당분간 숨어서 지내야 됩니다. 다시 뵙는 날까지 건강하십시오."

"목사님, 태어 날 아기가 다운증후군이래요. 어떻게 해요? 살고 싶지가 않아요."

주변의 여러 목사님과 제 목회 현장에서 실제로 발생한 일들입니다. 압도하는 절망 속에 계신 분들을 만나면 사실상 공황 상태를 경험합니다. 더욱이 저 같은 초보 목회자는 현저하게 떨어지는 노련미로 상담하러 온 성도보다 더 긴장 상태로 안절부절못합니다.

상담은 상대방의 이야기만 잘 들어줘도 50퍼센트는 성공이라고 합니다. 그러나 나머지 절반은 말을 못하고 울음만이 이어지는 시간이기에 귀를 기울여 들을 이야기도 없습니다. 삶의 처절한 고통을 비통의 눈물과 함께 토해 놓는 그 순간, 목회자는 할 수 있는 것이 아무것도 없습니다. 미안하다 못해 안절부절못하는 상황으로 내몰리게 됩니다.

이러한 경우들은 순발력으로 감당이 되지 않습니다. 함께 울거나 핏기가 사라진 처량한 손을 잡아 주는 것 외에는 할 수 있는 것이 아무것도 없습니다.

"집사님, 같이 기도하십시다."

이 말을 하고 싶지만 인간적인 생각에 너무 초라한 말같이 느껴져 입 속에서만 맴돌 뿐 차마 말을 건네지 못합니다. 그 어떤 말로도 위로할 수 없는 엄청난 상황에 모두가 넋이 나가 있습니다. 그러한 처지의 가족들을 향해 얼굴을 맞대고 할 수 없던 말을 글로나마 조심스럽게 표현하고 싶습니다.

존 오웬(John Owen)을 아십니까? 그의 별명은 '청교도 신학의 황태자'입니다. 신학자요 목회자인 그의 가장 두드러진 특징은 방대한 저작이나, 그것보다 더 주목해야 할 것은 그의 신학적 깊이와 세밀함입니다. 그의 책들은 탁월하다는 표현으로는 부족한 그 무엇이 숨겨져 있습니다.

현대 복음주의 신학의 거장들이 존 오웬을 평가하는 말을 한번 들어 보십시오. 제임스 패커(James Packer)는 존 오웬을 평가하기를 '청교도 신학자들 중에 가장 거대한 인물'이라고 했습니다. 고든콘웰 신학교(Gordon Conwell Theological Seminary)에서 40년간 신학을 가르친 로즈 니콜은 '조나단 에드워즈(Jonathan Edwards)보다 더 위대한 신학자'라고 존 오웬을 평가했습니다. 신학자와 목회자로서 받을 수 있는 최고의 칭찬입니다.

그를 신학의 최고 거장 반열에 세운 결정적인 요인은 무엇일까요? 도대체 무슨 특별한 사연과 비결이 있었기에 그 위대한 책들과 신학을 집

대성할 수 있었을까요?

다양한 측면에서 분석하고 이유를 제시할 수 있겠지만 저는 그의 가정사에 비밀이 담겨 있다고 조심스럽게 추측해 봅니다. 존 오웬에게는 고난과 아픔의 세월이 평생을 따라다녔습니다.

그는 메리 룩크(Mary Rooke)라는 여인과 결혼하여 31년을 함께 삽니다. 그리고 그녀와의 사이에 열한 명의 자녀를 얻습니다. 그러나 열한 명의 자녀들 중에 딸 하나를 제외한 열 명의 자녀가 꽃을 피워 보지도 못하고 어린 시절에 하나님의 부름을 받습니다. 남아 있는 딸 하나마저 역시 성인의 문턱에서 하나님의 부름을 받습니다. 그는 열한 명의 자녀 모두 먼저 하나님 앞으로 보냈고 아내마저도 자신보다 8년 먼저 소천했습니다.

어떤 사람의 삶이 이렇게 비극적일 수 있을까요? 가족의 사망 원인은 문헌적으로 확인할 길이 없지만, 이러한 고난의 세월이 그의 사상에 엄청난 영향을 미쳤을 것으로 생각됩니다.

그는 교회 역사상 인간의 죄성에 대해 가장 예리하고 명민한 통찰을 가진 신학자로 평가받고 있습니다. 예리함은 본인이 그 세계를 실제적으로 경험하고 느껴볼 때만 형성되는 능력입니다.

영혼의 어두운 밤을 수도 없이 보내면서 이해할 수 없는 하나님의 섭리 앞에서 얼마나 많은 좌절의 눈물을 흘렸을까요? 하나님의 부재 경험 속에서 하나님과 인간의 삶에 대한 온갖 상념들이 그를 관통했을 것입니다. 자신의 인생에 대한 답을 달라는 간절한 기도가 끊임없이 좌절되는 상황 속에서 그의 안에 자리 잡고 있는 인간의 타락한 본성은 때로는 강력하게 때로는 교묘하게 역사하고 작용했을 것입니다.

그는 인간이 하나님을 포기하는 근원적인 이유를 가장 깊은 차원까지 보았습니다. 자기 자신의 존재의 근원이 흔들리고 하나님의 섭리에 대한 총체적 의심이 영혼을 사로잡았을 것입니다.

"아하, 하나님이란 인간이 만들어 낸 허상이구나!"

하나님의 은혜의 놀라움과 경이로움은 바로 이 자리에서 발견되는 것입니다. 이런 처절한 현실과 거대한 슬픔이 그의 인생을 부정적인 결과로 이끌지 않았다는 것입니다. 이것이 기독교 신앙의 진정한 위대함이요 능력입니다. 그의 영혼에 위기가 될 수 있었던 비참하고 참혹한 시련들이 오히려 하나님과 인간에 대한 깊은 지식을 형성했습니다.

이것이 주님을 만난 자들이 누리는 복이요 영광입니다. 그 어떤 시련과 아픔도 참된 믿음을 소유한 자들의 운명을 흔들 수 없습니다.

하나님은 이해할 수 없는 삶의 고통에 대해 답을 달라는 간절한 탄원도 외면하십니다. 다시금 그 결과로 인한 눈물과 한숨을 한 인생에게 부과하심으로 그의 생각의 깊이를 상상할 수 없는 경지로 인도하십니다. 평범한 삶에서는 형성될 수 없는 하나님과 인간에 대한 이해와 통찰을 죽음의 골짜기를 통과하게 하심으로 완성하십니다.

압도하는 고난에 대한 답을 쉽게 알려고 하지 마십시오. 모든 것은 하나님의 깊은 차원의 섭리와 계획 안에 있습니다. 분명한 것은 거대한 슬픔은 그것 자체가 목적이 아니라는 것입니다. 그 고통의 쓰라림이 계속되고 있는 동안 빅터 프랭클(Victor Frankle 아우슈비츠 수용소에서 생존한 정신과 의사) 박사의 고백대로 눈물과 한숨으로 그 길을 가는 것이 정직한 삶의 태도입니다.

고통 속에서 하나님의 선하신 손길이 나의 생각을 넘어서는 삶의 결과를 이끌고 계심을 믿으십시오. 이 비통한 삶의 현실이 정리되고 이해되는 그날, 좋으신 하나님을 감격과 기쁨의 눈물로 찬양하는 자리에 여러분 모두가 서게 될 것입니다.

우리 구주 예수 그리스도와 먼저 보낸 가족들의 품으로 가던 날, 존 오웬은 다음과 같은 고백으로 우리 영혼에 위로와 권면을 안깁니다.

"나는 이제 내 영혼이 사랑해 왔던 분, 사랑했다기보다는 당신의 영원한 사랑으로 나를 사랑해 주신 분, 내가 받는 모든 위로의 완전한 근원이신 그분께로 가려 합니다. 소망을 품고 끈기 있게 기다리며 낙심하지 마시기 바랍니다. 그분의 약속이 견고하니 하나님은 우리를 떠나지도 버리지도 않으실 겁니다"

간증할 것이 없는 사람이 복된 사람입니다

인생이 거의 저물어 가는 시점에 구주 예수님 앞으로 나온 분들이 있습니다. 귀한 결단입니다. 우리 덕은교회에도 몇 분이 계십니다. 아들의 병 때문에 한 평생 등지고 살던 교회를 향해 발걸음을 돌리신 할아버지가 계시고, 결혼 실패와 자녀들과의 절연의 상처를 안고 살다가 외로움을 이겨 내기 위해 예배당을 찾은 아저씨도 계십니다.

젊은 날을 신앙 안에서 살지 못한 자책과 후회 때문인지 두 분 모두 신앙생활에 아주 열심입니다. 할아버지는 새벽기도회에 매일 참여하십니다. 제가 부임해서 일 년이 되어 가는 지금까지 한 번 빠진 것으로 기억합니다. 할아버지는 젊은 목사를 만나면 입버릇처럼 하시는 말씀이 있습니다.

"내가 진작 교회에 다녔어야 하는 건데……."

진심이 담긴 이 말을 쏟아 놓으면서 그리스도 안에서 살게 된 지금의 현실이 꿈만 같다고 고백합니다. 복된 고백이 아닐 수 없습니다.

하루는 할아버지가 눈물이 글썽글썽한 채로 예배당을 찾아왔습니다.

"할아버지, 무슨 일 있으세요?"

그분은 아무런 말도 하지 않으시고 강대상 맨 앞쪽까지 걸어간 다음 바닥에 무릎을 꿇고 기도를 시작했습니다. 눈물과 함께 쏟아 놓는 기도였기에 그 내용을 알아듣기가 어려웠습니다.

기도를 마치고 저의 손을 붙잡고 말씀하십니다.

"목사님, 동네 후배 녀석들이 나를 놀리잖아."

"엥, 할아버지, 동네 할아버지들이 놀려요?"

사연을 들어 보니 동네에서 함께 자라 온 후배 할아버지들이 우리 할아버지가 교회에 다닌다는 이야기를 듣고 마음이 상해서 직사포를 쏘아 버린 것입니다.

"형님, 교회에 돈 갖다 바친다면서요? 미쳤어요? 우리랑 술이나 마시고 재미있게 지내면 되지, 무슨 그 나이에 교회를 나갑니까?"

한평생을 함께 지내 온 친구이자 동생들이 놀리고 조롱하니 너무 마음이 아파서 하나님 앞에 기도하러 오신 것입니다.

"목사님, 그 놈들이 아무리 놀려 보라고 그래. 난 끝까지 교회 다닐 테니까."

눈물과 콧물이 범벅이 된 상태로 토해 놓으시는 말씀에 큰 은혜를 받았습니다.

"목사님, 내가 일찍 예수님을 믿었어야 하는 건데……. 왜 이리 어리석게 살아왔는지 몰라요."

택시를 운전하는 윗동네의 김 씨 아저씨는 죄만 짓고 살아온 자신의 과거가 한이 돼 이렇게 말합니다.

"목사님, 정말 나쁜 짓 많이 하고 살았어요. 부끄러워 다 말씀을 못 드리겠네요."

그러면서도 몇 가지를 쏟아 놓습니다. 한 편의 드라마를 보고 있는 기분이 들었습니다. 일본으로 도망간 이야기, 장사 이야기, 택시 조합장 선거 이야기, 경마에 빠져서 살던 이야기 등 끝도 없이 흘러 나왔습니다. 결론은 역시 마찬가지였습니다.

"목사님, 미안해요. 제가 조금만 더 젊었더라면 목사님을 더 잘 섬기고 많이 도와드릴 텐데……. 왜 이제야 주님 앞으로 나왔는지 모르겠어요."

두 분의 고백을 들으면서 참으로 많은 생각이 스쳐 지나갔습니다.

인생 말년에 "천부여 의지 없어서 손들고 옵니다"라고 눈물로 고백하는 그 믿음도 귀하고 복되지만, 날 때부터 죽음의 순간까지 하나님의 손에서 양육받고 사는 인생은 얼마나 귀하고 복된 삶일까요?

정서적 감동에 치우치는 국민성 때문인지는 몰라도 한국 교회 성도들은 드라마틱한 인생을 살아온 사람들의 간증을 지나치게 좋아하는 경향이 있습니다. 세간을 떠들썩하게 한 조폭 두목 출신이거나 강력 범죄로 유명세를 떨친 분들의 간증을 듣고 굉장한 은혜를 받습니다. 은혜 받는 일은 좋은 것이니까 시비를 걸고 싶은 마음은 없습니다. 그러나 이런 말을 하시는 분들 앞에서는 할 말이 없어집니다.

"목사님, 저도 저렇게 한 번 살고 싶네요. 저 사람들은 무슨 복이 있어 하나님의 은혜를 저렇게 많이 체험한답니까?"

순간, 요즘 청년들이 하는 말로 멘붕이 찾아옵니다. 극적인 인생을 살아온 사람들의 경험만을 큰 은혜가 임한 삶으로 생각하는 것은 신앙관에 큰 문제가 있는 것입니다. 자극적인 간증에 익숙해져 버린 우리 시대의 성도들은 지극히 평범한 일상에 녹아 있는 하나님의 은혜를 보는 지각이 부족합니다. 아무 일 없이 하루가 지나가는 삶을 은혜로 인식하기보다는 지루하다고 생각하는 것입니다. 암에 걸렸다가 나은 인생이 건강하게 살아온 사람의 인생보다 더 큰 은혜를 받았다고 생각합니다.

어떤 의미에서 간증이란 극적인 회심을 경험한 사람들이 하는 것이 아닙니다. 오히려 그들은 묵묵히 기독교 신앙이 무엇인지에 대해 배우고 익혀야 하는 위치의 사람들입니다.

훔치고, 때리고, 패고, 죽이고, 도망가고, 배신하고, 여자를 데리고 술

마신 이야기가 어떻게 어린 시절부터 그리스도 안에서 살아온 인생보다 귀하단 말입니까? 성도들이 무언가 대단한 착각 속에 살아가고 있는 것입니다.

우리의 어두운 눈이 열려서 그리스도 안에서의 평범한 일상 속에 녹아 있는 하나님의 놀라운 은혜를 볼 줄 아는 신자가 되었으면 좋겠습니다. 비오는 아침, 아이들과 남편을 출근 시켜 놓고 혼자서 마시는 커피 한잔의 여유는 보통 큰 은혜의 현장이 아닙니다.

"엄마, 내가 드디어 해냈어!"

수학을 포기했던 아들이 50점짜리 성적표를 들고 엄마를 향해 달려오는 모습 속에서 하나님의 은혜를 발견할 줄 알아야 합니다. 건강하게만 자라기를 간절히 소원하지 않았습니까? 우리의 기도와 바람을 주님이 들어주고 계신 것입니다. 온 천지가 유혹으로 가득 차 있는 세상에 바람피우지 않는 남편을 둔 은혜가 얼마나 큰 것인지 아십니까? 나 같은 인간을 남편으로 둔 아내가 도망가지 않고 함께 살아 주는 것이 얼마나 큰 복이며 은혜인지 생각해 보셨습니까? 너무나 평범해 보이는 삶속에 때를 따라 도우시는 하나님의 은혜가 녹아져 있는 것입니다. 하나님의 은혜가 아내의 심령에 넘쳐 나고 있는 객관적 증거를 대단한 것으로 확인하려 들지 마십시오. 나 같은 인간과 살고 있다는 것이 충만한 은혜가 역사하고 있는 확실한 증거가 되는 것입니다.

일찍 예수 믿은 덕분에 지극히 평범한 인생을 걸어온 것을 감사하십시오. 나이트클럽 한 번 가보지 못한 것, 맥주 한 번 마셔 보지 못한 것, 결혼 전에 모텔 한 번 가보지 못한 것, 성질대로 하고 싶은데 신앙 때문에 매번 양보하고 살았던 것, 이 남자 저 남자 이 여자 저 여자 마음대로 바꾸어 가면서 자유로운 연애를 하지 못한 것, 결혼생활 끝장 내고 싶은 마음 꾸역꾸역 참으며 지금까지 살아온 것……. 이 모든 것을 재미없는 삶이라고 생각하지 마십시오. 하나님의 은혜가 여러분의 인생에 넘친 분명한 표지들입니다.

평범하고, 극적인 것이 없고, 무미건조하고, 별것 없어 보이는 삶이 사실은 가장 복된 인생입니다. 교회에 가장 필요한 사람이 누구인지 아십니까? 하나님이 주신 은혜를 오랜 기간 누려 본 사람들입니다.

이런 의미에서 본다면 간증할 것이 없는 인생이 가장 복된 사람입니다. 여러분의 인생이 얼마나 존귀하고 복됩니까? 일탈의 경험이 없는 것만큼 큰 은혜가 어디 있겠습니까? 극적이고, 기복이 심하고, 위험을 감수하고, 스릴이 넘친 인생보다 하나님이 주시는 은혜 안에서 평범한 삶을 살아온 것으로 인해 간증하고, 노래하고, 기뻐하는 인생이 되시기를 바랍니다.

나의 출생으로부터 지금까지 나를 기르신 하나님(창 48:15)

죽음의 목전에서 야곱이 하나님 앞에서 고백한 내용입니다. 야곱의 이 고백이 여러분의 고백이 되시기를 축복합니다.

| 나 돌아갈래 |

교단 총회에 가보니 부산침례병원에서 목회자들에게 아주 싼 가격에 건강검진을 해주고 있었습니다. 저는 그동안 총회에 거의 참석을 하지 않았기에 그런 혜택을 누리지 못했습니다. 만 원만 내면 거의 모든 검사를 다 해준다고 해서 친구 따라 검사를 받았습니다. 한 달 정도 지나니 검사 결과가 통보됐습니다. 결과에는 큰 문제가 없었습니다만, 혈압이 약간 높게 나왔습니다. 친구들에게 물어 보기도 하고, 인터넷 서핑도 해보고, 다각도의 정보를 통해 체중 감량에 들어가야겠다는 결론을 내렸습니다.

2012년 10월 말경 저는 키 174센티미터에 몸무게 84킬로그램이었습니다. 약간(?) 살찐 돼지였습니다. 평상시 먹는 밥의 양을 절반으로 줄이고, 하루에 한 시간씩은 무슨 일이 있어도 운동을 했습니다. 처음 2주 정도는 배고픔의 고통이 잠기 어려워 순간순간마다 이를 악물고 냉장고에 있는 당근과 오이로 이겨냈습니다. 그렇게 두 달 반이 넘은 지금 몸무게는 75킬로그램이 되었습니다. 옛날의 몸매를 찾은 느낌입니다. 옷맵시도 살아나고 무엇보다 얼굴이 돼지에서 사람으로 돌아왔습니다. 그래도 아직 갈 길이 멉니다. 아들과 딸이 어디서 주워들은 이야기인지는 몰라도 저의 키에 적정 체중은 69킬로그램이라고 통보해 주었습니다. 문제는 여기까지 오면서 옛날의 그 지점으로 돌아가고 싶은 유혹에 끊임없이 시달린다는 것입니다. 마음을 다해 사랑한 라면을 아이들끼리만 먹는 모습을 지켜보면서 다 때려치우고 싶었던 적이 한두 번이 아니었습니다. 금요 심야 기도회 이후에 항상 폭풍 흡입했던 피자나 치킨을 끊고 나니 웃음과 수다의 즐거움도 잊어 버렸습니다.

"지호야, 그냥 자라. 아빠도 그냥 잠이나 자련다."

배고픔의 고통은 잠만이 달래주더군요. 금요일 밤마다 지하실에서 아들과 축구 경기를 하는 즐거움도 다 날아가 버렸습니다. 이렇듯 심적인 측면에서 보자면 체중 감량이 꼭 좋은 것을 제공하지는 않았습니다. 하루에도 수십 번 옛날 그 자리로 돌아가고 싶습니다. 마음껏 한번 먹어 보고 싶은 달콤한 유혹이 하루에도 수차례 마음을 흔듭니다.

'회복 탄력성'이라는 말을 들어 본 적이 있습니까? 물리학 용어지만, 일반적으로는 '고난이나 시험 앞에서 다시금 일어서는 힘이나 능력'을 의미하기도 합니다. 멋지고 긍정적인 말입니다. 그런데 이 말이 체중 감량의 길을 가는 사람에게도 그대로 적용됩니다. 의사 선생님이 우리 몸은 본인이 찍은 최고점의 몸무게 자리로 다시금 돌아가도록 끊임없이 우리 자신을 유혹한다는 말을 하시는 것을 들었습니다. 이 말이 제게는 진리로 받아들여집니다. 물론, 과거의 몸무게가 그리운 것이 아니라 먹고 싶은 것들 때문에 일어나는 것입니다.

주님을 섬기는 일에도 이러한 원리가 적용됩니다. 그리스도를 처음 만난 그 기쁨을 어디에 비교할 수 있겠습니까? 구름 위를 걷는 듯 그 감미로운 감정은 주님을 인격적으로 만나 본 사람만이 누릴 수 있는 선물입니다. 기쁨과 감격의 눈물로서 우리의 죄를 고백하면서 오직 주님만을 위해 살겠다고 다짐한 첫사랑의 시간을 우리는 잊지 못합니다. 그러나 그것도 잠시입니다. 신앙의 여정에서 믿음의 길을 가면서도 나도 모르는 사이에 '애굽 시절'을 그리워합니다. 바로 '역-회복 탄력성'이 작동하기 시작하는 것입니다. 이것은 꼭 신앙을 버리는 형태로만 나타나지 않습니다. 교회 안에서 애굽 시절의 행실을 유감없이 펼쳐 보이는 것입니다.

이것을 어떻게 설명하면 좋을까요? 예수 믿기로 결단하면서 술, 담배와 세상의 친구들과 절연을 선언하는 분이 많습니다. 예수님을 믿겠다는 자신의 진정 어린 표현이기도 하고 전통적으로 교회 안에서 새 가족들에게 암묵적으로 요구하는 행습이기도 합니다. 문제는 술, 담배를 끊고, 세상 친구를 끊은 그 놀라운 결단력이 교회 안에서 일정 시간을 보내고 난 다음, 당파를 짓고 싸움을 주도하는 일에 사용되더라는 것입니다. 쉽게 말해, 놀이터가 세상에서 교회로 달라졌다고 해서 한 사람의 기질과 사는 방식이 쉽게 온전해지지는 않습니다. 우리 안에 자리 잡고 있는 '역-회복 탄력성'은 지속해서 그 형태와 스타일을 바꾸어 가며 신자들을 과거의 행실로 돌이킨다는 사실을 반드시 기억해야 합니다.

티머시 켈러(Timothy Keller)가 쓴 《거짓 신들의 세상》에 보면 인상 깊은 이야기가 소개돼 있습니다.

제임스라는 한 청년은 예수 믿기 전에 유명한 난봉꾼이었습니다. 이 여자 저 여자를 바꾸어 가면서 문란한 성관계를 가지며 살았습니다. 성관계를 하고 나면 흥미를 잃어버리고 다른 여자를 찾아 나서는 생활을 계속했습니다. 어떤 여자와도 잠자는 힘과 능력을 갖춘 존재라는 사실을 부각하고 싶었던 것입니다.

그런 난잡한 생활을 거듭하다가 전도가 되어 그 모든 생활을 청산하고 예수쟁이가 되었습니다. 전도 활동도 열심히 하고 교회 일에도 대단히 열심히 섬겼습니다. 그러나 일정 시간이 흐르고 난 뒤 교회 안에서 그의 행실은 매사에 논쟁적이고, 모든 대화에서 자신이 주도권을 잡아야 하고, 리더로 선정되지 않았음에도 항상 앞장서야 직성이 풀렸습니다. 그가 가는 곳은 항상 싸움터로 변해 버린 것입니다.

티머시 켈러는 이 청년에 대해 이렇게 평가합니다.

"그는 자신의 의미와 가치를 그리스도한테서 찾은 것이 아니라 여전히 다른 사람들 위에 군림함으로써 찾으려고 했다. 그래야만 살아 있다는 것을 실감할 수 있었던 것이다. 그의 권력이 성적 형태에서 종교적 형태로 바뀐 것뿐이다."

여러분은 어떠한가요? 혹시 내 힘과 능력을 마음껏 발휘하며 놀 수 있는 놀이터만 달라져 있지 않습니까? 죄의 무서움은 그것이 거룩한 영역에서 더 큰 힘을 발휘한다는 사실입니다. 무엇보다 그 포장술은 상상을 초월합니다. 사탄은 우리에게 "놀이터가 교회이니 안심하라"라고 부추깁니다. 이런 궤휼에 속아서 살고 있는 사람이 얼마나 많은지 모릅니다. 교회 일이라는 명분을 내세우면서 온갖 추잡스러운 일을 감행하고 있는 것입니다. 이들은 교회 일이기에 주의 일을 하고 있다는 착각 속에 살며, 제 딴에는 주님 앞에 충성하고 있고, 선한 일을 위해 고난을 받고 있다고 생각하는 것입니다.

교회 일이 주의 일이 아닐 수 있고, 교회 안이 그리스도 안이 아닐 수 있다는 사실을 반드시 명심해야 합니다.

개가 그 토한 것을 도로 먹는 것 같이 미련한 자는 그 미련한 것을 거듭 행하느니라(잠 26: 11)

이 말씀이 교회 밖에서만 성립된다고 착각하는 사람이 많습니다. 하나는 알고 둘은 모르는 사람입니다. 자신의 결단력과 지도력이 교회 분열을 이끄는 힘으로, 자신의 부드러움 성품이 불의의 현장 속에서 침묵하는 모습으로, 자신의 열심이 다른 사람들을 질식시키는 힘으로, 자신의 충성스러움이 "난 무슨 일이 있어도 장로와 권사가 되어야 해!" 이런 명예욕으로 바뀔 수 있다는 사실을 늘 염두에 두면서 살아야 합니다.

그리스도 밖에 있던 그 시절의 행실이 교회 안에서 교묘한 형태로 다시금 나타날 수 있음을 항상 기억하십시오. 또한 별다른 노력 없이도 역-회복 탄력성을 충분히 갖춘 존재가 우리 자신임도 명심하십시오. 이런 이유들로 우리 모두는 두렵고 떨림으로 자신의 구원을 이루어 가는 자리로 부름 받고 있는 것입니다.

┃ 영어 전치사와 사람의 공통점 ┃

영어 공부를 꾸준히 하다 보면 어느 수준으로 실력이 늘게 될 때가 있습니다. 리딩 속도도 빨라지고, 답답했던 혀도 조금씩 풀리고, 귀도 뚫립니다. 영어에 대해 자신감이 찾아오는 그때 맞닥뜨리는 무서운 난제가 전치사라는 놈입니다. 영어 초보들에게는 한국말의 조사 정도로 인식될지 모르지만, 훨씬 깊은 내용이 전치사에 포함돼 있습니다. 전치사에 대한 네이티브(native)들의 감각을 우리가 소유하기란 쉽지 않습니다. 지극히 개인적인 생각이지만 영어 정복의 마지막 능선이 전치사가 아닐까 생각합니다.

저 역시 형편없는 영어 실력을 가지고 있는 사람이지만, 공부하면서 영어 전치사의 속성에서 아주 재미난 점을 발견했습니다. 조금 어려운 말로 하면 '작용과 반작용'의 원리가 전치사 안에 담겨 있습니다. 대표 의미와 속성 외에 그것과 상응하는 정반대 의미와 속성을 동시에 지니고 있는 것이 전치사입니다. 한마디로 '이랬다가 저랬다가' 하는 성질이 전치사 안에 있습니다.

예를 들어, 'to'를 보십시오. 'to'의 가장 기본적인 속성은 '이동하여 붙는다'입니다. A지점에서 출발해 B지점으로 가서 달라붙는 성질을 가진 것이 'to'입니다. 한번 보실까요?

He went to America by airplane. (도착)

I gave the book to him. (귀속)

This house belongs to my brother. 이 집은 형님의 소유이다.

The girls danced to lively music. 그 소녀들은 음악에 맞춰 춤을 추었다(이 문장 안에는 음악과 소녀가 완전 하나가 되었다는 의미가 내포돼 있습니다).

위의 예문들은 모두 이동해서 특정한 공간이나 사람에게 물리적 내지는 심정적으로 '달라붙음'을 표현하고 있습니다. 달라붙음의 속성을 가장 명확하게 보여 주는 숙어가 'be married to'(결혼하다), 'be engaged to'(약혼하다)입니다.

신기한 것은 이러한 'to'의 속성은 이제까지 보여 준 성질과는 정반대의 모습을 또한 보여 준다는 사실입니다.

His parents objected to the marriage. 그의 부모는 그 결혼을 반대했다.

I am opposed to the plan. 나는 그 계획에 반대했다.

He sprang to his feet, and ran away. 그는 벌떡 일어서서는 달아나 버렸다(반동).

이번에는 'to'가 '배척 내지는 거부 의사'를 표현하고 있습니다. 밀어내고, 배척하고, 거부하는 이미지를 생생하게 전달해 줍니다.

결론을 내리면, 영어 전치사 'to' 안에는 정반대의 두 가지의 속성 즉,

'달라붙음과 밀어냄'이 공존합니다. 사실 전치사 이야기를 하려고 이렇게 긴 설명을 드린 것은 아닙니다. 우리의 교회생활이 전치사 녀석과 너무도 닮은 것 같습니다. 처음에는 얼마나 열심히 교회를 섬기고 적극적인지 모릅니다. '살면 충성, 죽으면 영광'을 구호로 외치면서 죽을힘을 다해 교회 일에 충성합니다. 신앙생활이 너무나 행복하고 재미있습니다. 그러다가 복병을 만납니다. 성장의 중요한 고비에서 '인간 실체'라는 무서운 존재를 조우합니다. 영어의 초보가 영어 전치사를 국어의 조사 정도로 잘못 인식했다가 어려움에 봉착하듯이, 우리 역시 교회 안의 사람들을 '천사들'로 이해하다가 천사와 반대되는 의미의 '인간'을 만나고서 실망과 좌절의 골짜기로 내려갑니다.

교회라는 공간만큼 사람들에게 많은 상처를 입히고 받는 곳이 없을 것입니다. 상처 받는 일의 '백화점'이 교회입니다. 성가대, 여전도회, 남전도회, 목사님, 사모님, 재정부 등 이 모든 곳이 상처를 만들어 내는 공장입니다. 심지어 대의를 품고 같은 마음으로 나선 교회 개척에서도 아픔을 맛봅니다. "우리는 죽을 때까지 같이 가는 거다." 서로를 향해 던진 이 비장하고도 엄숙한 진심도 세월을 이기지 못하고 수그러드는 경우가 얼마나 많은지 모릅니다. "사람이 변했어. 뭐가 그리도 초조한지. 우리 목사님도 드디어 사람들 수에 연연하기 시작하시네. 처음에는 저런 분이 아니었는데······. 사람이 어떻게 저렇게 변할 수가 있지?"

하지만 절대 아닙니다. 충분히 그럴 수 있습니다. 한 사람에 대한 우리 각자가 가진 판단과 평가는 실은 지극히 제한된 정보와 인식에 의존하고 있습니다. 무엇보다 우리의 시각이 삐뚤어져 있습니다. 우리는 한 사람을 좋은 사람과 나쁜 사람으로 판단하는 '인식의 수준'이 지극히 편협하고 주관적입니다. 사실, 한 사람이 교회 안에서 보여 주는 모습은 굉장히 연출돼 있는 것임을 기억해야 합니다. 우리의 이상과 바람은 언제 어디서나 동일한 모습으로 서 있지만 그렇게 살고 있는 사람도, 그렇게 살 수 있는 사람도 별로 없습니다.

특정 순간과 사건으로 인해 나타나는 그 사람의 본질적 모습을 보고 "사람이 변했군!" 그렇게 말하면 안 됩니다. 사실은 처음부터 그런 사람인 것입니다. 이 말은 원래 그런 인간이었기에 더 깊은 분노를 쏟아부으라는 말이 결코 아닙니다. "저 사람에게 저런 기질도 있었구나!" 이렇게 이해하고 넘어가셔야 된다는 말입니다.

솔직히 말해 우리는 모두 다 그렇게 살고 있습니다. 우리는 다 카멜레온같이 수시로 변하는 존재들입니다. 다만, 주변에 있는 분들이 고상한 인격으로 누른 채 우리가 상처 받을 만한 표현을 하지 않을 뿐입니다. 정말 궁금하신 분들은 주변 분들에게 물어 보십시오. "너를 보면서 사람은 전폭적인 신뢰의 대상은 될 수 없고 사랑의 대상이라는 것을 절감하고 있다"라고 말해 주실 겁니다.

사람에 대한 실망으로 교회를 옮기시거나, 봉사를 포기하거나, 헌금을 중단하지 마십시오. 더럽고 아니꼽더라도 계속하셔야 합니다. 더러워서 안 하는 사람보다 더러워도 감당하는 사람의 믿음이 훨씬 귀합니다. 실상 새로운 교회나 공동체를 찾아 나서도 1년 안에 똑같은 상황을 만날 것입니다. 해 아래 우리의 마음에 온전한 만족을 줄 곳은 그 어디도 없습니다. 사람을 용납하고, 있는 그대로 수용하는 과정을 통해서만 한평생

변덕쟁이로 살아온 우리의 모습을 비로소 발견할 수 있습니다. 시간이 흘러 죽음을 목전에 둔 상황에서 대부분의 사람이 후회의 눈물을 흘리는 이유는 어떠한 일을 이루어 내지 못한 것 때문이 아니라 누군가를 용서하고 이해하지 못한 기억 때문일 것입니다.

"아, 주님! 저도 똑같은 인간이었군요."

이 고백을 진심으로 올리는 자만이 기독교 신앙의 진정한 깊이를 맛본 사람입니다.

사람은 사람들을 통해서만 사람이 됩니다

세월이 쌓여 만들어진 감정의 골은 쉽게 사라지지 않습니다.

"우리 속 시원하게 다 까놓고 한번 이야기해 보자."

최후의 수단으로 이런 방법도 사용해 보지만 그 효과는 미미합니다. 신용과 믿음은 거울과 같아서 한번 금이 가버리면 원상 복구가 거의 불가능합니다. 그래서 관계를 회복하기 위해 동원하는 인위적인 방법들이 긁어 부스럼이 되는 경우가 얼마나 많은지 모릅니다.

이제 다른 방법이 없기 때문에 한 공간에서 그냥 살아갑니다. 그 대상이 남편과 아내일 수도 있고, 한 교회에서 신앙생활 하는 성도일 수도 있습니다.

"저 인간 제발 내 시야에서 좀 사라지면 좋겠는데……."

갈등하고, 불면의 밤을 지새우고, 용서했다가 다시 원점으로 돌아가기를 수없이 반복합니다. 용서하고 용납하는 것이 명백한 주님의 뜻인 줄 알지만, 내 믿음과 현실의 자리에서는 적용할 동력을 얻지 못합니다. 오히려 용서의 명령이 자신 안에서 수용되지 않는 현실로 인해 자기 자신에게 실망하는 일까지 벌어집니다. 자신이 진정한 '신자'인지조차 의심이 드는 순간까지 내려가는 것입니다. 관계가 완전히 박살이 나든지, 아니면 해결이 되든지 어떤 식으로든 해결이 되었으면 좋겠는데 하나님의 도움과 역사는 찾아보기가 힘듭니다. 하나님은 '어색한 동거'를 계속해서 유지하도록 하십니다.

제한된 우리의 시각으로는 이를 이해할 수 없습니다. 그러나 하나님의 깊은 섭리와 계획은 그러한 부분에서도 세심함을 잃지 않고 역사하십니다. 개인적으로 하나님이 불편한 관계를 지속시키시는 이유에 대해 깨우침을 얻게 된 계기가 있었습니다. 대단한 사건은 아니었습니다.

남아프리카 공화국 호사족의 속담 중에는 "사람은 사람들을 통해서만 사람이 된다"라는 말이 있습니다. 내가 그토록 바라던 소원인 "저 인간을 내 눈에서 사라지게 하옵소서"의 간청을 외면하신 하나님의 깊은 뜻은 바로 여기에 있었습니다. 나 자신이 도저히 용납하고 수용할 수 없는 그 사람과의 불편한 동거를 함께하는 과정 속에서 '내 안에 도사리고 있는 죄의 깊이와 넓이'를 발견하게 되는 것입니다. 그제야 비로소 나라는 인간이 누군가를 용서해 줄 만한 위치에 있는 사람도 아니고, 용서할 능력을 지닌 존재도 아님을 알게 되는 것입니다. 이렇게 자신의 못남과 죄의 크기를 실감한 사람만이 자기 자신부터 하나님과 누군가의 긍휼과 용서 때문에 삶을 유지하고 있는 존재임을 처절하게 깨닫게 됩니다. 이 사실이 자신의 영혼에서 동의될 때 마음 문이 열리게 되는 것입니다.

필립 얀시(Philip Yancey)의 말을 들어 보십시오. "자기 자신을 풀어 주라." 그는 자신의 책에서 '용서하다'의 헬라어 의미를 이렇게 포착해 냈습니다. 얼마나 놀라운 말씀입니까? 누군가를 감정적으로 밀어내고자 하면 할수록 자기 자신이 더 깊은 수렁과 감옥 속으로 빠져든다는 이 간단한 사실을 마음에 새기기를 소망합니다. 원수 같은 존재를 향해서 "당신은 저 같은 사람을 진정한 사람으로 만들어 주셨습니다. 고맙습니다" 이렇게 고백할 날이 속히 올 수 있기를 빕니다. 그 지점에 가서야 비로소 고통스런 감정의 감옥에서 자신을 놓아주게 되는 것입니다. 우리 주님께서 이러한 은혜를 넘치도록 부어 주시기를 소망합니다.

| 눈물 속에 피는 꽃 |

　우리 민족은 정서적인 감동을 굉장히 중요하게 여깁니다. 이런 경향을 '좋다', '나쁘다' 평가하는 것은 각 사람의 몫인 것 같습니다. 다만 이러한 성향이 신앙의 영역에도 침투해 들어와서 성경적인 방향과 목표에 부정적인 영향을 주고 있는 것이 굉장히 우려스러운 일입니다.

　한 번은 저의 아들과 딸을 연합 수련회에 보낸 적이 있습니다. 좋은 프로그램과 강사님들을 통해 많은 은혜를 받고 돌아왔습니다. 그런데 수련회를 다녀온 후 사소한 문제 때문에 둘 사이에 말다툼이 벌어졌습니다. 항상 말 펀치는 딸의 것이 조금 더 강력합니다.

　"아빠, 오빠가 자꾸 거짓말을 해요!"

　딸아이의 말인즉 수련회 기도회 시간에 오빠는 조금밖에 울지 않았고 자기는 정말로 많이 울었는데, 그 사실을 오빠가 거꾸로 이야기한다는 것이었습니다. 그것이 억울해서 다시 울고 있는 딸아이를 향해 한마디를 던졌습니다.

　"장하다. 유 윈(You win)! 흐흐."

　회개의 눈물은 쏟았지만 삶은 전혀 변하지 않는 이런 모습을 어떻게 이해하고 받아들여야 할까요? 삶이 따라 주지 않는다고 해서 그 당시에 흘린 눈물을 '종교 쇼'로 깎아내리고 싶은 마음은 추호도 없습니다. 그러나 분명하게 말씀드릴 수 있는 것은 이런 식의 신앙적 태도는 권할 만한 것은 결코 아니라는 것입니다. 이런 종류의 일이 비단 어린 아이들만이 가지고 있는 고질병일까요? 사실은 어른들의 신앙적 경향도 비슷합니다. 우리 역시 삶으로 살아 내는 신앙보다는 눈물로 선보이는 믿음에 익숙합니다. 왜냐하면 그것이 훨씬 쉽기 때문입니다.

그러나 진정한 회개는 그것이 아무리 진실한 마음에서 터져 나온 것이라고 해도 하룻밤 울고 울부짖는 것으로 증명될 수는 없습니다. 엄밀하게 말하면, 찬양 집회나 예배 시간에 흘린 눈물이 단순한 감정적인 폭발인지 참된 은혜의 역사인지를 판가름할 수 있는 유일한 척도는 예배당 문을 박차고 나가서 펼쳐 보이는 삶으로만 증명이 되는 것입니다. 신앙적 결단을 내린 그 다음 날, 진실한 눈물로 삶의 변화를 주님께 약속드린 그 다음 날, 새로운 인생을 살겠다고 결심하고 기도원을 내려온 그 다음 날, 우리는 아이러니하게도 더 혹독한 삶의 현실을 마주하게 됩니다. 우연의 일치라고 보기에는 너무나 많은 성도가 이런 현상을 경험합니다.

"목사님, 어제 설교에 큰 은혜를 받고 집에 갔는데 남편이 성질을 건드려서 다 뒤집어엎어 버렸어요. 은혜 받은 것 다 쏟아 버렸습니다."

우리가 한 번씩은 토해 놓는 고백이 아닙니까? 이것은 사탄이 우리를 시험하는 것이 아닙니다. 사실은 하나님 아버지의 따뜻한 배려입니다. 믿음을 증명할 멋진 기회를 주고 계신 것입니다. 받은 은혜가 참된 것이라면 세상을 이길 수 있는 능력이 그 안에 포함되어 있는 것입니다. 문제는 우리가 쏟아 놓은 그 눈물과 결심이 은혜의 역사로 터져 나온 것이 아니라 하나님과의 신앙적 거래를 시도한 것일 때가 너무도 많다는 것입니다.

"하나님, 이 눈물과 이 진심 어린 결단을 들으시고, 견딜 수 없는 사람, 환경, 여건을 속히 바꾸어 주옵소서!"

우리는 혼자서 북치고 장구를 쳐버립니다. 한마디로 일방통행입니다. 진실한 마음으로 울고 기도했으니 예배당이나 기도원을 내려가면 모든 것이 달라져 있을 것이라고 자신을 향해서 종교적 최면을 걸어 버립니다. 그러나 예상과는 너무나 다른 현실이 우리를 기다리고 있습니다. 이 지점에서 신자들의 내면은 깊은 상처를 경험하게 됩니다.

"에이 쌍, 예수 믿고 울고불고 해봐야 다 소용없구먼!"

단언하건대 결단코 아닙니다. 예수 믿으면 반드시 능력이 나타납니다. 기독교 신앙을 오해하고 있는 그 사람이 문제이지, 신실하신 하나님은 늘 우리에게 좋은 것 주시기를 기뻐하시는 분입니다. 하나님이 허락하시는 참된 은혜의 역사는 당면한 문제를 사라지게 하는 마술이 아닙니다. 은혜는 그 아무리 고통스러운 삶의 현실이 몰아치더라도 넉넉함으로 그것을 이겨 낼 수 있게 하는 능력입니다. 이것이 세상이 흉내 낼 수 없는 믿음의 정체입니다. "십자가 지신 그리스도만 있다면 그 어떤 것도 포기할 수 있고, 견딜 수 있고, 참을 수 있습니다"의 자리로 우리를 인도합니다.

받은 은혜로 우리가 짊어져야 할 신앙적, 현실적, 경제적인 삶의 여건이 가벼워질 것이라는 착각 속에서 빠져나와야 합니다. 예배당 문을 나서 집에 도착하자마자, 우리의 원수(?)인 남편, 아내, 시어머니, 아들과 딸 등은 우리의 신경과 감정에 더 많은 상처를 낼 것입니다. 그들의 발광은 내가 흘린 눈물의 기도로 사라지는 것이 결코 아닙니다. 흘린 눈물 안에 담긴 참된 믿음이 표현될 때 그 '지랄병'이 또 다른 '회개의 눈물'로 바뀌게 되는 것입니다. 그 항복을 받아 내기까지 주님이 허락하신 은혜의 눈물로 소망 중에 인내하며 믿음의 길을 가야 합니다.

제가 알고 있는 형님 한 분도 형수님과의 관계 악화로 고민하여 기도원을 찾았다가 큰 은혜를 받고 내려오셨습니다.

"김 목사, 나 이제 이름도 바꿨다. 기도원에서 정말 많이 울었어. 술, 담배도 끊었지만, 그것보다 오늘부터 난 이름을 김바울로 바꾸고 그렇게 살 거야."

최소한 진심으로 느껴졌습니다. 기분 좋게 식사를 하고 헤어진 형님으로부터 전화가 왔습니다.

"내가 이 인간을 잡아서 죽여 버릴 거야. 애들을 남겨 두고 도망갔어."

우리에게도 나타날 수 있는 삶의 현실입니다. 흘린 눈물과 진심 어린 신앙적 결단을 자랑하지 마시고 그 눈물과 결심이 헛것이 되지 않도록 도와달라고 다시 기도하는 사람이 되십시오. 우리의 눈물과 결심에 스스로 속은 적이 얼마나 많습니까? 그러나 그것을 너무 무시하지도 마십시오. 믿음의 중심을 보시는 주께서 그 눈물을 통해 우리의 삶 속에 아름다운 믿음의 꽃을 피우실 것입니다. 그 복된 날 제대로 한 번 울어보십시다.

| 우리가 부름 받은 자리 |

우리 덕은교회에 할머니 집사님이 한 분 계신데, 평생의 기도제목이 할아버지가 교회 출석해서 예수님을 믿는 것입니다. 집사님 댁으로 심방을 갔습니다.

"할아버지, 우리 집사님과 같이 교회 좀 나오세요."

할아버지를 너무 만만하게 봤습니다. 그 시간부터 일장 연설이 시작되었습니다. 자신이 평생 기독교 신앙을 거부한 이유를 역사적으로, 논리적으로, 철학적으로 풀어내시는데 인문학 강의를 듣는 기분이 들 정도였습니다. 굉장한 분이었습니다. 결론은 간단했습니다.

"나는 예수 안 믿어도, 믿는다고 말하는 너희들보다 경제적으로 윤리적으로 인간적으로 훨씬 나은 삶을 살 수 있다."

도리어 한 편의 설교를 듣고 집으로 돌아왔습니다.

할아버지를 만나고 돌아온 뒤 차분히 나눈 대화를 복기해 보았습니다.

"그리스도를 알지 못하는 인간은 '자기 의'에 한평생 사로잡혀 살다가 죽는구나!"

이것이 제가 내린 결론입니다. 믿지 않는 자들의 저 당당한 자신감은 어디에서 나오는 것일까? 더 나아가 왜 비기독교인들은 자신이 더 나은 삶을 산다는 자신감을 저토록 강하고도 모질게 표현하는 것일까? 하루

종일 이런 생각이 저를 사로잡았습니다.

할아버지의 반응을 교회와 신자들을 향한 '강력한 방어기제'의 발동으로 본다면 우리 쪽에서 무언가 먼저 치고 들어간 공격의 내용이 있었던 것이 분명합니다.

"예수 믿으면 행복하게 되고 충만한 복을 받습니다."

이런 메시지들이 저들의 영혼에 먼저 던져진 것입니다. 하지만 저들은 이렇게 반격합니다.

"내가 너희들 꼴을 보니 한숨이 절로 나온다. 그 정도 수준이라면 얼마든지 덤벼라. 너희들이 믿는 그 하나님이란 존재의 힘과 능력이 그 정도밖에 되지 않는다면 하나님은 나보다 한 수 아래인 것이 틀림없다"

신자들은 이러한 반격을 견디지 못합니다.

"하나님, 제발 초라하지 말게 하옵소서. 이게 뭡니까?"

이렇게 나오는 것입니다.

사실, 하나님을 떠난 인간도 자신의 피땀 어린 노력으로 삶을 풍요롭게 가꿀 수 있고, 일정 부분의 기쁨도 얻을 수 있고, 나름의 안전망도 만들어 낼 수 있습니다. 그러나 그 속에는 생명과 진리가 들어 있지 않는 것입니다. 그런데도 우리는 그들의 성공이 그렇게도 부러운 것입니다. 그들 앞에 조롱과 멸시를 당하는 비참한 삶을 견디지 못합니다. 결국에는 허망하게 사라질 안개와 같은 세상의 성취를 이루지 못한 데 좌절하며 이렇게 울부짖고 있는 것입니다.

"하나님, 딱 한 번만 자존심 좀 세워 주십시오!"

자기가 처한 현실에서 탁월한 능력을 다른 이들에게 분명하게 보여 주는 것으로, 그리고 그것에 겁을 먹거나 부러움의 고백을 받아 내는 것으로 기독교 신앙을 멋지게 한번 사용해 보고 싶은 것입니다.

"이것들아! 내 뒤에 누가 계신지 아느냐?"

이 소리를 마음껏 한번 질러 보고 싶은 것입니다.

그러나 하나님은 신자의 인생을 그런 식으로 인도하시지 않습니다. 이 현실이 우리의 딜레마요 인생의 수수께끼입니다.

"하나님, 제가 잘되면 하나님의 이름도 높아지지 않습니까? '일타이피'라고요."

우리의 간절한 아우성에도 하나님은 움직이지 않으십니다. 성공이 주어졌을 때 함께 동반되는 죄악의 내용들과 성공이 지니는 위험성을 무시하려는 경향성을 가진 우리들을 하나님은 세심하게 보살피십니다. 앞을 훤히 내다보시는 하나님이 가장 적절한 삶의 내용과 현실을 우리에게 제공하고 계신 것입니다.

세상 사람들이 자신의 힘과 능력으로 이루어 내는 그 내용을 하나님의 능력을 통해 이루는 것을 기독교 신앙이라고 착각하지 마십시오. 하나님 안에서의 성공은 세상적인 가치와 기준으로 확인되고 평가되는 것이 아닙니다. 무엇보다 하나님은 인간들의 '자기 의와 자기 증명'의 수단으로 동원 가능한 존재가 아닙니다. 하나님은 세상에서의 탁월함을 통해 하나님의 존재를 증명하는 자리로 우리를 부르시지 않습니다. 우리의 잘됨을 통해 세상은 결코 하나님 앞에 항복하지 않습니다. 사촌이 땅 산 것처럼 배 아파하며 이렇게 욕할 뿐입니다.

"개독들, 무슨 개수작 부려서 저렇게 잘 먹고 잘 사는 거야?"

정작 하나님의 관점은 정반대일 수도 있다는 사실을 기억해야 합니다. 우리가 이 세상에서 잘되는 방식만이 불신자의 영혼에 잔잔한 도전을 던지는 것이 아니라는 말입니다.

"와! 저 사람은 삶의 형편이 저 모양인데도 신앙을 놓지를 않네. 도대체 뭐가 있기에?"

이런 분들이 의외로 많다는 사실을 기억해야 합니다.

선교사 짐 엘리엇(Jim Eliot)을 보십시오. 아우카족 식인종들에게 습격당해 죽기 전 그의 손에는 권총이 있었습니다. 권총을 몇 방 당기면 얼마든지 그는 살 수 있었습니다. 그러나 그는 권총을 버리고 불쌍한 저들의 흉포함에 살해되는 길을 택합니다. 능력이 아우카족을 항복시킨 것이 아니라 세상이 흉내 낼 수 없는 '자원하는 고난 받음'이 아우카족으로 하여금 하나님이란 존재를 생각하게 만들었습니다.

힘과 성공으로 기독교 신앙의 우월함을 증명하려는 시도는 더 큰 도전과 파장을 몰고 올 뿐입니다. 압도적인 희생과 눈물이 끊이지 않는 비참한 현실, 그러나 그 속에서조차 최후 승리를 확신하고 노래하면서 걸어가는 신자의 인생살이가 세상을 감동시키는 것입니다. 우리가 살아온 인생을 통해서 싸워야 할 믿음의 싸움은 '자존심 세우기'가 아닙니다. 하나님의 은혜의 필요성을 절박하게 깨닫는 것과 그 은혜가 없이는 '자폭'할 수밖에 없는 인간임을 깨닫는 것이 우리의 본분입니다. 세상 사람들은 잘 먹고 잘살기 위해 밤낮을 가리지 않고 일을 합니다. 성공의 노예가 되어 사력을 다해 일합니다. 돈에 환장을 한 것입니다.

신자는 이 세상에 그러한 종류의 삶만이 존재하는 것이 아님을 분명하고도 선명하게 보여 주어야 합니다. "저 사람들은 도대체 무슨 별종들인가? 남에게 매일 지고, 주고, 섬기고, 포기하면서도 저렇게 넉넉하게 살아갈까?"

이러한 의문을 비신자들의 마음에 절로 일게 만드는 인생이 되어야 합니다. 그것이 모든 신자의 부름 받은 자리입니다.

| 죽음의 공포 |

인간에게는 죽음의 공포가 항상 따라다닙니다. 우리의 기대와는 달리 천국 소망을 가지고 사는 신자들에게도 이러한 현상은 나타납니다.

"천국이 있다고 믿으면서 죽음에 대한 두려움을 벗어나지 못하는 것이 말이 됩니까?" 저는 얼마든지 가능하다고 봅니다. 죽음 이후의 순간에 경험하게 될 천국이 어떤 보습인지에 대한 구체적인 내용이 우리에겐 신비로 남아 있습니다. 더군다나 상급 차등론이 대세적인 흐름을 장악하고 있는 한국 교회의 풍토에서는 '구원 받음'의 여부와 상관없이 자신의 인생에 주어질 평가가 죽음에 대한 두려움을 가져올 수 있다고 봅니다.

한 가지 중요한 사실을 더 말하자면 소위 '구원의 확신'이 없는 사람들 중에도 구원 받는 사람들이 있을 수 있기 때문에 죽음의 공포가 모든 신자에게는 무조건적으로 면제된다고 말할 수는 없습니다. 혹, 이 주장에 대해서 동의가 되지 않는 분들은 J. C. 라일(John C. Ryle)이 쓴《거룩》이란 책을 꼭 읽어 보시기 바랍니다.

덕은교회에는 할머니들이 제법 많이 계십니다.

"할머니, 천국 갈 확신이 있으십니까?"

"당연하지. 예수님 보혈의 공로에 의지해서 들어갈 줄 믿습니다."

당당하게 이런 신앙고백을 외치는 분들도 성경공부 이후 밥 먹는 시간이 되면 정체를 드러내십니다.

"목사님, 믿기는 확실히 믿는데 죽는 건 겁이 나긴 해요. 내가 별로 한 것이 없잖아요. 하나님이 안 받아 주실 것 같기도 하고……."

그분들의 대답을 몇 번이나 수정해 드리고, 분명한 성경적 입장을 설명해드렸지만 다음 시간이 되면 동일한 고백이 다시 터져 나옵니다. 저는 그것이 '믿음 없음'의 결과라고 생각하지 않습니다. 인간이 죽음에 대해 가지는 태생적인 연약함이라고 믿습니다.

"인간은 죽음의 순간 단 한 번 진지해진다"라는 움베르트 에코(Umberto Eco)의 말은 그냥 나온 게 아닙니다. 정도와 수준의 차이지만 죽음 앞에서 긴장하지 않을 사람은 아무도 없습니다. 그러나 죽음의 공포에 시달리면서 살아가는 신자의 모습을 권장할 만한 신앙적 태도로 추천하고 싶지는 않습니다. 죽음의 공포는 공포 자체로 끝이 나지 않습니다. 인간을 이리저리 끌고 다니는 구체적인 힘으로 역사합니다.

1973년 어니스트 베커(Ernest Becker)는 자신이 암으로 죽음을 맞이하기 석 달 전 퓰리처상을 받아 세상에 널리 알려진 책《죽음의 부인(The

Denial of Death)》에 죽음의 공포와 맞닿은 인간의 깊은 심리를 기막히게 분석했습니다. 그는 죽음의 공포가 인간들의 무의식 세계 깊숙이 새겨져 있기 때문에 인간 개개인이 자각하고 인지하는 것보다 훨씬 깊고 넓은 영향을 미친다고 말합니다. 이런 주장을 신앙적 관점에서 비판할 것이 아니라 열린 마음으로 그의 이야기를 들어 보면 수용할 부분이 제법 많습니다.

개인적으로 그의 주장들 중에 인상 깊은 것이 두 가지가 있습니다.

첫째, 죽음에 대한 공포로 사람들은 그 짐을 다른 것에 전이시킵니다. 이것이 곧 공포를 길들이는 과정입니다.

둘째, 죽음의 공포로부터 구원받기 위한 근원적 몸짓은 다른 것이 아니라 영웅성에 천착하는 것입니다.

이 두 가지를 어떻게 종합할 수 있을까요?《하찮아진 하나님》을 쓴 도널드 맥컬로우의 표현을 빌리자면 '대리 권력자에게 빌붙기'라고 정의할 수 있습니다. 인간은 죽음의 공포를 줄이기 위해 끊임없이 그 공포를 다른 것에 전이시키려 하고 자기 스스로 특정한 분야의 영웅이 되어 보려고 몸부림칩니다. 바로 그때 주로 뽑아 드는 카드가 '대리 권력자'입니다. 그 대리 권력자는 부모, 아내와 남편, 목사, 교수, 정치 지도자, 자신이 몸담고 있는 곳의 명망 있는 인사를 바라보고 의지하는 형태로 나타납니다. 쉽게 말해 안개와 같은 인간과 그 인간들이 만들어 낸 부산물을 붙잡고 의지하며 "어휴, 이제 살았다!"라고 하는 것과 같습니다.

죽음의 공포가 이런 경로들을 통해 완화되고 길들여질 것이라고 생각하지만 그것은 착각에 불과합니다. 인간은 또 다른 공포에 다시금 사로잡히고 맙니다. 두 번째 만나는 두려움의 실체를 '전이 공포'라고 합니다. '전이 공포'란 자신이 죽음의 공포를 전이한 곳의 책임자나 영웅의 비위에 거슬리는 행동을 할까 싶어 노심초사하거나, 그 전이물과 영웅이 사라지는 것에 대한 염려에 사로잡히거나, 더 나아가 그 전이물과 영웅 없이는 도저히 살 수 없을 것 같은 심리적 상태를 말합니다. 이런 강도가 강해져서 '강박증 의존성'에 빠져드는 사람도 많이 나타납니다. 정도의 차이가 있을 뿐 모든 인간은 이런 식의 절차를 밟다가 죽음에 이른다는 것이 어니스트 베커의 주장입니다.

저에게는 인간의 삶의 경험과 여정을 '죽음의 공포'로 설명하고 분석한 그의 주장이 굉장히 설득력 있게 다가옵니다. 인간은 인간을 필요로 하고 그 인간이 만들어 낸 문화적 산물을 의지하여 살 수밖에 없는 존재입니다. 그러나 인간의 내면 가장 깊숙한 곳에 자리 잡고 있는 죽음의 공포와 불안을 희석시키거나, 달래 주거나, 감쇄시키는 능력이 나라는 인간과 또 다른 인간들에게 결코 존재하지 않습니다.

"어이구, 불신자들아. 너희들은 정말 불쌍한 존재들이야. 하나님도 모르고 죽는 게 겁나지?"

입술로는 이런 식으로 당당하게 신앙적 자신감을 표현하지만, 삶의 현장에서는 동일한 심리적 상태에 빠져 살고 있는 크리스천이 얼마나 많은지 모릅니다. 그 모양과 형태를 변형시켜 놓고 있어 들키지 않을 뿐입니다.

"돈을 주소서, 취직시켜 주소서, 건강을 주소서, 교회를 키워 주소서." 모두가 죽음의 공포에서 시작된 불안감의 표현입니다. 저는 이런 기도를 부정하거나 외면하자는 것이 아닙니다. 이런 가치에만 함몰되어 신자들이 무엇을 포기하고 있는지, 다른 어떤 것으로 기독교 신앙을 대체하고 있는지 확인해 보자는 말입니다.

이 땅에서 사는 인간이라는 타자는 우리에게 하나님이 될 수 없고, 우리 역시 그들에게 하나님이 될 수 없다는 이 간단한 사실을 왜 계속 부정하며 살까요? 이유는 간단합니다. 우리는 단 한 번도 진지하게 하나님을 만나본 적이 없기 때문입니다. 기독교 신앙도 단지 죽음의 공포를 극복하기 위한 수단으로만 이용하고 있는 것입니다.

여러분의 인생이 평생 동안 아무것도 이루지 못하는 인생이 되어도 상관없습니다. 초라하고 비참해도 상관없습니다. 그러나 "하나님밖에는 나의 소망이 없습니다"를 진심으로 고백하는 일에는 실패하지 않는 사람이 되십시오. 하나님은 이 진심 어린 항복 하나만을 우리의 전 인생의 결론으로 받아 내길 원하십니다. 그 항복의 자리에서야 비로소 죽음의 공포가 채찍질해서 달리는 불안과 두려움으로 가득 찬 인생을 종식시킬 수 있습니다. 여유와 따뜻함과 포기와 자발적 베풂이라는 참된 인생의 맛은 오직 예수 안에서만 가능한 것입니다.

| 아무것도 이루지 못한 인생 |

　목사는 본의 아니게 많은 상담을 하게 됩니다. "목사님, 이 문제만 해결되면 제가 제대로 하나님을 섬기겠습니다"라고 말하는 많은 성도를 만납니다. 조금만 더 나은 환경이 주어진다면 하나님 앞에 영광을 돌리며 살겠다는 분들이 참 많습니다. 그들의 마음과 진심을 이해합니다. 그러나 엄밀히 말하면 여건과 환경이 받쳐 주지 않아 '주의 일'을 하지 못한다는 개념은 어불성설입니다. 그러한 생각은 자신도 모르는 사이 '주의 일'을 오해하고 있는 것입니다. 우리는 무언가를 성취하고 이루는 차원에서 '하나님의 일'을 생각하는 경향이 강합니다. 이렇게 되면 자연적으로 최소한의 배경이 필요해지는 것입니다. 그러나 우리를 향한 하나님의 요구는 우리 각자의 처지와는 상관없는 것들입니다. 억울하고 답답함을 느끼는 그 현실조차 하나님을 영화롭게 하는 일에 방해물이 되지 않습니다. 비약일까요? 연말에 TV를 보면 연예인들의 시상식 장면이 나옵니다. 크리스천 탤런트나 가수들이 상을 받고 난 후 "이 모든 영광을 하나님께 돌립니다"라고 소감을 밝힙니다. 이런 소감에 크리스천들은 감동합니다. 그러나 상처가 많은 신자는 타인의 그러한 성공과 성취 앞에서 열등감을 느끼는 경우가 종종 있습니다. "나는 뭔가? 나같이 비참하고 초라한 인간은 무엇으로 하나님을 높일 수 있단 말인가?"

존 파이퍼 목사님의 이 멋진 문장을 묵상해 보십시오.

"우리가 하나님 그분을 가장 만족할 때 하나님은 우리 안에서 가장 큰 영광을 받으십니다."

하나님은 우리들의 대단한 업적과 성취를 통해서 영광 받으시는 것이 아닙니다. 우리에게 주어진 상황이 어떠하든지 신실하신 하나님의 손길 안에 있는 우리의 운명은 영원히 안전하다고 확신하는 그 믿음만으로 하나님은 가장 큰 영광을 받으시는 것입니다. 하나님의 손길이 우리를 외면하신다고 느껴져서 우리 스스로가 실패한 인생이 되었다고 느낄 때가 얼마나 많습니까? 그러나 우리를 위해 자신의 아들을 허락하신 하나님은 우리가 침 삼키는 짧은 순간조차도 우리를 놓지 않고 계십니다. 선하신 자리로 이끌고 계시는 하나님의 신실하심에 믿음으로 화답하지 못하는 우리의 어두운 시야와 감각이 문제인 것입니다. 절망의 골짜기에서도 우리의 운명이 하나님의 능하신 손에 붙들린 자라는 깊은 인식만 있다면 그 상황에서조차 하나님은 우리를 통해서 영광 받으십니다. 우리가 평생 동안 아무것도 이루지 못한 자가 되어도 괜찮습니다. 그것이 하나님을 영화롭게 하는 일을 방해하지 못합니다. 더 놀라운 것은 하나님의 선하신 손길이 우리로 하여금 하나님 자신만을 온전하게 만족하는 그 자리로 신자들을 이끌고 가신다는 점입니다. 하나님은 이 일을 이루어 가심에 있어 우리를 기계적으로 따르게 하는 것이 아니라 인격적으로 우리를 다루십니다. 자원하는 심정으로, 자발적인 순종의 고백을 받기를 원하십니다.

그래서 때로는 우리가 제멋대로 살도록 내버려 두십니다. 그 과정을 통해서 자기 기분 내키는 대로, 자신의 지극히 주관적인 판단대로 선택한 삶에는 아무것도 남는 것이 없음을 철저히 자각시키십니다. 타인의 시각에서 볼 때 제법 괜찮은 열매와 성과를 이룬 인생처럼 보이지만 본인은 공허한 마음을 추스를 길이 없는 것입니다. 나름 성공을 이루어 보았지만 심령에는 허무함으로 가득한 자들의 눈물과 통회의 간증을 듣고도 우리는 배우지 못합니다. 그들의 고백에 순간적인 감동을 받기도 하지만 자기 스스로 돈과 성공이 정말로 부질없는 것인지 확인해 보고야 말겠다는 고집을 꺾지 않습니다. 그래서 갈 때까지 달려봅니다.

시간이 흐르면 흐를수록 하나님이 가장 큰 영광을 받으시는 유일한 조건이 우리 안에 형성되고 있는지 끊임없이 확인해야 합니다. 제발 오해하지 마시기를 바라며 거듭 말씀드립니다. 이 일은 우리 쪽에서 하나님을 향해 무언가를 이루어드림으로써 완성되는 것이 결코 아니라는 사실입니다. 기독교 신앙의 핵심적 가치는 인간 쪽에서의 정성을 하나님 앞에 드리는 것이 아닙니다. 우리는 하나님을 도울 수 없는 존재들입니다. 우리는 하나님의 부족함을 메우는 자리로 부름 받은 자들이 아닌데도 불구하고 '무언가를 한 건' 할 때만 뿌듯한 성취를 느낍니다. "하나님, 이제야 제대로 된 영광을 올려드립니다" 하는 이들은 기독교 신앙의 진수를 모르는 것입니다.

우리 자녀들이 부모님에게 칭찬을 받고 싶은 마음에 부모님이 안겨 준 안락한 환경에서 공부하는 것을 포기하고 사탕 장사를 하러 나간다면 어떻게 될까요?

"어머니, 아버지, 학교에 가서 공부하는 것보다 돈을 버는 것이 더 효도하는 길이라 생각해서 이 일을 해서 이렇게 수익금을 가져왔습니다."

자녀의 본분은 부모의 양육을 믿고 따라 열심히 공부하는 것입니다. 그것이 제대로 된 자녀의 길입니다. 신앙은 우리 쪽에서의 열심도 정성도 아닙니다. 오히려 자기 자신의 못남과 부족함을 자각하는 일입니다. 나의 의지와 성실에 속한 문제가 아니라 하나님 앞에 은혜를 구할 때만 이루어지는 것임을 알아 가는 것입니다. 우리 인생에서 가장 중요한 것은 하나님이 내 삶에 절박하게 필요하다는 것과 자신의 한계를 처절하게 확인하는 것입니다. 내가 설계하고 만들어 가는 인생이 아니라 하나님이 의도하시는 삶을 추구해야 합니다. 하나님으로 인해 만족하는 인생이 되는 것만이 하나님을 영화롭게 하는 단 하나의 조건이 되는 것입니다. 이것이 우리의 복이요, 영광이요, 자랑입니다.

삶의 주인인 하나님의 신실하심을 믿고 따라갈 때 지금 우리 눈앞에 펼쳐지는 여건과 환경은 아무런 문제가 되지 않습니다. 우리의 곤고하고 비참한 현실 속에서도 우리를 통해 영광 받으시는 일에 조금도 방해받지 않는 분이 우리의 아버지이기 때문입니다. 주어진 현실 속에서 감사의 노래를 부르십시오. 그것이 되지 않는다면 어두운 눈을 열어 주께서 베푸시는 한량없는 은혜를 볼 수 있게 해달라고 간절하게 기도하는 사람이 되십시오.

| 이상한 사람들 |

"아빠 로마서 강해 읽어요?"라는 아들의 말에 한참이나 웃었습니다. 사실은 20세기 일본 번영의 기초를 다진 메이지 유신 최고의 영웅 '사카모토 료마'의 파란만장한 일대기를 그린 《료마가 간다》를 읽었습니다. 모두 10권입니다. 책의 양이 주는 압박을 뚫고 무사히 다 읽었다는 사실만으로도 뿌듯해집니다. 이 책을 쓴 시바 료타로는 메이지 유신을 만들어 낸 상황을 인상 깊게 묘사합니다. 여러 표현 중에 이 한마디는 쉽게 지워지지 않습니다.

"할복하라고 하면 무사는 그 자리에서 당장 배를 가를 것이다. 이러한 비정상적인 무사들의 에너지가 메이지 유신이라는 엄청난 역사를 전개시켰다."

'비정상적인 무사들의 에너지'가 저에게는 인상적으로 다가왔습니다. 우리는 언제부터인가 예수님이 제시하신 '복음의 혁명성'을 무시하고 살고 있습니다. 쉽게 말해, 지극히 정상적인 사회인이 되는 데 온힘을 쏟고 있습니다. 이 세상이 제시하는 질서와 문화에 별 다른 이의 없이 순응해 사는 것을 행복과 신앙의 기준으로 삼고 있는 것이지요.

"목사님, 저는 별 다른 욕심이 없어요. 비오는 날 창문을 바라보며 커피 한잔의 여유를 즐길 수 있다면 족해요."

이런 본능적인 수준으로 거룩한 성도의 삶을 스스로 제한합니다.

우리의 근본적인 문제는 구별됨이 없는 너무나 정상적인 삶이 아닐까요? 예수 그리스도의 복음 앞에 진정으로 굴복했다면, 하나님의 뜻에서 한참이나 벗어난 이 세상에서 어떻게 정상적으로 살 수 있을까요? 결단코 불가능한 일이라고 생각합니다. 무엇이 과연 신자에게 진정으로 정상적인 삶일까요?

예수님이 명확하게 제시하신 말씀을 불신자도 지킬 수 있는 수준으로 가공하는 교회가 많아지고 있습니다. 돈을 가진 자들이 일정한 교양만 갖추면 믿음 있는 사람으로 평가받을 수 있는 곳이 오늘날 우리가 모인 예배의 현장이 아니던가요? 성령이 임하시면 사람을 근본적으로 뒤집어 놓고 새사람으로 만들어 변화시킨다는 사실을 잘 알고 있습니다. 그러나 우리의 신앙과 삶의 현실은 가짜인 것을 알면서 서로의 가짜 됨을 편안하게 용인하고 있습니다. "선수끼리 왜 이래? 다 알면서. 살살 하자"라면서 말입니다.

세상이 감히 흉낼 낼 수가 없기에 '이상한 자들'이라고 평가받는 사람이 그리스도인입니다. 많은 희생과 헌신을 정상적인 삶이라고 생각하면서 그 가치에 자신의 인생을 던지는 자들이 진정한 신자입니다. 물론 지금도 신자들은 세상 사람들 앞에서 '이상한 자들'로 평가받고 있습니다. 그 뉘앙스가 극단적으로 부정적인 것이기에 슬프고 안타깝기 그지없습니다.

무사들의 비정상적인 에너지가 메이지 유신을 만들어 냈다면 예수 그리스도의 복음이 만들어 낼 열매는 상상도 하지 못할 것입니다. 자기 결단과 단합의 극치로 표현할 수 있는 '무사들의 비정상적인 에너지'에 미치지 못하는 오늘날 교회의 현실에 서글픔이 밀려옵니다.

세상 사람들 눈에 비친 기독교인의 이미지

기독교 순교자 중 한 사람인 카즈 뭉크(Kaj Munk)의 외침이 우리의 영혼에 큰 도전과 찔림을 안깁니다.

"오랜 역사를 통해 교회의 상징이 되어 온 것은 사자, 어린양, 비둘기, 물고기였지 카멜레온이 아니었습니다."

언제부터인가 신자들은 같은 시간과 공간속에서 함께 살아가는 믿지 않는 사람들로부터 '얄미운 팔색조들'이 돼버렸습니다. 어떤 환경이 펼쳐져도 재빠르게 변하고 적응해서 자신의 이익을 극대화시키는 존재로 우리의 모습이 인식된 것입니다. 믿음의 선조들의 신앙과 삶 또한 당시 핍박과 조롱받는 현실로 내몰렸어도, 도덕적인 수준이 동시대의 사람들과 견주어 확연히 떨어지는 비열함과 비루함의 대명사가 되지는 않았습니다. 이제 세상은 더 이상 교회를 향해 막연한 경외와 신비의 감정으로 바라보지 않습니다. 오히려 잔머리, 야비함, 비열함, 안일함, 피상적임,

계산적임, 말 많음, 근거는 없지만 넘치는 자신감, 시끄러움을 소유한 존재로 그리고 있습니다.

세상 사람들의 말을 직접 한번 들어볼까요?

"대부분 그리스도인이란 매우 보수적이고, 자신만의 사고의 틀에 갇혀 있고, 항상 화가 나있고, 공격적이고, 비논리적이고, 자신들의 왕국을 건설하려는 사람 같아 보입니다. 그리고 기독교인들은 모든 사람을 개종시키려고, 자신과 다른 신념을 가진 사람들과의 평화로운 공존을 배격하지요"라고 《나쁜 그리스도인》에서 데이비드 키네먼(David Kinnaman)과 게이브 라이언(Gave Lyons)은 말하고 있습니다.

물론 세상의 요구대로 주님의 교회의 모습을 형성해 갈 수는 없습니다만, 동일한 시대를 함께 사는 사람들로부터 '윤리적 차원을 넘어 예의와 상식이 부족한 사람들'로 평가 받고 있다는 것은 슬픈 현실입니다. 세상을 그리스도의 복음으로 정복하자고 외치면서 그것을 이루기 위한 수단과 방법은 세상보다 더 세속화 돼버린 이 비극적 현실을 어떻게 봐야 할까요? 언제부터인가 기독교는 주님의 마음을 잃어버림과 동시에 특정한 이미지로 마케팅되고 있으며 공포를 팔아먹고 사는 미신과 다를 바 없는 그저 그런 종교로 인식되고 있는 것이 사실입니다.

우리가 채색한 부정적 이미지로 인해서 복음의 본래의 복된 모습과 내용은 제시조차 할 수 없는 지경에 와 있습니다.

"그만하세요. 교회 이야기는 듣고 싶지 않으니까!"

복음 전도의 길조차 원천적으로 차단되는 이런 현실을 어떻게 넘어설 수 있을까요? 초라하고 보잘것없는 사람들이 그리스도를 만남으로 자신의 고통스러운 실존을 넘어 얼굴에 가득한 미소와 마음의 넉넉함을 담아 아름다운 삶을 펼쳐 보일 때 세상은 생각합니다.

"무엇이 저 사람으로 하여금 저렇게 모질고도 아픈 현실을 넘어서게 하는 것일까?"

동시에 세상적인 성공을 이룬 자리에 있는 사람이 예수님으로 말미암아 '종교 쇼'의 차원이 아닌 하나님의 연민과 긍휼이 담긴 성경적 가치관으로 낮아지고 공동체를 섬기는 모습을 보일 때 세상은 의문을 가집니다.

"도대체 기독교 안에 무슨 힘이 있어 사람을 저런 식으로 변화시키는 것일까?"

우리는 이런 믿음으로 세속적 가치를 지양하는 일에 실패하고 있는 것입니다. 세상은 자기 자신과 너무나 닮아 있는 교회를 향해 "교회 다니는 것들이 더하다니까!"라며 짜증스런 표정으로 일갈하고 있습니다. 주님을 만난 경험에서 뿜어져 나오는 진실함과 따뜻함이 담긴 삶으로 저들의 영혼에 잔잔한 생각의 파도를 만들어 내는 것은 불가능한 꿈일까요? 우리의 신앙 컬러가 지나치게 공격적이고 경직돼 있는 것이 사실입니다. 자기에게 주어진 일상의 평범한 삶을 신실하게 짊어지기보다는 다소 삐뚤어진 사명으로 신앙을 인식하는 경향이 농후합니다. 이런 식의 태도는 반드시 자신의 신앙을 증명하는 수단을 종교적인 영역으로만 내몰게 됩니다. "죽기 살기의 기도", "목숨을 건 교회 헌신", "절박한 마음으로 선교의 현장으로 나아가자!" 이렇게 외칩니다. 결단코 이러한 영역을 부정하지 않습니다. 이런 외침 속에 진정성이 담겨 있고 그 동기도 순수하다는 것을 인정합니다.

그러나 기독교 신앙의 본질은 신앙적 영역에 국한되거나 그것을 주된 것으로 삼지 않습니다. 동일한 시간과 공간 속에서 같은 일을 하고 있지만 세상이 흉내 낼 수 없는 진실함과 성실함이 우리 신앙의 실질적 내용이 되어야 합니다. 특별히 직장에 가서 기도하고, 전도하고, 성경을 펼쳐 보는 것으로 우리의 신앙을 증명하려고 해서는 안 됩니다. 그곳은 일을 하는 것이 우선임을 명심하십시오. 우리는 어딜 가서나 "나는 믿었고, 너는 안 믿었다", "나는 구원받았고, 너는 못 받았다"는 식의 가치관과 자신감을 표현하려고 합니다. 항상 삶에 대해서 한 수 가르쳐 주겠다는 마음으로 세상을 향해 나아가는 것입니다. 그래서 교회와 신앙과 관련된 이야기 외에는 할 말이 별로 없는 멍텅구리가 되어 가고 있습니다. 원색적이고 노골적인 형태로만 기독교 신앙을 변증하려고 하지, 사람들의 처지를 이해하려는 따뜻함은 전부 내던지고 말았습니다. 기도는 분명히 "벌레만도 못한 나에게……"라며 신파조의 통성으로 올리면서, 사람들을 대하는 태도는 종교적 자부심으로 가득 차서 "나는 천국 백성, 너는 지옥의 불쏘시개"를 외쳐댑니다. 전부 그런 것은 아니라고 항변하고 싶지만 이것이 우리의 현실이자 고착화된 이미지가 되었습니다. 그리스도인을 향한 적대감은 믿지 않는 자들이 그리스도인에게서 받은 부정적인 감정이 반영된 것이 틀림없습니다.

그리스도인에게 "기독교 신앙이란 무엇인가?"라는 질문을 던져 보면 대부분의 사람들이 "예수님과 관계를 맺는 것"이라고 대답합니다. 틀린 말은 아니지만 복음을 개인적인 영역에만 국한시키고 있는 답변입니다. 작고한 찰스 콜슨(Charles Colson)의 말에 귀를 기울여 봅시다.

"기독교는 하나님의 눈으로 인생과 현실에 속한 모든 것을 바라보는 방식이다."

　기독교는 세계관이나 체계이며 삶의 방식임을 잊지 마십시오. 온 마음과 정성을 다해 그리스도가 가르쳐 주신 복음의 내용을 평범한 일상의 삶으로 살아 내는 일에 성공할 수 있기를 빕니다. 복음의 내용 때문이 아니라 우리의 '꼴'이 걸림돌이 되어 그리스도의 영광스러운 복음이 광채를 잃는 일은 없도록 하십시다. 그것이 우리 시대 그리스도인들이 감당해야 할 중요한 신앙의 목표요 방향입니다.

| 신앙은 공식이 아닙니다 |

　신앙을 공식화하려는 경향이 교회 안에 나타나고 있습니다. 진심과 성심으로 어떤 행동을 하면 자동적으로 그것에 상응하는 결과를 신앙의 이름으로 맛볼 수 있다고 가르칩니다. 인간의 간절하고 진심 어린 노력의 여하에 따라 자신의 운명을 얼마든지 개조하고 바꾸어 놓을 수 있다는 것입니다. 이런 흐름이 위험한 것은 기독교 신앙의 초점을 하나님에게서 인간으로 돌려놓기 때문입니다. 무엇보다 신앙의 공식화가 가져오는 큰 문제는 하나님을 인간의 인식과 사고의 틀 안에서만 이해하려 하고, 하나님이란 존재도 인간의 입맛대로 조정하려는 자세를 가지는 점입니다.

이 사상의 저변에는 인간의 예상과 예측을 벗어나는 하나님은 절대로 용납하지 않겠다는 완고함이 깔려 있습니다. "하나님! 당신이 원하는 것이 무엇이든 감당할 테니, 당신도 우리를 답답하게 만들지 마시고 우리 쪽에서 부르고 호출할 때 언제든지 즉각적으로 나타나 주시기 바랍니다" 하는 바로 이 심리입니다. 이들은 기독교 신앙의 신비와 이해할 수 없는 하나님의 은혜를 결코 허용하지 않습니다. 이런 식으로 경도된 신앙은 믿음의 세계를 자신의 머리와 경험의 감옥에 가두어 두려고 할뿐 아니라 자신이 쏟아부은 열심과 수고를 반드시 확인하고야 말겠다는 강력한 의지를 천명합니다.

자연스럽게 주님의 몸 된 교회는 '더 많이 기도한 사람과 기도하지 못한 사람', '더 많이 헌금한 사람과 헌금하지 않는 사람'으로 나누어지고, 가장 많은 수고를 한 사람이 머리에 훈장을 달고 큰 소리를 치는 일이 발생합니다. 기도와 교회생활의 열심을 통해서 축적된 '믿음 좋은 사람'이라는 평판이 예의와 상식을 무시하는 계급장을 허락해 버린 것입니다. 기도와 봉사를 통해 하나님과 인격적 교제를 지속적으로 경험하고 있다는 그 자신감이 사람에 대한 깔봄과 무시로 표출되면서 기독교 신앙을 완전히 오해하는 자리에 서게 하는 것이죠.

"하루 세 시간만 기도해 봐라. 그러면 너의 모든 문제가 다 해결될 것이다. 그 어떤 사업 실패도 극복할 수 있고, 그 어떤 병마도 다 물러간다."

결국 기도하는 것도 하나님의 은혜와 긍휼만을 기대하는 마음에서 터져 나오는 간구인 것이 아니라, 종교적 열심을 인위적으로 투입하면 은혜도 만들어 낼 수 있다는 이교적 신앙행위가 돼버립니다. 결국 믿을 것은 '자기 자신'밖에 없다는 결론으로 흘러가 궁극의 종착지는 인간이 만들어 낸 업적과 성취에 대한 자화자찬의 향연이 되고 맙니다.

복음주의 신학의 거장 제임스 패커는 자연주의라는 이 누룩을 오늘날 기독신앙의 암적인 존재로 규정합니다. 동시에 그는 오늘날 교회가 갖고 있는 많은 연약한 뿌리에는 인간과 과학적 업적은 대단하게 생각하고, 하나님에 대해서는 사소하게 생각하는 그런 풍조가 깔려 있다고 지적합니다. 교회 안에서도 예수 그리스도의 주 되심이 확고하게 자리 잡기보다는 특정한 인간의 공로나 업적이 무방비 상태로 칭송되는 기이한 현상이 나타나기 시작합니다.

"김 목사님이 아니었다면 우리 교회는……", "김 장로님과 권사님이 없었다면 우리 교회는……", "여러분들도 나처럼만 목회하면 3년 안에 500명 이상의 성도를 모을 수 있습니다" 등과 같은 온갖 성공 스토리가 교회를 장악합니다. 자신이 해 온 방식만 투입하면 그 결과는 따 놓은 당상이라고 선전합니다. '두 날개 컨퍼런스', '칼 세미나', '알파코스' 등 온갖 방법론이 교계를 장악하려고 움직입니다. 교회 안에서 간증한다고 나선 자들이 하나님이 베푸신 은혜를 전하기보다는 자신이 얼마나 대단한 인내와 믿음의 소유자인지 장광설로 늘어놓습니다. 주님의 공로와 은혜가 높여져야 할 현장에 인간들의 현란한 말잔치가 웬 말입니까!

그러나 계시 의존적인 전통적 기독교 신앙이 마음에 제대로 정리된 사람은 삶의 모든 영역에 녹아 있는 하나님의 긍휼과 은혜만을 발견하고 찬양합니다. 이것은 오고 오는 모든 세대 참된 신자들의 동일한 신앙고백입니다. 자기가 성취하고 이룬 인생의 열매에 관심을 가지기보다는 하나님이 시작하시고, 인도하시고, 성취해 가실 일에 생명을 바칩니다. 그러한 삶이 마땅히 신자의 갈 길이기 때문입니다. 삶의 결과를 하나님 앞에 모두 맡겼기에 세상적인 잣대와 기준으로 보는 성공에서 자유로운 인생이 된 것입니다. 이것은 복음의 영광과 하나님의 은혜의 보화를 발견케 된 자가 누리는 평안의 복입니다. 자신의 죄와 무가치함을 발견함과 동시에 하나님 은혜의 부요함과 측량할 수 없는 사랑만을 주님의 몸 된 교회 안에서 찬양하기를 소망하는 자들을 통해 하나님은 자신의 일을 한 치의 오차도 없이 역사의 끝날까지 이루어 가십니다. 단 한 순간도 하나님은 세상의 주권적 통치를 멈춘 적이 없으셨고, 없을 것이라는 확신을 가진 자들만이 풀리지 않는 인생의 수수께끼 앞에서도 신실하게 하나님을 의지하고 노래하며 믿음으로 걸어가는 것입니다.

> 그러나 내가 나 된 것은 하나님의 은혜로 된 것이니 내게 주신 그의 은혜가 헛되지 아니하여 내가 모든 사도보다 더 많이 수고하였으나 내가 한 것이 아니요 오직 나와 함께 하신 하나님의 은혜로라(고전 15:10)

| 복수의 칼날 |

《오스 기니스, 고통 앞에 서다》에 보면 정상적인 마음으로는 읽기조차 힘든 내용이 등장합니다. 오스 기니스는 보스니아 전쟁 당시의 이야기들 중 하나를 소개했습니다.

"한 젊은 무슬림 주부가 남편과 아버지가 보는 앞에서 윤간을 당했다. 그녀가 있는 마룻바닥에는 그녀의 어린 자녀가 비명을 질러댔다. 폭행자들이 그녀에게 흥미를 잃은 듯이 보이자, 그녀는 아이를 돌보게 해달라고 사정했다. 그 순간, 폭행자들 가운데 한 사람이 아이의 목을 잘라 그녀의 무릎에 던져 주었다."

이런 경우라면 그 몸서리치는 고통에서 살아남은 가족들이 당한 만큼 복수를 꿈꾸지 않을 수 없을 것입니다. 피해 당사자를 향해서 "용서하십시오", "복수하고자 하는 마음을 덜어 내십시오"라고 운운하는 것은 사치스러운 말장난밖에 되지 않을 것입니다.

복수를 감행하고자 하는 이들의 마음을 있는 그대로 인정하면서 이론적 근거를 제시한 철학자들도 있습니다. 실제로 유명한 유대인 철학자 아브라함 요수아 헤셸은 아우슈비츠에서 있었던 유대인들의 처절한 치욕과 고통을 상기하면서 "다른 사람에 대한 범죄 행위는 아무도 용서할 수 없다. 살아남은 자가 어찌 살해된 육백만 명 가운데 그 누구를 대신하여 용서를 베풀 수 있단 말인가? 유대교의 전통에 따르면, 심지어 하나님조차도 그분 자신에 대한 범죄 행위만을 용서하실 수 있다"라고 말합니다. 인간적인 입장에서 보면 얼마나 설득력 있는 이야기입니까?

누군가가 안긴 고통스러운 상처와 아픔에 대한 복수를 단념하고, 당한 그대로 갚아 주겠다는 마음을 포기한다는 것은 자기 자신을 쪼개야만 가능한 일입니다. 어떤 의미에서는 죽기보다도 힘든 것입니다.

앞에서 언급한 사건들과는 비교도 되지 않겠지만, 평범한 인생을 살아가는 사람들에게도 지우고 싶은 '배신당함'의 순간들이 존재합니다. 인생에서 경험하는 가장 고통스러운 경험은 사람들에게 버려지고 배신당하는 일입니다. 배신이나 뒤통수를 두들겨 맞는 것만큼 비참하거나 심한 상처를 입는 일도 많지 않습니다. 배신의 칼은 영혼에 깊은 상처를 새겨 넣습니다. 나 자신에게 상처를 입힌 자들, 나를 배신한 자들, 나를 버린 자들의 얼굴을 떠올릴 때면 대부분의 사람은 피가 거꾸로 솟는 경험을 하게 되며, 마음을 진정시키기가 힘듭니다. 더 나아가 자신을 소진시키는 괴력을 지닌 복수심이라는 불은 한 사람의 인생을 다 태워 버릴 만큼 무시무시한 실체입니다. 실제적으로 우리 주변에 보면 복수의 칼날을 놓지 못해서 화병으로 자기 자신의 인생을 비극의 주인공으로 내모는 사람이 얼마나 많은지 모릅니다. 멀리서 찾을 것도 없이 바로 우리 자신이 종종 이러한 상황 속에 스스로를 노출시키고 있습니다. 역설적인 것은 복수심의 깊은 자리에는 "이런 현실에서 해방되고 싶어!" 하는 간절한 마음이 깔려 있습니다. 복수심의 극단적 표출은 영화〈박하사탕〉에 나온 설경구의 대사처럼 "나 돌아갈래!"의 살려 달라는 간절한 아우성인 것입니다. 아둔한 우리는 다른 옷을 입고 있어 우리 마음 안에 있는 그 간절한 바람을 인식하지 못할 뿐입니다.

복수의 동굴에서 빠져 나오기 위해 제일 먼저 해야 하는 것은 원수인 대상에 대한 '상상하기'를 멈추어야 합니다. 상상의 칼은 내 의식 속에서 자라나 가장 먼저 나를 찌른 다음에 원수를 찌릅니다. 어리석은 우리는 나의 날카로운 칼에 찔려 피를 흘리는 상대를 상상하지만, 그 사이에 내가 먼저 그 칼에 심각한 내상을 입는다는 사실을 모릅니다. 이것이 객관적인 현실임에도 우리는 제3자를 통해서 들은 나에게 유리한 이야기, 불리한 이야기를 모두 조합한 다음, 상상과 추리를 동원해서 칸영화제에 출품해도 될 비극 영화를 계속해서 만들어 냅니다. 그 과정 속에서 우리 영혼은 또다시 고갈과 절망의 나락으로 떨어집니다.

복되고 복된 우리의 인생을 허망한 복수심으로 소모시킬 수는 없습니다. 끊임없이 자신을 소진시키는 악마적 '객관적 실체'를 향해 과감한 가지 치기를 해야 합니다. 그제야 비로소 우리 영혼에 평화가 찾아옵니다. 잘라 내고, 솎아 내다 보면 좋은 과실이 우리 인생 가운데 다시 열릴 것입니다.

단풍 드는 날

도종환

버려야 할 것이
무엇인지를 아는 순간부터
나무는 가장 아름답게 불탄다

제 삶의 이유였던 것
제 몸의 전부였던 것
아낌없이 버리기로 결심하면서
나무는 생의 절정에 선다
방하착(放下着)
제가 키워온,
그러나 이제는 무거워진
제 몸 하나씩 내려놓으면서
가장 황홀한 빛깔로
우리도 물이 드는 날

자기 부인과 포기의 삶이 우리의 삶을 더 풍요롭게 합니다. 나무가 불필요한 가지와 잎사귀를 버림으로 더 아름다운 나무로 다시 태어나는 것처럼 우리 역시 놓아 버리면 패배한 것 같은 더러운 기분을 안기는 그 복수심을 던져 버릴 때 더 아름다운 인생으로 살아갈 수 있습니다. 넬슨 만델라(Nelson Mandela)의 평전에 보면 백인들이 자신의 의사를 관철시키기 위해서 흑인들을 나무에 묶어 놓고 용접기에서 나오는 그 뜨거운 불로 흑인들을 지져 대는 장면이 등장합니다. 인간이 얼마나 무시무시할 정도로 타락한 존재인가를 보여 주는 단면입니다. 그러나 만델라 대통령이 집권한 후, 흑인들의 간절한 복수의 요구에도 불구하고 그는 복수의 칼을 멀리 던져 버립니다. 그 복수의 길이 가져올 더 큰 비극의 세계를 내다볼 수 있는 시각이 있었기 때문입니다. 눈에는 눈, 이에는 이의 정신(사실 이 구절의 의미도 우리의 생각보다 더 깊습니다만)을 넘어서는 신자가 되십시오. 이 능력이 신자에게만 허락된 은혜임을 기억하십시오. 결단코 패배의 길이 아닙니다. 이 복된 은혜와 능력이 여러분의 삶에도 가득 흘러넘치기를 간절히 기도합니다.

> 아무에게도 악을 악으로 갚지 말고 모든 사람 앞에서 선한 일을 도모하라 할 수 있거든 너희로서는 모든 사람과 더불어 화목하라 내 사랑하는 자들아 너희가 친히 원수를 갚지 말고 하나님의 진노하심에 맡기라 기록되었으되 원수 갚는 것이 내게 있으니 내가 갚으리라고 주께서 말씀하시니라 네 원수가 주리거든 먹이고 목마르거든 마시게 하라 그리함으로 네가 숯불을 그 머리에 쌓아 놓으리라 악에게 지지 말고 선으로 악을 이기라(롬 12:17~21)

▮ 자아가 중심이 된 말씀 읽기 ▮

　우리 교회에 식당을 운영하는 두 가정이 있습니다. 집사님 가정은 오리 집을, 권사님 가정은 백반 집을 운영합니다. 두 곳을 자주 방문하면서 어느 날 이 두 식당의 공통점을 발견했습니다. 벽에 걸어 놓은 성경구절이 동일하다는 것입니다. 예상하셨듯이 욥기 8장 7절의 "네 시작은 미약하였으나 네 나중은 심히 창대하리라"입니다. 이 본문의 진의를 짚어 주는 설교가 많이 전해져서 사업장에 걸어둘 말씀이 아니라는 것을 아는 성도가 많습니다만 아직 갈 길이 먼 것 같습니다. 하나님 말씀을 인위적으로 이해하고 받아들인 다음 성급하게 적용하는 분위기가 여전합니다.

　이런 문화를 부추긴 일등 공신이 큐티가 아닌가 합니다. 꾸준히 큐티를 하는 그 자체를 비판하는 건 아닙니다. 말씀을 통해 은혜를 받는 과정에서 하나님 말씀을 자의적으로 해석해서 받아들이는 경향이 적지 않습니다

　사도행전에서 사도 바울이 아시아로 복음을 들고 가려다가 마게도냐에서 "이리로 와서 우리를 도우라"는 환상을 보고 선교지를 유럽으로 변경하는 내용이 나옵니다. 이런 본문을 읽고 엉뚱한 방향으로 적용합니다. "아, 주님께서 이사를 명령하시는구나." 이 정도면 병원에 가야할 수준에 다가선 것입니다. 물론 풍자적인 내용입니다. 하지만 이런 일들이

큐티 시간에 자주 일어나는 것이 사실입니다.

"오늘 이 말씀이 내게 무슨 의미를 제공하는가?" 이 질문이 하나님 말씀을 '적용 우선주의'로 몰아갑니다. 하나님 말씀은 그것 자체로 의미를 가질 뿐 아니라 우리의 필요와 유익에 상관없이 진리입니다. 자칫 잘못하면 우리의 의식 속에 '내게 필요한 말씀'만 실제적인 의미를 가진다고 생각할 수 있습니다.

물론 그런 생각이나 말을 내뱉지는 않겠지요. 그러나 무의식중에 이런 일들이 벌어지고 있습니다. 내게 의미 있게 다가오지 않기 때문에 특정한 성경본문은 읽지 않는 것입니다. 심각하게 이런 현상이 나타나고 있습니다.

"나는 레위기와 요한계시록 같은 책이 왜 성경에 포함되었는지 모르겠어. 성경의 족보도 마찬가지고."

이렇게 자기 틀 안에 갇히는 원인이 무엇일까요? 다양하겠지만 중추적인 역할을 하고 있는 것은 포스트모더니즘입니다. 너무 무거운 진단을 내리는 것 같지만 사실을 반영한 분석입니다. 포스트모더니즘의 흐름을 보면 처음에는 건축과 예술 분야에서 영향력을 끼쳤지만 점차 시간이 흐르면서 사회 각 분야에서 자신의 입지를 넓혀 가고 있습니다. 특히 철학과 문학 분야에서의 포스트모더니즘의 공세는 눈에 띄게 두드러져 보입니다. 해체철학의 대표 자크 데리다(Jacques Derrida), 인문학자이자 문학비평가 해럴드 블룸(Harold Bloom), 인문학자이자 법학교수 스탠리 피시(Stanley Fish) 같은 인물들은 텍스트 상에서의 특정 본문이 고정된 불변의 의미를 갖지 않는다고 주장합니다. 즉 그 텍스트를 읽는 독자들이 의미 있게 받아들이는 것만이 '의미'를 가진다는 것입니다. 이것을 좀더 부연 설명하자면, '특정한 본문에 어떤 의미를 강요하면 안 된다'라는 말입니다. 특정한 단어, 문장, 단락은 저자의 의도와는 상관없이 독자가 자신의 내면의 소리를 듣고 스스로 이해하는 방식에 따라 개별적 의미를 가진다는 것입니다. 이를 '독자반응비평'이라고 합니다. 이런 사조들이 힘을 얻게 되면 주관성이 객관성을 압도해 버리는 결과가 발생합니다. "하나님 말씀도 내가 주체가 되어 어떻게 받아들이고 이해하느냐가 중요하지, 하나님 말씀 안에 담긴 계시의 의미 자체는 중요하지 않으니까 그것을 강요하지 말라"라는 주장이 자연스레 나옵니다. 객관적이고 절대적인 말씀이 권위를 가지는 것이 중요하지 않고, 그것을 읽고 이해하는 '내 자아'가 더 중요해집니다.

"평양감사도 자기가 싫으면 그만인 것을 나에게 유익이 없는데 말씀이 무슨 의미가 있어?"

실제로 자아가 신이 되어 있습니다. 큐티를 한다고 하지만 성경은 자아에 집착한 그 영혼의 장난감이 된 것입니다. '성서도구주의'가 무엇입니까? 하나님 말씀이 한 영혼의 걸음을 인도하는 것이 아니라 자아의 가치에 함몰된 특정 개인이 하나님 말씀을 인위적으로 조합한 뒤에 자신의 필요에 맞추어 그 의미를 취사선택하고 있습니다. 칼 바르트(Karl Barth)는 '자아의 내적 경험'을 강조하는 슐라이어마허(Friedrich Ernst Daniel Schleiermacher)의 신학에 대한 비판으로 "하나님을 거울에 비친 자신의 자아의 영상으로 이해한다"라고 일침을 놓았습니다. 오늘날 교회 안에는 슐라이어마허라는 인물을 알건 모르건 상관없이 그의 제자가 된 사람이 너무 많습니다. 이들은 철저하게 '자아의 필요'라는 창을 통해서 말씀을 보기 때문에 하나님은 철저하게 자아의 필요만을 위해 존재하는 작은 신이 되어 있습니다. 더 나아가 자신이 경험하고 체험한 영적, 종교적 현상의 너머에 계신 하나님은 인정하지 않습니다. 자신의 경험 영역을 벗어난 하나님은 의미도 없을 뿐더러 이해가 되지 않는 것입니다.

큐티를 열심히 하는 그 행위가 절대적인 하나님 말씀 앞에 순종하기 위한 과정이 아니라 '자신의 필요'를 채우기 위한 몸부림이 되어 갑니다. 큐티의 세계로 들어가는 사람은 자신의 관점과 필요에 대한 포기가 선행되어야 합니다. '내게 유익한 말씀'을 찾기 위해 경건의 시간을 갖는 것이 아니라 주님의 그 어떤 요구와 명령에도 순종하겠다는 마음으로 말씀을 열어 보십시오. 하나님 말씀이 신자들의 삶에서 열매를 맺고 성취되는 과정은 고통과 눈물을 동반하는 경우가 허다합니다. 이것을 감수하겠다는 각오가 없다면 큐티는 그만두는 것이 좋습니다. 하나님 말씀을 장난감 '레고'로 만드는 것은 시간문제입니다. 참된 신자는 하나님 말씀을 읽는 이유와 태도가 다릅니다. 하나님의 온전하신 뜻을 발견하고 기뻐합니다. 말씀 안에 서려 있는 뜻이 자신의 인생을 고난의 현장으로 내모는 상황이 된다고 해도 평강 중에 그 길을 가는 것입니다. "말씀하소서. 종이 듣겠나이다!" 바로 이 정신이 살아 있어야 합니다. 어떤 의미에서 큐티는 양날의 칼입니다. 어떤 자세와 마음가짐으로 이 시간을 갖느냐에 따라 그 영향과 결과가 판이하게 달라집니다. 성경을 자기의 유익을 위한 도구로 사용하지 말고 그 말씀의 지배를 받는 하나님의 사람이 되시기를 빕니다.

▎준비되었다는 말의 의미 ▎

 오늘날 많은 신자와 사역자들이 똑똑하고 능력 있는 사람이 되고자 굉장한 노력을 기울입니다. 그래선지 학위, 외국어, 인간관계, 외모에 신경을 쓰는 사람이 갈수록 늘고 있습니다. 마음의 동기가 어디에 있는지 함부로 판단할 수 없는 문제이기에 이런 현상을 비판적 시각으로만 이해하는 것도 문제가 있습니다. "준비한 만큼 쓰임 받는다"라는 말을 각자 자신의 삶에 적용하는 과정이라고 생각합니다. 그러나 다소 우려스러운 것은 이런 가르침의 결과가 너무 일방적인 현상으로 나타나고 있습니다.

 '준비된 사람'이라는 표현을 '부족함이 없는 존재'가 되는 것으로 해석하여 자신의 삶에 적용하는 것을 봅니다. '준비된 사람'이라는 말을 어떤 방식으로 이해하고 받아들이느냐가 중요합니다. 하나님이 요구하시는 준비는 인간들 쪽에서 생각하는 것과 이질적인 경우가 많습니다. 하나님이 주의 일을 감당해 기도록 준비시키는 가장 중요한 항목은 인간 자신의 무능함을 철저하게 자각하는 것입니다. 이것 없이는 그 누구도 하나님의 일을 감당할 수 없습니다. 역사 가운데 하나님 앞에 귀하게 쓰임 받던 모든 사람이 이 항목을 '전공 필수'로 이수한 후 현장에 달려갔습니다. 감각이 둔하고 느린 사람은 사역 중에라도 반드시 이 과정을 이수합니다. 아주 처절하게 '자신의 보잘것없음'을 깨닫는 자만이 하나님의 도구로서의 생애를 살 수 있는 것입니다. 하나님의 일은 하나님 스스로 성취하고 이루어 낼 수 있다는 믿음이 없으면 그 어떤 준비도 무용지물입니다. "내가 죽을힘을 다해 준비한 것들이 없으면 하나님도 일하실 수 없다"라는 생각은 주의 일을 해서는 안 되는 존재가 바로 나라는 사실을 확인시켜 주는 말입니다. "인간을 통해서 일하신다"는 말을 강조하는 것은 좋지만, 그것의 의미를 "인간의 도움이 없이는 안 된다"로 이해해서는 곤란합니다. 하나님이 자기 일을 이루어 가실 때 한결같이 등장하는 특징에 주목해야 합니다.

하나님은 은혜의 흔적을 남기는 방식으로 당신의 일을 이루어 가십니다. 무슨 말입니까? 이루시고 성취하신 그 일이 한 인간의 자질과 능력으로 만들어 낸 작품이 아니라는 것을 분명하게 드러내신다는 말입니다. 어떤 누가 보더라도 "저 사람의 실력으로 저 일은 불가능한 일이었는데 어떻게 이루어졌지?" 하는 의구심을 들게 하십니다. 다른 신자들의 마음에 은혜로 이루어진 일임을 새겨 넣은 방식으로 일하시는 것입니다. 세상의 기준과 준비의 관점에서 볼 때 '전혀 아니올시다'의 평가를 받은 사람을 통해 누구도 예상치 못한 큰일을 이루어 내십니다. 인간의 무능함이 하나님의 일에 조금도 걸림돌이 되지 않습니다. 그래서 주의 일을 감당함에 있어 가장 무서운 질병은 교만이라기에 앞서 비참한 열등감입니다. "내 꼬락서니가 이 모양인데 어떻게 쓰임 받겠어?" 이것은 하나님이 누구이신지에 대한 이해가 전혀 없는 사람의 고백입니다.

어떤 의미에서 아무것도 갖추지 못한 현실은 하나님의 크심을 증명하기에 더없이 좋은 여건입니다. 그러나 영적인 분별력이 없는 우리는 이 세상 사람들에게 먹힐 수 있는 능력을 달라고 비통의 눈물로 아우성치고 있습니다. 누가 무엇으로 하나님의 일과 역사하심을 규정합니까? 하나님이 자기 일을 직접 규정하십니다. "이건 주의 일이고, 저건 주의 일이 아니야!" 오늘날 우리 안의 가장 큰 문제는 우리 스스로 하나님의 일을 규정하는 주체가 돼버린 것입니다.

인간의 본성은 항상 영웅을 그리워합니다. 한 사람의 영웅을 좋아할 뿐 아니라 영웅적인 과업과 업적도 사랑합니다. 그것을 나팔 부는 재미로 사는 사람들이 곧 타락한 본성을 가진 인간의 정체입니다. 자신의 노력과 수고가 들어간 그 엄청난 결과물에 '하나님의 역사'라는 커다란 타이틀을 새겨 넣으면 금상첨화라고 생각합니다.

"나의 피땀 어린 열심과 고생으로 개척 6개월 만에 성도 수 1,000명을 넘겼으니 이것이 하나님의 역사가 아니라면 어떻게 설명할 수 있겠습니까?" 하나님의 은혜의 흔적을 조금도 찾아볼 수 없는 이러한 거창한 화술로 포장하고 화려한 인맥을 동원한 후 순식간에 하나님의 일로 둔갑시키는 데 능숙합니다. 자신은 한평생 스스로 준비한 대로 주의 일을 위해 수고했다고 생각하면서 살지만, 그분의 일과는 전혀 상관없는 인생으로 살 수 있음을 두려운 마음으로 건시해야 합니다. 하나님의 은혜의 흔적이 보이지 않는 현상은 인간의 열심과 조직력의 부산물이지 결코 하나님의 일이 될 수 없습니다.

그런 의미에서 라은성 교수의 《이것이 교회사다》에 나오는 다음 관점은 큰 은혜가 됩니다. 마틴 루터(Martin Luther), 존 칼빈(John Calvin), 울리히 츠빙글리(Ulrich Zwingli)는 종교개혁을 준비하지 않았습니다. 그들은 열심히 공부한 학생에 불과합니다. 자신의 미래를 위해 착실하게 학업에 임한 평범한 사람으로 그들을 보는 것이 객관적인 평가입니다. 그들 수준의 지성적 능력을 소유한 사람은 참 많이 있었습니다. 그들이 종교개혁의 중심에 설 수 있었던 것은 오직 한 가지 이유밖에 없습니다. '은혜의 우발성'이 그들을 역사적인 자리에 세워 놓은 것입니다. 그들은 종교개혁에 대한 준비도, 계획도, 기대도 없었습니다. 그런데 이 종교개혁의 결과를 특정한 개인의 능력과 준비에 초점을 맞추어 설명하는 것은 역사 안에 분명히 새겨진 하나님 은혜의 흔적을 지우려는 시도가 되는 것입니다. 하나님의 은혜와 일하심이 없었다면 루터는 그저 그런 수도원의 일원으로, 칼빈과 츠빙글리는 제법 실력 있는 인문학자나 법관으로 생애를 마쳤을 것입니다. 종교개혁은 하나님이 평범한 인간들을 들어 사용하셔서 친히 이루어 낸 하나님의 역사이지 인간들의 열심과 노력의 결과물이 결코 아닙니다.

"준비한 만큼 쓰임 받는다"라는 말은 참 모호한 표현입니다. 우리의 본분은 겸손하게 이 표현을 이해한 다음 각자의 삶의 현장에 적용하는 것입니다. '하나님의 부르심 앞에 순종함으로 쓰임 받은 인생이었느냐'가 중요한 것이지, '성공했다', '실패했다', '잘했다', '못했다'로 나누는 것은 하나님이 어떤 방식으로 일하시는 분인지에 대한 이해가 결핍된 것입니다.

한 인간의 남다름과 탁월함이 주의 일을 이루어 내는 것이 아님을 기억하십시오. 자신의 초라함과 준비되어 있지 못한 객관적 현실 때문에 하나님의 일이 방해받는다고 생각하지 마십시오. 지금 우리들의 초라한 현실에 조금의 제한도 받지 않으시고 당신의 일을 이루어 가시는 하나님을 만나시길 바랍니다.

| 감사하지 못할 환경은 없습니다 |

사역자로 살다 보면 어떤 순간 무척이나 창피해서 숨고 싶을 때가 있습니다. 그 대표적인 상황이 성도들의 헌신과 믿음의 고백이 목회자 자신보다 훨씬 깊은 차원으로 펼쳐질 때입니다.

영국에서 공부할 때 그곳에서 참 귀한 집사님 한 분을 만났습니다. 윤 집사님은 지금도 제가 너무나 뵙고 싶고 갚아야 할 은혜가 많은 분입니다. 저는 기본적으로 음악에 무척이나 약한 사람입니다. 음정은 제법 괜찮은데 박자 감각이 거의 없습니다. 그래서 찬송 인도는 완전 젬병입니다. 이것이 객관적인 현실임에도 제가 인도하는 찬송을 그렇게 좋아하시고 많은 눈물로 반응해 주신 분이 윤 집사님이었습니다.

"집사님, 왜 그리 많이 우십니까? 찬송하실 때마다 우시는 모습을 보면 무슨 사연이 있으신 것 같은데요?"

윤 집사님에 대해 아무것도 모르던 저는 큰 실수를 저질렀습니다. 집사님의 상처와 아픔을 철없이 터치하고 만 것입니다. 집사님에게는 장성한 딸이 있었습니다. 영국에서도 수재라고 불릴 만큼 뛰어난 성적을 올린 딸이었습니다. 불행하게도 이 딸에게 어느 날 암이 찾아왔습니다. 집사님은 모든 수단과 방법을 동원해 딸을 살려보려고 몸부림쳤지만 하나님은 그 딸을 부르셨습니다. 저의 무례한 질문에 집사님은 이 사연을 눈물로 토해 놓으셨습니다. 얼마나 죄송하고 미안한지 고개를 들 수 없었습니다. 그 시간 이후로 집사님과 굉장히 가까워졌습니다.

궁핍하고 고단했던 그 시절, 집사님은 항상 저를 위로해 주셨고 큰 도움을 주셨습니다.

"전도사님, 어려운 중이지만 열심히 사역하시고 절대로 좌절하지 마십시오. 제가 늘 돕겠습니다."

윤 집사님은 영국에서 지내는 동안 우리 가정을 크게 섬겨 주셨습니다. 엘리야에게 까마귀가 있다면 저에게는 윤 집사님이 있다고 할 만큼 큰 힘이 되어 주셨습니다. 영국 생활을 접고 귀국하기로 마음먹은 날, 집사님을 찾아가 인사를 드렸습니다. 평생 저의 심장에서 지워지지 않을 놀라운 고백을 듣게 되었습니다. 아직도 그 감동과 은혜를 잊을 수가 없습니다.

"전도사님, 솔직히 딸 때문에 여전히 많이 아프고 힘들어요. 하지만 딸과 함께 보낸 추억으로 하나님 앞에 너무나 감사해요. 그것이 저의 믿음의 고백입니다."

눈물을 흘리며 전해 주신 이 한마디가 너무나 깊이 제 가슴에 새겨졌습니다.

'세상이 감당하지 못할 믿음이란 바로 이런 것이구나!'

그렇습니다. 하나님 앞에 감사하지 못할 현실과 상황은 존재하지 않습니다. 아무리 비참한 처지와 여건에 놓여 있더라도 하나님의 변함없는 사랑과 신실하심을 볼 수 있습니다. 우리의 믿음 없음과 닫힌 눈이 문제이지, 하나님은 변함없는 사랑과 열정으로 우리를 품고 계십니다.

우리 삶과 인생에 좋은 것들을 주기 원하시는 하나님의 손길을 의심하지 마십시오. 그것이 신자가 가야할 길이며 살 길입니다. 오늘 우리가 굶고 있다면 굶는 것이 내게 유익하기 때문에 그 환경을 허락하시는 것입니다. 삶은 여전히 우리에게 좌절과 아픔을 안기고, 우리가 꿈꾸던 길과 비전은 허망하게 사라진 듯하지만, 그것이 나를 향한 하나님의 뜨거운 손길임을 믿고 뚜벅뚜벅 각자에게 주어진 길을 걸어가십시다. "죽겠다!"고 하지 마시고 "인생 참 다이내믹하다!"고 고백하는 복된 사람이 되시기 바랍니다.

| 자신과 따로 움직이는 감정 |

"외로워도 슬퍼도 나는 안 울어. 참고 참고 또 참지 울긴 왜 울어."

이렇게 독한 사람은 없습니다. 캔디에게만 가능한 이야기입니다. 하나님은 우리에게 정서와 감정을 허락하셨습니다. 문제는 정서와 감정이 긍정적인 역할을 하는 경우보다 그 반대의 역할을 할 때가 훨씬 많다는 것입니다.

"난 이제 안 해. 절대로 봉사 안 해!"

어디서 많이 들어 본 이야기 아닙니까? 교회에 다닌 지도 오래 되었고, 신앙의 고백도 분명하고, 헌신의 내용과 수준도 뛰어나고, 인격적으로도 훌륭한 사람이 이처럼 무너지는 경우를 자주 보게 됩니다.

사람의 사고 영역 안에는 이성과 감정이 제각각 일정 부분의 세력을 형성하고 있습니다. 그러나 통상적으로 이 두 실체가 싸움을 벌이게 될 때 감정이 승리하는 경우가 훨씬 많습니다. 그리고 감정의 문제는 우리가 생각하는 것보다 신앙에 많은 영향을 미칩니다. 감정이란 놈은 삶의 다양한 원인으로부터 쉽게 영향을 받을 뿐 아니라 그 영향력 또한 굉장합니다. 이것이 감정이 지니는 무서움입니다.

감정은 차가운 기질을 가진 사람의 삶에도 자신만이 개척해 놓은 루트로 침투하여 한 사람의 영혼을 뒤집습니다. 차가운 논리와 침착한 이성도 압도해 버립니다. 소위 '기분대로' 현실을 파악하고 행동하도록 무서울 정도의 압력을 가하는 존재가 감정입니다. 이처럼 감정은 이성과 믿음을 무너뜨리고 절망의 나락으로 몰아가는 가공할 힘을 가지고 있습니다.

감정에 사로잡히기 시작하면 객관적 사실과 믿음과는 별개로 우울, 분노, 원망, 자기 연민의 자리로 삶이 내몰리게 됩니다. 감정의 문제는 한 사람의 신앙과 믿음의 성숙 정도와 상관없이 거의 모든 사람의 삶 속으로 찾아와 부정적인 영향을 행사합니다. 공무원 시험의 압박감에 사로잡힌 청년, 퇴출 통보를 받은 아버지, 암 선고를 받은 주부, 이웃 교회의 성장에 스트레스를 받는 목사, 왕따의 위기에 처한 청소년, 사채 시장에서 빌린 이자의 압박에 시달리는 동네 아저씨……. 이 모든 사람이 감정으로 인해 신앙이 무너질 가능성이 있는 이들입니다.

그러므로 하나님을 알아가고, 그분의 뜻대로 온전한 신자의 삶을 살기 위해서는 감정을 다스리는 일이 필수입니다. C. S. 루이스는 감정과 관련한 너무나 정확한 일성을 날립니다.

"자신의 기분에게 '비켜날 때'를 가르치지 않는 한, 당신은 절대 건전한 그리스도인이나 하다못해 건전한 무신론자도 될 수 없다."

일반적으로 감정이 부정적인 결과를 가지고 사람을 넘어지게 할 때 이용하는 것이 두 가지가 있습니다. '고독'과 '관계'가 그것입니다. 하와가 언제 무너졌는지를 확인해 보십시오. '동산을 홀로 걸을 때'였습니다. 혼자 있을 때 지극히 주관적인 사고를 냉철한 이성적 사고로 착각합니다. 보통 남자들이 집과 아내를 떠나 호텔방에 홀로 있을 때 더러운 일탈의 감정에 노출됩니다. 혼자 있을 때 방어하기 어려운 최고 수준의 부정적 유혹이 감정을 통해 침투하는 것입니다. 자기 자신을 객관적으로 평가할 때 그 항목 안에 반드시 포함시켜야 할 것이 있습니다. "혼자 있을 때 나 자신은 어떤 인간이 되는가?" 바로 이것입니다. 하나님 앞에서 위대하게 쓰임 받던 불세출의 종들도 홀로 있을 때 자신의 감정에 사로잡힌 나머지 비통과 절망의 자리로 떨어지는 경우를 보게 됩니다.

"주께서 내 심령이 평강에서 멀리 떠나게 하시니 내가 복을 내어버렸음이여 스스로 이르기를 나의 힘과 여호와께 대한 내 소망이 끊어졌다하였도다."

눈물의 선지자 예레미야의 고백입니다. 여기에서 중요한 단어는 '스스로'입니다. 혼자서 자기감정에 충실한 것입니다. '내어버렸다'는 단어를 영어 성경(NIV)으로 보면 'have forgotten'입니다. 잊어버린 것입니다. 자기 혼자 생각할 때 하나님이 은혜와 복을 전부 거두어 갔다고 생각한 것입니다. 문제는 이것이 객관적 사실이 아니라는 것입니다. '혼자 있을 때'란 물리적인 면만을 말하는 것이 아님을 기억하십시오. 인의 장막 속에서도 '나 홀로의 세계'는 얼마든지 가능하기 때문입니다.

관계성에서 오는 감정의 손상도 심각합니다. 교회 안에는 우리의 예상과 기대를 넘어서는 원수들이 생각보다 많습니다. 목사에게 돈을 빌리러 오는 사람, 헌금한 돈을 다시 돌려달라고 하는 사람, 모든 소식을 이곳저곳으로 전달하는 사람, 교회에 남은 반찬을 전문적으로 가져가는 사람, 어떤 사람도 감당할 수 없는 변덕의 달인, 집사 안 시켜 준다고 삐치는 사람, 일은 잘하는데 인격은 모가 난 사람……. 교회에서 우리를 가장 힘들게 하는 것은 바로 '사람'입니다. 이런 사람들과 만나서 교제하며 주님을 섬기다 보면 하나님에 대한 실망이 아니라 인간에 대한 실망으로 인해 마음에 큰 상처를 입는 사람이 부지기수입니다. 직접적인 신앙의 문제가 시험을 가져오기보다는 사람 때문에 시험 속으로 들어가게 되는 것입니다. 우리는 교회 안에서 인간들로부터 오는 상식 이하의 경우와 상식을 넘어서는 경우를 동시에 만납니다. 이처럼 사람을 통해서 만나는 '두 경우'가 우리의 감정에 불을 붙입니다.

"목사님, 정말 교회 옮기고 싶어요. 더 이상은 그 집사와 함께 지낼 수가 없네요."

오늘날 목사들의 서글픈 현실은 목회의 본질적 내용을 가지고 고민하는 시간보다는 감정의 손상을 입은 '삐친 사람 달래기'에 목회의 절반을 쏟아부어야 한다는 것입니다.

관계성에서 오는 감정의 무너짐은 인간에 대한 실망을 동반하고 찾아오기 때문에 고독한 삶의 자리로 몰아가서 감정 손상의 2라운드를 다시 시작하게 합니다. 그래서 더 위험한 측면을 가지고 있는 것입니다. 감정을 다스리고 이겨 내는 것은 쉬운 일이 아닙니다. 이 문제와 관련해서 마틴 로이드 존스의 역작《영적 침체》보다 선명하고 명확한 답을 제공하는 '그 무엇'을 아직 만나 보지 못했습니다.

"당신 삶의 불행은 다분히 당신이 자신에게 명령하지 않고 자신의 말을 듣고 있다는 사실 때문임을 깨달은 적이 있는가?"

무슨 말입니까? 자신의 감정을 향해 단호한 지시를 내리지 않고 감정의 말만을 일방적으로 들을 때 우리는 감정의 노예로 살 수밖에 없다는 말입니다. 위대한 설교가 마틴 로이드 존스는 내 안의 타자인 영혼을 향해 나무라고, 비판하고, 타이르고, 격려하는 일을 계속해야 됨을 강조합니다.

"절대로 그에게 끌려가지 말고 그가 당신을 우울하게 만들도록 그냥 두지 말라."

얼마나 귀중한 표현입니까? 여러분 안에 객관적 실체로 자리 잡고 있는 감정을 다스리지 못하면 스쳐 지나가는 일시적인 감정이나 충동적인 생각에 사로잡혀 살 수밖에 없습니다.

자신의 기질과 성품의 연약한 점을 부지런히 확인하셔서, 경건의 연습과 훈련으로 감정을 능숙하게 다스릴 줄 아는 자리에 서시기를 바랍니다.

| 참아 내기 |

제가 아내와 함께 국제학교에서 근무할 때입니다. 그곳에 재미난 목사님이 한 분 계셨습니다. 학교 직원들에게 상습적으로 돈을 빌리는 분이었습니다. 저는 그 목사님이 그런 행동을 하시는 것을 전혀 모르고 있었습니다. 어느 날 저에게도 그 목사님이 찾아왔습니다.

"김 목사, 집에 급한 사정이 생겼어. 여윳돈 있으면 10만 원만 좀 빌려 줄 수 있겠어?"

"목사님, 그 정도는 있지요. 제가 빌려드리겠습니다."

기분 좋게 드렸습니다. 문제는 시간이 아무리 지나도 갚을 생각을 하지 않는다는 것입니다. 여기저기서 들리는 소식이 저에게도 전해졌습니다. 학교 교직원 중 상당수가 그 목사님에게 돈을 빌려 주고 돌려받지 못했다는 것입니다. 빌려 준 액수에 따라서 사람들 반응이 달랐습니다. 금액이 큰 사람은 분노와 배신감을, 액수가 적은 사람은 자포자기의 심정을 토로했습니다. 저 같은 경우에는 억울한 일을 당하면 참지 못하는 성향이 있어선지 소위 '끝장'을 보고 싶은 마음이 가득했습니다. 기도하면서 그 상황을 잘 이겨 냈지만, 솔직히 못 받은 돈에 대한 미련은 끝까지 남았습니다.

이런 일을 경험하면서 죄라는 놈은 참으로 교묘하게 신자의 삶에 침투한다는 것을 의식하게 되었습니다. 누가 보더라도 잘못을 저지른 쪽은 상대방이고, 억울한 입장에 처한 사람은 자신이 되는 경우, 우리는 자신을 제대로 통제하지 못한다는 말입니다. 자신도 모르는 사이에 '헐크'가 되어 있는 것을 발견합니다. '성질부림'을 통해서 명백한 잘못을 저지른 사람을 꼭 '바보'로 만들고 싶은 욕망이 충만하게 되는 것입니다(조용한 목소리로 사람을 잡는 사람은 더 무섭고요). 그것을 통해서 자신은 '의로운 분노자'로 등극하는 것입니다. 상황도 얼마나 좋습니까? 모두가 나를 응원하고 있고, 그 사람은 궁지에 몰릴 수밖에 없는 상황입니다. 그동안 받은 스트레스를 한 방에 풀 수 있는 절호의 기회가 생긴 것입니다. 아무리 성질을 부려도 그것이 정당화될 수 있는 명분을 확보했다는 이유로, 우리가 가진 고약하고 못된 성질과 혈기를 다 쏟아 부으려는 성향이 우리 안에 내재해 있음을 봅니다. 죄는 "내가 분명히 옳은 일을 하고 있다"라는 확신을 이용해 침투해 들어옵니다. 이것이 죄의 무서움입니다.

우리가 반드시 명심해야 하는 것은, 사람 사이의 일을 정당한 절차와 명분을 통해 이긴다고 해서 신자의 위상이 확보되는 것이 아니라는 점입니다. 한마디로 성숙한 신자가 가야 할 길이 아닙니다. 주님은 신자들로 하여금 자신에게 주어진 '억울함의 십자가'를 기쁨으로 참아 내는 방식으로 이 세상을 살아가도록 요구하십니다. 그러므로 신자는 약간의 '바보스러움'을 삶의 방식으로 익혀 가야 하는 존재입니다. 하나님은 자기 백성의 유익을 위해서 우발적으로 이런 상황을 계속해서 제공하시는 것 같습니다.

상식적이고, 신실하고, 믿음이 좋고, 인품이 좋은 사람들만 만나서 살면 좋겠는데 신자에게는 그런 삶이 허락되지 않습니다. 교회 안에는 '최소한의 예의'를 지키지 않는 사람이 많습니다. 이런 사람들을 향해 기꺼이 손해 보고 참아 주는 사람이 되는 것이 신자가 사활을 걸고 싸워야 하는 믿음의 싸움입니다. 왜냐하면, 이런 과정이 없이는 그리스도의 사랑과 온유를 닮지 못하기 때문입니다. 어떤 일이 있더라도 원수 같이 느껴지는 인간에 대한 최종적인 기대를 포기하지 않고, 끝까지 함께하겠다는 각오와 다짐이 주님을 배워 가는 과정입니다.

이 세상 사람들이 결코 흉내 낼 수 없는 신자만이 감당할 수 있는 삶의 방식은 상대방의 못남과 연약함을 자신의 어깨 위에 짊어지는 것입니다. 교회는 이 세상의 가치와 상식을 연습하는 곳이 아닙니다. 쉽게 말해 한두 번 참아 주고 인내하다가 "꺼져!" 하는 곳이 아닙니다.

주의 교회는 상식 이하인 사람들을 향해 끝까지 참고, 인내하고, 용서하기로 작정한 이 시대의 '바보'들이 모인 곳입니다. 이 믿음의 싸움을 위해서 하나님은 가장 적절한 환경을 우리에게 허락하시며, 가장 큰 열심으로 우리의 삶을 그 방향으로 인도하십니다. 이런 확신이 없을 때 억울한 사연은 독이 되어 신자의 인격을 무너뜨립니다. 온전한 사람이 되는 것이 신앙의 목표가 되어야 합니다. 기독교 신앙은 행동이 아니라 존재의 변화에 초점이 맞추어져 있다는 사실을 한시도 잊지 마십시오.

그러므로 무언가를 성취하고 이루어 낸 신앙적 업적이 없다고 초조해하지 말고, 내 성품에 따뜻함이 사라지고 있는 현실 때문에 우는 사람이 되십시오. 하나님의 관심사는 다른 곳에 있습니다. 주변의 원수(?)들을 통해 그리스도의 형상으로 빚어 가시는 것이 하나님이 우리들 각자를 향해 가지신 중요한 목표입니다. 그러므로 우리는 우리의 형제자매들을 능력과 실용성이나 이해관계로 평가하거나 판단해서는 안 됩니다. 무엇보다 이런 마음은 절대로 가지지 마십시오.

"저런 개떡 같은 인간만 사라지면 우리 교회는 부흥할 텐데!"

하나님이 여러분을 참된 신자로 다듬어 가시는 최고의 도구들을 향해 이런 마음을 가지는 것은 하나님의 선택을 부정하는 것이 된다는 사실을 기억하십시오. 여러분 마음에 누군가를 향해 그런 앙금이 있다면 "난 아직 멀었구나!" 하고 생각하시면 정확한 진단입니다. 그런 원수(?)가 하나님 앞에서 온전해져서 하나님의 영광을 구하고 성도들을 섬기는 사람이 될 것을 믿고 기다리는 사람이 되어야 합니다.

알고 보면 우리는 누군가의 배려와 용납을 통해서 이 자리까지 온 것입니다. 주님을 찾아온 사람 중에는 그 누구도 버릴 사람이 없음을 명심하십시오. 싸우더라도 "야, 네가 신자냐?" 같은 말은 금물입니다. 그것은 반칙입니다. 교회 일을 하면서 사람이 거칠어지고 있다는 것은 기독교 신앙을 완전히 오해하고 있는 것입니다. 교회 일로 여러분이 사나워지고 있음을 느낀다면 그 일을 놓으십시오.

우리에게 주어진 봉사와 헌신의 기회는 그것 자체가 목적이 아니라 하나님의 사람으로 온전해지기 위한 수단입니다. 교회 일로 성질을 부리고 있다는 것은 수단이 목적을 잡아먹은 것입니다.

| 하나님, 그만 좀 하세요 |

고난이 연달아 우리의 삶을 찾아오면 마음이 심하게 움츠러듭니다. 자연스럽게 하나님을 향해 마지노선을 통보합니다.

"하나님, 제발 이 선만큼은 넘지 말아 주세요. 이 지점이 무너지면 저의 신앙의 여정도 끝이 납니다. 더는 버텨 낼 힘이 제게 없습니다."

이렇게 우리는 간절한 마음으로 하나님을 향해 우리의 한계점을 분명하게 알립니다. 그러나 하나님은 우리의 기대와 바람을 부수고 우리가 설정해서 통보해 올린 그 선을 넘어 들어오십니다. 야박하다는 감정을 넘어 신경질 섞인 원망이 터져 나옵니다.

"하나님, 해도 해도 너무한 것 아닙니까? 감당치 못할 시험은 허락하지 않으신다면서요?"

그 지점에서 우리의 신앙은 흔들리기 시작합니다.

"진심으로 기도할 때나 하지 않을 때나 삶의 현실은 별 차이가 없구나!"

우리의 영혼 속에서 기도의 무용론이 고개를 들고, 하나님의 실존을 의심하는 자리로 나아가게 됩니다.

C. S. 루이스가 《헤아려 본 슬픔》에서 사랑하는 아내 조이 데이비드만을 암으로 떠나 보낸 후에 통절한 심정으로 쏟아 놓은 그 고백이 우리의 것으로 느껴질 수밖에 없습니다.

"하나님은 어디에 계시는가? 이는 가장 큰 불안을 느끼게 하는 문제 가운데 하나다. 행복할 때, 즉 너무 행복해서 하나님이 필요하지 않다고 생각할 때 그분을 찬양하면 따뜻한 환대를 받는다. 그러나 다른 도움은 아무 소용이 없고 오직 그분의 도움만이 절실히 필요할 때 도움을 구하면 어떻게 될까? 그야말로 문전박대를 당한다. 안에서 빗장을 두 번, 세 번 걸어 잠그는 소리가 들린 후에 긴 침묵이 이어진다. 그럴 때엔 발길을 되돌리는 것이 차라리 현명하다."

그런데 참으로 이상하고 답답한 것은 신자가 하나님에 대한 극도의 실망과 좌절을 깊이 느끼고, 삶이 엉망이 돼버린 상황에서조차도 신앙을 포기하지 않는 자신을 봅니다. 미치고 환장할 노릇입니다.

"왜 이럴까? 나에게 더 무슨 미련이 있는가? 사람에 대한 정 때문에 이 걸음을 멈추지 못하는 것인가? 그것이 아니면 그동안 교회 경조사에 쏟아부은 돈에 대한 미련 때문인가?" 이렇게도 생각해 보고 저렇게도 생각해 보지만, 그 답을 쉽게 찾아내지 못합니다. 해답을 찾기 위한 몸부림의 끝자락에서 우리는 참으로 귀한 사실을 깨닫습니다. 신앙이란 신자 자신의 의지와 힘으로 끊을 수 있는 것이 아님을 알게 됨과 동시에 선물로 주어져 영혼에 새겨진 이 믿음의 본질과 실체가 신자 자신이 생각하는 것보다 훨씬 깊고 강한 것임을 자각하는 것입니다. 내 믿음의 크기를 나 자신이 그 누구보다 정확하게 인식하고 있다고 생각했고, 그것의 시작과 마무리도 내 선택과 결단으로 이루어질 줄 알았는데 그 계산과 인식이 틀렸음을 인정하게 됩니다.

여호와여 내가 알거니와 주의 심판은 의로우시고 주께서 나를 괴롭게 하심은 성실하심 때문이니이다(시 119:75)

하나님은 이 항복과 고백을 받아 내시고야 맙니다. 기독교 신앙은 신자 자신이 정해 놓은 인식의 틀 안에 하나님을 일방적으로 가두어 두는 것이 아닙니다. 하나님은 우리의 경험, 기도, 전통, 윤리, 역사를 넘어서는 분입니다. 쉽게 말해 우리보다 훨씬 크고 광대하신 분입니다. 이 진술은 크신 하나님의 능력을 자신의 삶에 동원하는 차원에서 하는 말이 아닙니다. 우리의 인식과 이해의 범위를 넘어서는 분이라는 차원에서 크심을 말하는 것입니다. 이것을 인정하는 사람만이 기독교 신앙의 신비를 이해하게 됩니다. 우리는 끊임없이 열심과 헌신의 이름으로, 기도라는 수단을 통해서 이러한 사실을 거부할 때가 얼마나 많은지 모릅니다.

"하나님이 그렇게 하실 수는 없지. 내가 어떻게 주님을 섬겼고 기도했는데……. 지금 이 사실이 말이 된다고 생각해?"

우리의 신앙고백이 이런 차원에 머물러 있다면 우리 모두는 핍절한 신자임이 틀림없습니다.

우리는 긴 인생과 영원의 관점에서 우리가 경험하는 사건과 경험을 바라보지 못할 때가 너무 많습니다. 심하게 말하면, 국을 끓일 때 된장을 넣는 것이 나은지 똥을 넣는 것이 나은지 모를 때가 한두 번이 아닙니다. 기독교 신앙을 단순하게 만들어서 인간의 갈망이나 욕망을 투사시켜 어둡고 답답한 삶의 현실을 핑크빛 고속도로라는 어설픈 낙관주의로 치장하지 마십시오. 그것은 성경이 요구하는 참된 신앙과는 한참이나 거리가 멉니다. 아득함, 답답함, 눈물과 한숨 안에 담긴 가치가 빠른 해결, 기도 응답, 기쁨과 즐거움만큼이나 복되고 아름다운 것임을 온 마음으로 깨닫고 인정하는 믿음의 사람이 되시기를 바랍니다.

| 자아도취 |

칼럼니스트인 데이비드 브룩스(David Brooks)는 현대 심리학이 말하는 '자아도취증'의 몇 가지 전형을 제시하면서, 자아에 도취된 사람에게는 자아상이 "모든 신성하고 의로운 것의 성소"라고 지적했습니다. 한마디로 이들은 자신의 마음에 들지 않거나, 자신의 마음을 불편하게 하는 사람을 '신성모독'의 죄를 저지른 자들로 간주합니다. 자기의 마음과 생각이 모든 것을 판단하는 절대적 권위를 지님과 동시에 자기 자신이 신적 권위의 자리에 앉아 있습니다. "나는 신이다"를 에둘러 표현하고 있는 것

입니다. 이들은 자기의 경험과 삶의 철학, 기호와 성향에 반하는 짓을 감행하는 자들을 향해 날선 공격을 퍼부을 만반의 준비를 하고 있습니다.

엄밀하게 말하면, 사람은 누구나 '자아도취증'의 증세를 가지고 있습니다. 자기중심성에 기반을 둔 '이기심'이 없는 인생이 어디 있겠습니까? 이것의 형태를 포착해 내는 게 쉽지 않아서 문제지 인간의 마음은 자기 자신을 신으로 섬기려는 욕망으로 가득 찬 우상의 공장입니다.

자아도취증이 가장 선명하게 나타나는 현상은 "나보다 잘되는 꼴은 죽어도 못 본다"입니다. 조금 구체적으로 들어가 볼까요? 특별히 함께 우는 일에는 기쁜 마음으로 동참하지만, 함께 기뻐해야 하는 일에는 지극히 소극적인 인간의 모습을 보십시오. 남들이 잘되는 것에 박수를 보내는 경우는 그 잘됨의 규모와 수준이 박수를 쳐주는 당사자의 현실보다는 한 단계 아래 수준일 때입니다. 타인이 자신이 그어 놓은 수준과 기준을 넘어서는 성공과 성취를 이룰 때, 마음의 여유와 평안은 무너지기 시작합니다. 바로 그 순간부터 공격이 시작됩니다. 그 공격 방법은 지극히 세련되어 있습니다. 배가 아파서 하는 비판이 아니라 큰 대의나 신앙적 원칙을 지키기 위해 몸을 던져 희생하는 것처럼 위장합니다. 예를 들어, 성장을 계속해 가는 대형 교회들을 향한 가장 날카롭고 정확한 비판은 그 대형 교회의 성장과 성공을 가장 부러워하는 사람들로부터 쏟아져 나옵니다. 정확하고 날카로운 비판이 그 사람의 신앙적 수준을 담보해 주지 않음에도 불구하고 많은 사람은 화려한 그 입담에 속습니다. 큰 교회를 비판하는 그 마음 아래에는 "나도 저렇게 한번 성공해 보고 싶다"라는 간절한 마음이 깔려 있는 경우가 많습니다. 자기가 그 자리에 가야 하는

데 다른 사람이 가 있는 그 사실로 인해 괴로운 마음을 비판으로 한풀이 하고 있는 것입니다.

논점이 약간 빗나가는 느낌이 들긴 하지만, 이 이야기도 필요할 것 같습니다. 교회 음악에 대한 비판의 목소리가 높습니다(우려스러운 것이 사실입니다). 그런데 그 비판 속에는 "왜 내가 좋아하는 형태의 찬양을 부르지 않느냐?"의 독선에서 가해지는 공격이 참 많습니다. 객관적 현실은 이러함에도 불구하고 비판은 신학적, 철학적, 전통적 입장을 들먹이면서 감행하는 것입니다. "그러면 어떤 노래를 불러야 합니까?"라는 질문이 그를 향해 되돌아올 때는 움찔하면서도 대안이 없는 경우가 대부분입니다. 심사숙고 끝에 내놓는 음악은 거의 대동소이한 수준에 불과합니다. 인간의 자아도취 증세는 여기서 멈추지 않습니다. 자기가 중심이 되어 어떤 일을 주도하거나 가장 많은 주목을 받는 일이 현실로 나타나지 않을 때, 영역과 규모를 줄여서 다른 모임을 만들어 그곳에서 대장 노릇을 하려 합니다. "우리는 하나님과 사람 앞에서 정직하고 의롭게 살고자 교단 탈퇴라는 역사적 결단을 감행하게 되었습니다"라고 포장합니다.

철학자 윌리엄 어빈(William B. Irvine)의 말을 한번 들어 보십시오. "우주적 명성을 놓치면 그들은 지역적 명성, 인근의 평판, 관계망 내의 인기, 동료들 간의 두둔을 얻으려 한다. 마찬가지로 그들은 절대적 규모의 부를 쌓을 수 없으면 상대적 풍요를 추구한다. 물질적으로 자기 동료와 이웃과 친척과 친구보다 더 나아지려고 하는 것이다."

우리 안에 있는 '자아도취증'은 십자가의 은혜 아래서만 부서질 수 있습니다. 우리를 평생 동안 따라다니는 이 고질병이 늘 우리 안에 상존

하고 있음을 기억하십시오. 함께 즐거워하고 축하해야 하는 일에 그 누구보다 앞장서는 신자들이 되십시오. 교묘한 의로움으로 포장된 비판을 멈추고, 가능하면 상대의 아름다운 성취와 성공을 향해 진심으로 박수를 보낼 수 있는 믿음을 갖추시길 바랍니다.

| 불편한 경험들 |

하나님이 사람을 흙으로 만드시고 숨을 불어 넣으셨습니다. 그렇게 존재하게 된 인간을 히브리어로 '네페쉬'라고 합니다. 우리가 잘 아는 표현으로 '생령' 내지는 '살아 있는 영혼'을 말합니다.

그런데 '네페쉬'의 본래 의미는 '목구멍'입니다. 여기서 말하는 목구멍은 갈망을 의미합니다. 다시 말해 인간은 이성과 감성을 가진 존재이면서 동시에 무언가 목구멍에 채워지길 갈망하는 존재입니다. 꿈과 이상에 사로잡힌 젊은 시절은 어느새 지나가 버립니다. 사랑과 열정도 식어갑니다. 살면 살수록 좌절할 일이 많아지고 경중의 차이가 있긴 하지만 무력감이 깊어집니다.

우리도 모르는 사이에 "살아 보니 인생 별것 없더라"를 삶의 철학으로 자녀와 젊은이들에게 전수하게 됩니다. 각자에게 주어진 인생과 남은 연수가 때로는 무의미하게 느껴지기도 합니다. "이렇게 살고 싶지 않았는데……."

지나온 인생의 시간을 돌이켜 보니 즐겁고 복된 날보다는 자책하고 한숨 쉰 시간이 훨씬 많았음을 발견하고, 앞으로 걸어야 하는 시간도 그와 비슷하리라는 예상이 우리 자신을 더욱 슬프게 합니다. "왜 슬픈 예감은 틀린 적이 없나?" 하는 유행가의 가사처럼 적극적으로 수용하고 싶지 않는 현실이지만 인생이 그렇게 굴러가게 될 것을 우리 모두는 확신하고 있습니다. 탄식과 눈물의 고개를 넘지 않은 사람이 누가 있을까요? 절망과 좌절은 인간에게 떨어지지 않는 단짝 친구입니다.

아무리 멋지고, 신나고, 즐거운 경험도 그 기간은 짧고, 무엇보다도 우리의 갈망과 소원함의 깊이와 넓이를 전부 채워 주지 못합니다. 결혼이 그러하고, 월드컵 축구가 그러하고, 여행이 그러하고, 섹스가 그러하고, 사업의 성공이 그러합니다. 이것이 우리 삶의 현주소입니다. 하나님은 왜 인간을 이런 식으로 방치하실까요? 자기의 형상을 따라 지은 존재를 매일매일 가슴속에서 샴페인 터지는 경험으로 인도하시면 얼마나 좋냐 말입니다. 왜 끊임없이 또 다른 것을 갈망하고 소원하면서 애타고 목말라 하는 '네페쉬'의 자리로 내몰아 만족이 되지 않는 자리로 인도하실까요?

모든 사람을 만족시켜 줄 명확한 답은 그 어디에도 없습니다. 그러나 우리의 영혼에 희미하게나마 그 이유를 볼 수 있도록 해주는 일성을 C. S. 루이스가 던져 주었습니다. "이 세계에서 결코 만족을 주지 못하는 어떤 갈망을 경험한다면, 가장 타당한 설명은 내가 또 다른 세계를 위하여 만들어졌다는 것이다."

　놀라운 통찰입니다. 인생 가운데 경험하는 좌절, 절망, 눈물, 한숨, 무력감, 우울, 침체와 같은 정서가 꼭 부정적인 것만은 아닙니다. 이런 의미에서 보자면 "하나님은 사람들의 마음에 빈 공간을 만드셨다. 이 빈 공간은 어떤 것으로도 채울 수 없고 오직 하나님만으로 채울 수 있다"라고 말한 블레즈 파스칼(Blaise Pascal)은 인간과 인생의 본질을 꿰뚫고 있던 것이 틀림없습니다. 눈물과 한숨으로 가는 인생이라고 실패한 인생은 아님을 기억하십시오. 그것이 여러분으로 하여금 천성을 바라보게 하는 하나님의 세심한 인도하심임을 기억하는 복된 믿음의 사람이 되시기를 소망합니다.

| 겸손 |

　주님을 더 깊이 알아가고, 성령 하나님의 인도하심 가운데 신앙이 성장하고 있다는 명확한 표지 중의 하나는 '죄에 대한 민감함'입니다. 자기 자신의 죄의 깊이와 넓이에 대한 자각이 그 영혼을 진정한 겸손의 자리로 옮깁니다. 이것은 분명히 복되고 아름다운 것입니다. 그러나 비성경적인 죄책감 속에서 자신을 '자기 연민'으로 몰아넣으면서 그것을 신앙 성

숙의 표지로 착각하는 사람들이 제법 많습니다. 그리스도와의 인격적인 사귐을 통해서 형성되는 자발적 '자기비하'의 모습과 여전히 자기 자신이 주체와 주인으로 행세하면서 뿜어내는 '자기 연민'은 그 모양이 유사하기 때문에 구분하기가 쉽지 않습니다. 자기혐오와 자기 연민에 빠져 있는 사람이 신앙의 옷을 입고 나타나는 국면은 이러합니다.

"나는 죄인의 괴수입니다. 나는 분명한 죄인이라고요!"

이 외침을 통해서 강도 높게 그리고 공개적으로 스스로를 낮추는 그 행위에 타인들을 집중시키고자 합니다. 결국, 자신의 죄를 철저하게 고백하는 그 액션을 취하는 순간에도 '자기 부인'의 자리로는 나아가지 못하고 있습니다. 어떤 의미에서 그들은 스스로에게 속고 있는 것입니다. 쉽게 말해, 인간이란 존재는 '자기 연민'까지도 팔아서 다른 이들의 시선을 자기에게 집중시키는 완악한 존재라는 사실을 모르는 것입니다. 이들은 죄를 고백하는 강도를 점점 높여 갑니다. "나 같은 놈은 죽어야 돼!", "나 같은 쓰레기는 주의 일에 합당하지 못해!" 마치 누가 더 강하고 모질게 자신을 비판하는 능력을 가졌는가를 보여 주려고 작정한 것 같습니다. 이런 식의 자조적 태도의 가장 큰 문제는 그 시각과 관점을 가지고 다른 사람도 동일하게 판단한다는 것입니다. 믿음 안에 있는 다른 형제를 향해 잔인한 언어를 구사한다든지, 냉소적인 시각으로 폄하합니다.

"인간이 별것 있냐고? 다 똑같지. 고상한 척하지 말라니까!"

이들은 하나님 형상을 따라 지음을 받은 인간의 고귀함과 아름다움에 대해서는 조금도 관심이 없고 인간 안에 담긴 동물적 본성만을 집중적으로 부각하려고 안달이 나 있습니다. 그것을 가지고 본인은 '예리한 시각'을 가졌다고 은근히 자랑하는 자리까지 나아갑니다. 이들이 빠져나오지 못하는 함정은 '자기 몰두'입니다. 물론 우리 자신에 대한 자괴감과 자기혐오의 감정은 진정한 신앙의 발판이 되는 것이 사실입니다. C. S. 루이스도 "자괴감과 자기혐오는 긴 안목에서 보면 겸손에 이르도록 하는 메커니즘이다"라고 말했습니다. 그러나 이러한 감정이 '자기 집중'의 자리로 흘러가도록 만들면 안 됩니다. 그것은 신앙이 아닙니다. 엄밀한 의미에서 '자기 집중'은 자기 자신을 주인공으로 삼아 자기 의로움을 자랑하는 함정에 빠져들게 하는 것이기에 신앙적 관점에서 보자면 대단히 위험합니다.

진정한 회개의 열매는 '자기 집중'과 '자기 연민'의 자리에서 하나님의 관심과 시선의 자리로 옮겨가게 합니다. 이것을 놓치면 안 됩니다.

참된 회개의 열매인 겸손을 어떻게 정의해야 할까요? 그것은 자기 자신에 대한 낮은 평가이기보다는 자기 자신에 대해서 평가를 내리는 일에 자유로워지는 것입니다. 자기 자신에게 부여된 달란트를 지나친 언어를 동원해서 무시하고 부정하는 것이 아니라 하나님의 시각과 마음으로 자기 자신의 가치를 생각하면서 감사하는 마음이 진정한 겸손입니다. 자기의 객관적 능력을 실제보다 낮추어 평가하고 떠벌이는 것은 겸손과 거리가 멉니다. 겸손은 아름다움을 추하다고 보는 것이 결코 아니기 때문입니다.

결론적으로, 누군가 여러분을 향해서 진심 어린 칭찬과 격려를 보낼 때, "아니에요. 저 그런 사람 아니고요. 알고 보면 허당입니다"라고 말하지 마시고 "그렇게 봐주셔서 감사합니다" 이렇게 받는 겸손의 사람이 되시기를 바랍니다.

ㅣ 가난의 무서움 ㅣ

어려운 처지에 사는 이들에게 일방적으로 좋은 평가를 내리는 경향이 있습니다. 반면에 많이 배우고 사회에 영향력을 행사할 만큼 지식이 출중한 사람들을 깎아뭉개려는 성향이 강합니다.

상처받을 분들이 있을까 조금 염려가 되기는 하지만, 제 경험으로 볼 때 가난하거나 배우지 못한 사람들이 부유하거나 많이 배운 사람들보다 더 착하거나 순수하지 않았습니다. 오히려 삶의 초라함과 비천함이 그들의 마음을 상처받기 쉬운 상태로 만드는 경우를 많이 목격했습니다. 이 분들은 정확한 팩트를 가지고 사리를 따지면 별것도 아닌 문제와 상황을 과장하거나 상대방의 말을 있는 그대로 받아들이지 않고 '꼬아서' 받아들이는 경향이 강했습니다.

"목사님, 저 가난하게 산다고 무시하는 것입니까?"

"목사님, 저 과부라고 심방도 별로 오지 않고 차별하는 것입니까?"

이러한 공격 아닌 공격을 받다 보면 "정말 환장하겠네!" 하는 말의 의미를 이해할 수 있게 됩니다. 삶이 곤고한 사람들은 자기에게 닥친 인생의 버거움으로 인해 마음의 여유와 평정을 유지하기가 힘듭니다. 객관적인 시각을 가지기보다는 상처받아 힘든 마음이 지배하는 자기감정과 주관에 충실해집니다.

"내가 다른 것은 몰라도 눈치는 백단이야!" 하는 고백이 이분들의 한숨이기도 하지만 자랑이기도 합니다. 이런 현실 앞에서 세상은 참으로 비정합니다. 비천한 인생을 사는 사람들의 한풀이와도 같은 투정과 원망을 따뜻한 마음으로 이해하지 않습니다. "무식하니까 저렇게 용감하지. 주둥이로 나불대는 말을 들어 보면 불평과 원망밖에 없어. 사실 가난의 가장 큰 원인은 나태함과 게으름이거든. 저런 인간들 살아가는 모습을 있는 그대로 한번 보라니까! 무슨 계획이라도 세우고 사는 게 아니라 그냥 먹고 마시는 일에만 열중해. 계획이란 것도 없고 준비란 것도 없어. 저러니까 평생 저 모양으로 살다가 죽지."

세상은 처절한 환경에 놓인 사람의 현실을 이처럼 냉혹한 객관으로 묘사합니다. 그러나 교회는 그 객관적인 길로 가서는 안 됩니다. 왜냐하면 우리가 온 마음을 다해 섬기는 하나님 아버지가 그들을 있는 그대로 용납하시기 때문입니다. 하나님은 그 가난한 자들의 손을 잡으시며 하나님 나라를 그들에게 상속하는 일에 주저하지 않으십니다. 심지어 주의 일에 그들을 동참시키십니다. 이유가 무엇일까요? 가난한 자들의 순결과 진심 때문일까요? 결코 그렇지 않습니다. 가난한 사람은 가진 사람보다 더 착하거나 순수하지 않습니다. 하나님은 하나님 나라의 복음이 이 세상의 통치 방식과 지배 원리와 다른 종류의 것임을 증명하기 원하십니다. 단도직입적으로 말해 세상은 사람을 차별합니다. 많이 배우고, 많이 벌고, 많은 교양과 능력을 갖춘 자들을 선호하고 그들을 사용합니다.

그러나 하나님은 "능력은 내게 있다"라고 말씀하십니다. 우리의 아버지는 이런 사람을 사용하십니다. 가난해서 상처받기 쉬운 마음을 가진 사람, 현실 인식을 객관적으로 하지 못하는 사람, 원망과 불평으로 가득 차 있는 사람……. 그런 부족한 자들을 통해 자신의 섭리와 경륜을 이루어 내십니다.

"너희들이 가지고 있는 인간적인 한계와 부족함이 내게는 전혀 문제가 되지 않는다."

이 음성이 우리의 가장 큰 위로요 힘입니다.

교회는 정신을 차려야 합니다. 하나님이 어떤 방식으로 자신의 일을 이루어 가시는지에 대한 이해가 결여될 때 교회도 또 하나의 세상이 된다는 사실을 반드시 기억해야 합니다.

"우리 교회에도 능력 있는 사람 좀 왔으면 좋겠다." 이런 식의 정신 상태를 버려야 제대로 된 교회가 되는 것입니다. 지지리 궁상을 떠는 인간들로 구성된 교회가 무너지지 않고 하나님을 경배하는 현장으로 계속 남아 있는 사실에서 살아계신 하나님의 역사하심을 보게 됩니다. 가난하고 배우지 못해서 오늘도 원망과 신경질, 논리의 비약, 말의 과장을 반복하며 우리를 괴롭히고 힘들게 하는 사람들을 향해 "저 인간은 저래서 안 된다니까!" 하는 비난의 말을 믿음으로 삼키고 "저 사람도 주님이 사랑하시는 자이며, 나 역시 기난과 비천함으로 내몰릴 때 별반 다르지 않는 인생이지" 하는 이해와 긍휼의 마음을 가져야 합니다. 차별하지 않으시는 하나님을 우리의 실제 삶으로 표현해 내는 멋진 그리스도인이 되시기 바랍니다.

│ 위로의 방법 │

빌리 그레이엄 목사의 사모인 루스 그레이엄에게 어떤 부인이 다음과 같은 질문을 던졌다고 합니다.

"사모님, 혹시 목사님과 이혼하고 싶었던 적이 있나요?"

이 질문에 사모님이 한 대답입니다.

"아니요. 결단코 없습니다. 그러나 죽이고 싶은 때는 몇 번 있었습니다."

그리스도인이 꼭 기억해야 할 것이 있습니다. 기독교 신앙을 삶으로 살아 내는 현실 속에는 갈등과 염려가 멈추는 날이 없다는 사실입니다. 이것은 그 누구도 예외가 될 수 없습니다. 이 사실 앞에서 신자가 갖추어야 하는 가장 본질적인 신앙 덕목은 상대방의 눈물 나는 하소연을 진심으로 들어주고 공감하는 것입니다. 그러나 오해하지는 마십시오. 우리의 지체가 선택한 삶의 방식이나 문제의 핵심을 파악해서 잘잘못을 분별해 주는 것, 더 나아가 누군가의 연약함과 부족함을 읽어 내어 정확하게 판단하는 안목이 신앙의 실력이 아닙니다. 그러한 태도는 자칫하면 무서운 윤리 선생님이 되어 상한 마음의 신자를 더 괴롭게 만드는 결과를 초래합니다.

"야, 그것은 이렇게 하면 되고, 그 문제는 저렇게 처리하면 돼. 그리고 기도해. 너 기도 안 하지? 가정 예배 안 드리지? 그게 너의 문제야."

이 말 안에 틀린 게 있습니까? 그러나 참 아프게 느껴지는 것도 사실입니다. 자신의 지식과 신앙 경험을 가지고 상대방을 제압하려는 것이지 성숙한 신앙의 자세가 아닙니다. 우리는 아는 것이 힘이 되고 실력이 된다고 믿고 삽니다. 틀린 말은 아니지만 내가 아는 지식이 고통 중에 있는 형제를 변화시키고 위로를 줄 수 있느냐의 차원에서 평가하자면 상황이 달라집니다.

달라스 윌라드는 그의 대표작 《하나님의 모략》에서 이런 말을 던집니다.

"좋은 것이요, 대개는 정말 소중한 것임에도 불구하고 상대가 전혀 소화할 수 없고 양분을 취할 수 없는 것을 무조건 강요하여 상대를 교정, 통제하려고 우리는 얼마나 많이 시도하는가. 대개 우리는 상대의 생각을 들어 보지도 않는다."

성숙한 신자는 아픔 중에 있는 사람을 향해 많은 말을 하지 않습니다. 어떤 의미에서 자신의 의견과 뜻을 말하지 않기 위해 열심을 내는 사람이 복된 사람입니다. 이런 귀한 사람은 "어떻게 대처하고 행동해야 하는 것에 대한 가장 정확한 지식은 고통 중에 있는 저 형제의 내면에 이미 정리돼 있다"는 사실을 이미 통찰하고 있습니다. 그래서 이들은 말을 많이 하지 않습니다. "내가 밥 살게" 이 한마디로 삶을 포기하려는 형제를 일으켜 세워 줍니다. 그리고 그들은 조용히 기도하는 자리로 나아가 자신의 조언을 대신합니다. 우리가 배우고 경험한 것에 대해 다른 사람들에게 말을 하면 할수록 하나님께 기도하지는 않습니다. 그 무엇보다 진심으로 함께 우는 자리로 나아가십시오. 그것이 진정한 위로입니다.

| 통찰력 |

페이스 북에 글을 올리면서 많은 분으로부터 격려와 질문을 받습니다. 그 중에 빈번하게 받는 질문은 "목사님, 그런 통찰력이 어디서 나와요? 독서입니까? 기도입니까?"입니다. 기준을 어디에 두느냐의 문제이지만, 저는 독서와 기도 시간이 그렇게 많은 사람이 아닙니다.

저는 단 한 번도 통찰력 있는 글을 쓴다고 생각한 적이 없습니다만, 그렇게 질문하는 분들에게 굳이 답을 하자면 '학대받은 어린 시절의 삶'이 통찰력을 제공하는 원천이라고 말씀드리고 싶습니다. 앞의 글에서 언급한 적이 있지요. 저는 아버지로부터 엄청난 언어폭력과 구타에 시달렸습니다. 지면을 통해 상세히 공개하기 어려울 정도의 가혹한 아픔들이 저에게 있었습니다. 제게 가해진 아픔도 견뎌 내기 버거웠는데, 아버지의 무자비한 괴롭힘은 어머니를 비롯한 모든 가족에게 무차별적으로 가해졌으니 어린 저의 마음에 얼마나 큰 상처가 새겨졌겠습니까?

저와 같이 상처가 많은 유형의 사람에게 평생 따라다니는 현상이 있습니다. 그것은 다름이 아니라 '상대방의 기분과 감정 상태를 파악하는 법을 아주 빨리 배우는 것'입니다. 그 결과는 무엇일까요? 계속해서 상대방의 기분을 맞추면서 살게 됩니다. 빠른 눈치를 통해 필사적으로 다른 사람에게 받는 거부나 거절, 더 나아가 또 다른 학대에서 벗어나고자 하는 것입니다. 이런 자세로 사는 건 무척이나 고통스럽습니다. 절대로 다른 사람에게 싫은 소리는 하지 못하고 상대방의 이야기에 무조건 "맞아요"만 반복합니다. 그것이 자신에게 스트레스가 되어 자기 영혼에 큰 아픔으로 쌓여 가고 있다는 것을 눈치 채지 못합니다. 그러다가 견디지 못하고 한계선에 도달할 때, 감정을 격하게 폭발시킴으로써 관계의 파산을 통보해 버립니다. 대단히 미성숙한 삶의 자세입니다.

저같이 학대 속에 자란 사람은 불확실한 내적 자아로 인해 나 자신과 다른 사람은 근본적으로 다르다는 단정을 내리는 경향이 있습니다. 자기 자신에 대한 지나친 비하를 하는 것입니다. 그런데 이것이 꼭 부정적인 결과만을 만들어 내지 않습니다. 자기 외부에서 일어나는 일들과 정보를 통해 자기 내부의 의미를 읽어 내는 시각이 굉장히 날카롭게 됩니다. 주변 현상에 대한 관찰력이 상상을 초월할 정도로 발달합니다. 이것이 삶의 신비요 은혜라고 저는 믿습니다.

하나님이 저를 향해서 "네가 경험해 온 그 쓰라리고 서럽고 고통스러운 경험으로 좌절하며 인생을 허비하지 말고, 너의 영혼에 깊이 새겨진 관찰력으로 세상을 섬겨라"라고 말씀하신다고 믿습니다. 그렇습니다. 우리의 어둡고 얼룩진 삶의 경험까지도 하나님 아버지의 손에 놓이게 되면 그 누구도 예상하지 못한 은사로 생각지 못한 기쁨을 누리게 됩니다. 그러므로 너무나도 비통하고 아팠던 기억들로 더 이상 울지 않기를 바랍니다. 그리스도이신 예수님을 몰랐다면 독이 되어 인생을 통째로 삼켜 버릴 삶의 체험이, 다른 사람을 온 마음으로 섬길 수 있는 도구가 되는 이 오묘한 섭리로 감사의 고백을 하나님께 드리는 복된 인생이 되십시오.

| 지금 이 시간 |

"여보, 세탁기에서 옷 좀 꺼내서 널어 주세요."
"알았어, 좀 있다 해줄게."

인이 박인 제 고질병입니다. 온갖 변명과 핑계를 동원해서 뒤로 미루고, 그러다가 얼렁뚱땅 그 일을 아내에게 다시 넘겨 버리는 일을 저보다 더 잘하는 사람은 없을 것입니다. 얼마 전에 아내에게 그런 말을 했습니다.

"여보, 나 젊은 전도사 시절보다는 정신 많이 차렸지? 그때는 내가 철이 없어 당신 고생 참 많이 시켰는데, 그치? 지금은 인간이 많이 달라졌잖아. 당신도 다행이라고 생각하지?"

격려의 말이 날아올 줄 알았는데 그것이 아니었습니다. 아내의 입에서 뜻밖의 말이 터져 나왔습니다.

"그 말로도 별 위로가 안 돼요. 그 좋았던 젊은 시절은 다시 되돌릴 수 없잖아요? 진작 좀 잘하지."

이럴 때 '깨갱'이란 단어 외에 더 적합한 표현은 없을 것입니다. 어리석은 우리는 현재라는 시간을 소중히 여기는 법을 모릅니다. 인생에서 큰 위기나 병을 얻고 나서야 자신에게 주어진 '지금'의 소중함을 자각합니다. 임박한 죽음을 앞둔 시점이 되어서야 강렬한 인식이 생겨 '복된 현재의 일'에 남아 있는 모든 에너지를 쏟아붓습니다. 물론 그러한 몸부림은 과거에 아무 생각 없이 떠나보낸 고귀한 시간을 보상하려는 마음이겠지요.

지나간 세월을 돌아보면 무엇 때문에 인생을 허비해 왔는지 후회와 자책이 온몸과 영혼을 휘감습니다. 《느리게 사는 즐거움》의 저자 어니 젤린스키(Ernie J. Zelinski)가 '어제'는 이미 기한이 지난 수표이고, '내일'은 지급을 약속한 청구서에 불과하며, 오직 '오늘'만이 우리가 가진 유일한 현금이므로 오늘을 현명하게 쓰라고 한 말은 어리석은 우리의 영혼을 깨우치는 명언입니다. 신앙의 영역도 마찬가지입니다. 현재를 잃어버리면 기독교 신앙의 모든 것이 무너지고 만다는 사실을 기억해야 합니다.

C. S. 루이스의 《스크루테이프의 편지》에 보면 삼촌 악마가 조카 악마를 향해 다음과 같은 무시무시한 계략을 전수합니다.

"우리가 바라는 건, 전 인류가 무지개를 잡으려고 끝없이 쫓아가느라 지금 이 순간에는 정직하지도, 친절하지도, 행복하지도 못하게 사는 것이며, 인간들이 현재 제공되는 진정한 선물들을 미래의 제단에 몽땅 쌓아 놓고 한갓 땔감으로 다 태워 버리는 것이다."

삼촌 악마는 신앙을 무너지게 하는 핵심을 꿰뚫고 있습니다. 인간이 영원은 물론 '현재'에 대한 관심에서 떠나기만 하면 기독교 신앙이 총체적으로 박살난다는 것을 잘 알고 있었습니다.

덧없어 보이는 현재라는 시간을 소중히 여기십시오. 덧없어 보이는 삶의 시간에 영원의 가치가 담겨 있습니다. 아둔한 우리가 그것을 꿰뚫어 보지 못하는 것이 문제입니다. 현재 속에 담긴 영원한 가치는 늘 그 자리에 머물러 있습니다. 악마에게 가장 큰 공포를 안기는 존재는 현재라는 시간이 영원한 가치를 지니며 동시에 가장 복된 순간이라는 사실을 깨달은 사람임을 기억하십시오.

주님이 보시는 시각으로 세상을 보는 신자는 나날의 염려와 걱정으로 지금이라는 시간을 허비하지 않습니다. 오히려 현재라는 시간 속에서 매일매일 만나는 사람들과 함께 영원을 향한 순례의 걸음을 진실하게 걸어갑니다. 《그리스인 조르바》에 나오는 아름다운 글을 한 토막 소개하고 싶습니다.

"소수의 사람, 인간성이 꽃 같은 사람만이 이 땅 위의 덧없는 삶을 영위하면서도 영원을 살지요."

오늘 우리에게 주어진 현재라는 시간의 가치를 온전히 붙잡으시기 바랍니다.

제4부
교회 _ 본질로 돌아가다

| 홈런타자 |

〈울지마 톤즈〉로 유명한 고(故) 이태석 신부가 쓴 《친구가 되어 주실래요?》를 읽었습니다. 그 책 내용 중에 가장 기억에 남는 것은 '골통'에 관한 것이었습니다. 저 멀고 먼 아프리카 수단에도 감당이 안 되는 골통들이 존재한다는 사실이 흥미로웠습니다. 다 사람 사는 곳이라 당연한데도 말이죠. 전도사 시절부터 목사가 된 지금까지 여러 교회에서 사역을 해보았습니다. 어떤 교회를 가더라도 '홈런타자'들이 존재했습니다. 여기서 말하는 '홈런타자'란 다름 아닌 '골통'을 지칭하는 말입니다.

지금까지 만난 가장 위대한 강타자는 성인이 아니라 학생이었습니다. 아버지가 조직에 몸을 두고 있던 문제아였습니다. 어머니는 아버지와는 너무나 상반되게도 주님을 잘 섬기는 분이었습니다. 이 여자 집사님의 유일한 소원은 아들이 인간이 되는 것입니다. 갈 길이 멀었지만 일단은 주일이라도 잘 지키는 그런 아들이 되기를 소망했습니다. 이 녀석의 행동은 어쩌다 교회 나오는 날도 조심하는 법이 없었습니다. 그의 말씨와 태도는 '깡패'와 진배없었습니다. 집사님들이나 목사님 앞에서도 친구들과 있을 때 사용하는 욕을 거침없이 구사하는 녀석이었습니다. 교회 아이들을 두들겨 패고, 돈을 빼앗고, 학교도 제대로 나가지 않는 통제불능의 존재였습니다. 하루는 모친이 저를 찾아왔습니다.

"전도사님, 우리 아들 한 번만 만나 주세요."

사정을 들어 보니 집에도 며칠에 한 번씩 들어오고, 귀가 시간도 보통은 자정을 넘길 뿐만 아니라 그 시간을 종잡을 수가 없다고 합니다. 이 녀석의 얼굴을 보기 위해서는 밤을 새우는 수밖에 없어 막막했습니다. 여 집사님의 얼굴을 봐서라도 그냥 있을 수는 없었습니다.

태생적으로 겁이 많은 저는 제 힘으로는 도저히 해결할 수 없을 것 같아서 신학교 후배 중에 한때 '어둠의 세계'를 제패한 진혁이(현재 천안침례교회에서 사역 중입니다)에게 연락했습니다.

"진혁아! 무슨 방법이 없겠냐?"

"형, 걱정 마요. 구타로 하면 간단히 해결돼요. 제가 바로 출동하죠."

그렇게 웃으면서 통화를 마쳤지만 마음속에 자리 잡은 불안감은 쉽게 사라지지 않았습니다. 후배 전도사와 함께 새벽 1시에 골통의 집을 급습했습니다.

"야, 일어나 짜샤!"

진혁이는 과연 탁월한 교정 전문가였습니다. 신학교에 들어올 이유가 전혀 없는 후배라고 생각했는데 그것이 아니었습니다. 주님의 시각이 옳았습니다. 후배 전도사의 덩치에 압도된 골통 녀석은 졸린 음성으로 "아, 씨바 누구야?"라며 현장 파악도 못하고 굉장히 짜증스런 리액션을 던졌습니다. '원 펀치 쓰리 강냉이'의 신념 아래 살았던 후배 전도사는 사정없이 훅을 한방 날렸습니다.

"인마, 더 맞기 싫으면 따라와!"

분위기가 심상치 않게 흐르자 골통 녀석은 꼬리를 내리고 밖으로 순순히 따라 나왔습니다.

"형, 일단 집사님과 여기 계세요. 제가 저리로 데리고 가서 해결하고 올게요."

내심 불안했습니다. 골통을 패서 거반 죽이는 것은 아닌지……. 그래서 일이 크게 번지는 것은 아닌지 별의별 생각이 다 들었습니다. 약 1시간 정도가 흘렀습니다. 골통과 후배는 함께 나타났습니다.

"전도사님, 제가 잘못했습니다. 저의 행동을 이제부터 바꾸겠습니다."

이게 웬일입니까! 골통이 한 시간 만에 새사람이 되어 나타난 것입니다. 새벽이 워낙 깊었기 때문에 일단 방으로 돌려보냈습니다. 후배 전도사와 사택으로 돌아왔습니다.

"진혁아, 어떻게 처리했기에 순한 양이 됐냐?"

"형, 저 놈 보니까 아버지에 대한 한과 복수심이 가슴에 깊이 서려 있어요. 상처가 너무 많아요."

골통은 후배 전도사와 남자 대 남자로 분명하게 약속했습니다.

"이제부터 하늘이 무너져도 교회는 빠지지 않겠습니다."

후배가 그 녀석으로부터 이 다짐을 받아 낸 것입니다. 과연 그러했습니다. 한 달에 한 번도 교회에서 보기 힘들던 녀석이 한 달 내리 연속으로 교회에 나왔습니다. 그러나 사람이 하루아침에 변하지는 않습니다. 이 녀석도 마찬가지였습니다. 불량한 태도와 말투는 여전했습니다. 그래도 이전과 달라진 구석도 많았습니다. 정서적으로 뭔지 모를 친밀감을 느끼는 것 같았습니다.

"전도사님, 농고지만 졸업장은 꼭 따고 싶습니다."

"졸업한 다음은?"

"전문대는 가야죠. 엄마 고생하시는데 효도할 거예요."

사택에도 먹을 것을 가지고 불쑥불쑥 찾아와서 우리 애들이랑 잘 놀아 주었습니다.

"전도사님, 설교 듣고 담배도 좀 줄이고 있어요."

골초라는 사실을 이미 알고 있었지만 아무것도 모른다는 듯 말했습니다.

"너 담배도 피냐?"

"그건 기본이죠."

대화를 나누어 보니 습관적인 말투와 태도의 문제였지. 속도 깊었고 꿈도 야무진 녀석이었습니다. 그 교회에서 사역하는 동안 참 많이 가까워졌습니다. 제가 그 교회에 몸담고 있는 동안 단 한 번도 주일을 빠지지 않고 나왔습니다. 그 교회를 사임하던 날, "전도사님은 처음으로 저의 마음을 이해해 주고 만져 주신 분입니다"라는 녀석의 고백에 그도 울고 저도 울던 기억이 생생합니다.

하나님이 무엇 때문에 우리 공동체에 골통들을 허락하시는 것일까요? 골통들의 정신세계는 굉장히 복잡한 것 같지만 사실은 단순합니다. 핵심은 '사랑받고 싶은 마음'입니다. 그들은 자신에게 결핍된 사랑을 갈구합니다. 그것이 과격한 언어와 행동으로 표출되는 것입니다.

그들을 향한 우리의 반복되는 실수는 무엇인가요? 사랑이 필요한 자에게 정답을 가지고 간다는 것입니다. 사람은 바른 소리와 지적으로 절대로 변하지 않습니다. 사칙연산이 안 되는 아이에게 미분, 적분을 풀라고 하면 정신적 과부하로 인해 돌아 버립니다.

아주 간단한 대답 같아 보이지만, 그 골통들의 영혼에 복음이 들어가려면 긴 시간이 필요합니다. 답이야 간단하지만 해결은 쉽지 않습니다. '소망 중에 인내 하는 것' 외에는 진정한 답이 없습니다. 사랑은 언제나 오래 참는 것입니다. 이것의 영어 표현이 참 인상적입니다. "Love is long suffering(사랑은 긴 고통이다)." 참 멋진 표현 아닙니까? 골통과 함께 긴 고난의 시간을 보내는 것이 사랑입니다. 성급한 마음으로 자기 생각의 프레임에 이들을 인위적으로 담으려는 시도는 백이면 백, 실패로 끝납니다. 계란으로 수천수만 번 바위치기를 반복해야 합니다. 계란의 힘에 바위가 쪼개질 날을 소망히면서 말이죠.

여러분 교회의 골통은 누구입니까? 나 역시 누군가의 피눈물 나는 인내와 기다림으로 인해 겨우 골통의 자리에서 벗어난 사람임을 기억해야겠습니다.

| 큰 교회와 작은 교회 |

　명절 연휴가 주일부터 시작되었습니다. 멀리 울산에 있는 고향에 내려가지는 못하고, 아내와 아이들과 조용히 소박한 연휴를 보냈습니다. 그래도 권사님과 집사님들이 먹거리를 많이 보내 주셔서 그 사랑을 풍성히 누릴 수 있었습니다.

　연휴 기간 동안 책을 한 권 잡았습니다. 마이클 고먼(Michael J. Gorman)의 《삶으로 담아내는 십자가》입니다. 바울서신을 중심으로 십자가 신학의 본질을 파헤친 그의 글이 예사롭지 않습니다. 십자가에 관한 성경 말씀을 치열하게 분석하고 연구한 결과를 담대하게 제시했는데, 책의 초반부터 마지막 순간까지 일관된 주장과 메시지를 선포합니다.

　"기독교 신앙의 진수는 우리 구주이신 예수 그리스도께서 지신 십자가를 본받는 것입니다."

　깊은 차원으로 들어가 보면 마이클 고먼의 주장에는 분명히 논쟁점을 가지고 있습니다. 그러한 부분은 학자들의 과업으로 남겨 두고, 개인적으로 참 의미 있게 다가온 부분을 한 대목 소개합니다. 빌립보서 2장 6절부터 11절에 대한 저자의 해석입니다.

그는 그 본체가 하나님이신데도 하나님과 동등함을 그 자신을 이롭게 하는 데 쓸 것으로 여기지 아니하시고 종의 형체를 취하심으로 또 사람의 모양으로 태어나심으로 오히려 자기를 비우셨느니라 심지어 십자가에서 죽기까지 순종하심으로 자기를 낮추셨느니라

우리가 일반적으로 가장 많이 사용하는 개역개정판보다 의미가 조금 더 선명하게 들어옵니다. 이 말씀을 다시 한 번 더 풀어서 설명해 보겠습니다.

그리스도가 스스로 그 권리들과 사사로운 이득을 포기하고 굴욕을 당하심으로 섬김과 순종을 보여 주셨다.

이 말씀을 대하면서 상반된 우리 기독교인들의 현실을 보며 참 많은 생각을 하게 됩니다.
"사람 구경을 하려면 Y교회를 가고, 똑똑한 사람들을 만나고 싶으면 N교회로 가고, 부자들을 보고 싶다면 S교회로 가라."
성성 세미나에서 만난 어떤 목사님께서 하신 재미난 말씀입니다. 농담이라고만 할 수 없는 의미가 담긴 내용입니다. 한마디로 개인의 사회적 지위나 수준에 따라 다닐 수 있는 교회가 분류되는 조국 교회의 흐름을 말하고 있습니다. 지역적인 영향을 배제할 수는 없겠지만 분명한 현실입니다.
그렇다면 왜 사람들은 큰 교회로 몰려들까요? 결혼하기 위해서, 비즈

니스를 위해서 큰 교회를 찾는다는 사람들도 있다고 합니다. 그러나 더욱 중요한 이유는 자아실현 심리의 발현입니다. 쉽게 말하면 대형 할인점을 찾는 소비자의 심리와 같은 것이라고 할까요? 서비스와 상품 선택의 다양성 그리고 고품질을 보장받을 수 있는 대형 할인점처럼 큰 교회 또한 이와 같은 편리를 쉽게 제공받을 수 있다는 점이 사람들로 하여금 발길을 향하도록 만듭니다. 풍부한 프로그램들이 주는 재미가 있고, 즐거운 신앙생활을 할 수 있는 여건이 조성되어 있기 때문에 대형 교회를 선택하는 것이 자신에게 많은 유익을 줄 것으로 생각합니다.

또 한 가지의 이유는 교회를 자신의 사회적 위치를 과시하는 수단으로 삼기 위함입니다. 자신은 믿음으로 세상을 이긴 삶의 내용이 없지만 목사님과 교회의 명성을 자랑하는 가운데 자신이 그렇게 근사한 수준이라는 것을 드러내고 싶어 합니다.

대형 교회를 선택하는 현상은 목사 후보생들도 다르지 않습니다. 가끔 신학교 후배들의 전화를 받습니다.

"형, 고민을 해봤는데 일단은 큰 교회로 가서 시스템과 교회 운영의 전반을 좀 배워 보려고요."

이 말을 하는 심리의 저변에는 목회 현장의 고달픔을 믿음으로 수용하고 감당할 자신이 없음이 깔려 있습니다. 목회 현실의 추위와 고통을 최대한 늦추어 보려는 생각으로, 지혜롭게(?) 처세하면 큰 교회 안에서 한 십 년은 편안하게 보낼 수 있기 때문입니다.

"중소기업보다는 대기업이지."

취업을 할 때 흔히 듣는 소리입니다. 이 말과 큰 교회를 택하는 것의 차이점은 그 영역이 종교 시장이라는 것 외에 아무것도 없습니다. 큰 교회에서 무언가를 배워보겠다는 말이 진심이더라도 이 말을 수용하기란 편치 않습니다. 목회의 길을 가려는 사람은 기꺼이 예수님이 보여 주신 십자가의 길을 따라가려는 사람이어야 하고, 십자가의 길이란 자신의 이익과 기득권조차 포기하는 길이기 때문입니다.

마이클 고먼이 강조한 '십자가를 본받는 삶'은 청중들의 수와는 아무런 관계가 없습니다. 큰 교회에 다니는 것이 결코 자신의 자랑도 아니며, 작은 교회에 나가기 때문에 위축될 이유도 없습니다. 이러한 우쭐함과 위축감은 사실 영적 쌍둥이입니다.

더 나아가 교회를 선택하는 일에 "그리스도가 스스로 그 권리와 사사로운 이득을 포기하고 굴욕을 당하심으로 섬김과 순종을 보여 주셨다"라는 마이클 고먼의 해석을 적용하는 사람이 많아지기를 소원합니다.

▎회심한 사람을 만나 본 적 있나요? ▎

신학교 3학년부터 시작된 사역자의 삶은 교회 구성원들과의 울고 웃는 일들로 채워져 있습니다. 성도의 교제 가운데 즐거움과 행복을 경험하기도 했고 관계의 손상과 그 결과로 찾아온 이별의 아픔 속에서 비통과 자책의 눈물을 흘리기도 했습니다. 이것이 저의 삶이며 사역의 흔적입니다.

제 개인적 차원에서 보자면 그 세월 속에서 새롭게 자각하게 된 사실들, 그리고 더 성숙하게 된 영역들로 인해 조금씩 인격이 다듬어져 갔습니다. 그래서 처음 사역을 시작했을 때보다 지금은 약간 더 노련해진 것이 사실이지만 반드시 간직해야 할 가치를 잃어버린 것도 많습니다.

이렇듯 한 사역자의 성숙과 성장의 측면에서 보자면 교회 사역은 큰 유익을 줍니다. 그러나 사역을 거쳐 온 거의 모든 교회로부터 절망적으로 안타까운 현실을 발견할 수 있습니다. 처음에는 이것의 실체를 묘사하거나 정의할 수 없었지만 의식 속에서 막연하게 맴도는 그 실체는 사역의 경험과 시간이 쌓일수록 명확해졌습니다.

목회자의 정직한 심령으로 고백하자면, 설교나 성경공부를 통해서 진정한 회심의 역사가 일어나는 경우를 거의 볼 수 없다는 사실입니다. 참으로 두려운 고백입니다. 이미 회심의 역사를 경험하면서 하나님의 말씀을 통해 은혜를 받은 분들이 이러한 시간을 통해 영혼의 각성을 하는 경우는 가끔 보았습니다. 그러나 이것 또한 심각하기는 마찬가지입니다. 부끄러운 이야기지만 용서하십시오. 제가 설교와 말씀 가르치는 일에 은사가 없지는 않습니다. 순전한 저의 의견으로 말씀드리자면 오늘날 교회 안의 현실은 회심, 중생, 거듭남, 성령, 침례(세례)와 같은 현상들을 좀처럼 찾아보기 어렵습니다. 교회 안을 채우고 있는 현상들의 대부분이 믿지 않는 자들의 삶의 내용과 크게 다르지 않습니다.

이런 현상들이 교회 안의 보편적인 모습이 되어 가고 있는 원인이 무엇일까요? 교회를 찾는 사람들의 목적이 세속적 가치를 추구하는 데 있기 때문입니다.

우선, 교회를 자신의 가치나 신분을 나타내는 하나의 도구로 생각하는 현실입니다. 다시 말해서, 참된 기독교 신자의 모습으로의 성장을 기대하기에는 그들의 동기가 너무 멀리 있습니다. 기복 신앙의 흐름은 물론, 더욱 주목되는 현상은 성도들이 유유상종하는 모습입니다. 학력, 경제력, 사회적 신분이 비슷한 수준에 있는 사람들끼리 모여 형성된 이러한 양상이 시사하는 바가 큽니다. 그들은 교회가 비슷한 수준의 사람들끼리 모이는 안락한 공동체이기를 바랍니다. 특별히 중상류의 레벨로 여기는 성도 중에는 공동체 주류로서의 자신의 존재 가치를 확인하고, 다른 사람들에게도 자신의 존재가 얼마나 대단한지를 증명하고 싶은 욕구를 가진 사람들이 적지 않습니다.

이러한 가치관을 가지고 교회에 출석하는 사람은 기독교 신앙의 본질이 무엇인지에는 관심도 없습니다. 따라서 기독교의 핵심 진리에 대해서 무지할 수밖에 없고 참된 믿음 안에 거하려는 고민조차 하지 않습니다.

교회가 세속화되는 원인의 또 하나는 취미나 관심의 동류 집단을 형성하는 기류입니다. 같은 사회적 레벨의 사람끼리 같은 취미나 관심으로 예배 후 갖는 교제가 이들의 마음에 고착화돼 있습니다. 그래서일까요? 요즘 교회 안에는 각종 동호회 모임들이 넘쳐 나고 있습니다. 물론 이런 모임을 총체적으로 부정할 수는 없습니다. 영혼을 각성케 하는 말씀과 예배를 사모하는 신자들의 뜻있는 모임도 있으나, 진리와 믿음을 우선하지 않고 부수적인 것들에 혼을 빼앗기는 모습이 오늘날의 교회 안에서 흔하게 볼 수 있습니다. 예배 후 푸른 잔디밭에서 두 사람을 제치고 중거리 슛으로 상대방의 네트를 흔들어 버리는 상상이, 지루하고 의미 없는 예배 시간과 성경공부 시간을 버티게 하는 힘이 되고 있습니다.

신실함을 찾아보기 힘든 교회가 되는 가장 중요한 이유는 사역자들에게 있습니다. 한 사람의 영혼을 귀하게 여겨 십자가를 지신 예수님을 인격적으로 만나는 자리로 인도하기보다는, 아직 믿음의 기초도 없는 교인들을 모아 놓고 세상을 향한 욕구를 만족시키는 시간으로 허비하고 있습니다. 그들의 기분과 감정을 상승시켜 주고 세상의 염려와 걱정에서 일시적인 해방을 안겨 주는 프로그램들이 교회 안에 가득합니다. 그리고 이것이 사역이란 이름으로 불리는 지경에 이르렀습니다.

무엇보다 우려스러운 것은 많은 청중을 모아서 부흥을 이룬 목사님들의 설교입니다. 이런 목사님들 메시지 흐름의 특징은 실용적인 내용에 집중되어 있습니다. 아내를 기쁘게 하는 방법, 집안일을 즐겁게 하는 비법, 아이들에게 좋은 부모가 되는 길, 교회 생활을 위한 몇 가지 원칙, 염려와 걱정에서 해방되는 길, 꿈을 이루기 위해서 지금 해야 할 일 등 대부분 이런 것들입니다.

종교개혁의 전통 위에 서 있는 교회라고 자부하면서 그들의 선조가 증거한 내용과는 아주 다른 내용의 설교를 전하고 있습니다. 청중들의 심리를 예리하게 파악해서 복음의 정신 앞에 굴복시키는 것을 사명으로 삼지 않고 그들의 심리의 향방을 간파한 후 더 재미있고 실용적이고 현실적인 패를 돌리는, 적당히 가공된 말씀을 곁들여 성공 비법을 제시하고 있습니다.

　이러한 모습의 교회는 종교 시장에 불과합니다. 종교 시장은 결코 무너지지 않습니다. 좋은 시절은 좋은 시절대로, 힘든 시절은 힘든 시절대로 손님들이 찾아옵니다. 그런 사람들로 북새통을 이룬 교회 공동체, 과연 우리에게 유익할까요?

　냉철하고 정직하게 자신에게 물어보십시오. 이삭줍기하듯 이리저리 돌아다니는 성도로 채워진 그런 식의 부흥이 아닌, 진정으로 회심하여 주 예수 그리스도의 은혜 안에서 성숙해 가는 경험을 가진 신자가 지금 우리 교회에 얼마나 존재하고 있습니까? 저는 말씀을 전하고 가르치는 목사로서 할 말이 없습니다. 진실로 10년이 넘는 사역 속에서 그런 사람을 거의 만나보지 못했습니다. 이것이 솔직한 저의 마음입니다. 참된 은혜 안에 잠겨서 지금 이 순간 이대로 죽음의 자리에 부름 받아도 아무런 여한이 없다고 고백하는 누군가를 보고 싶습니다.

| 영광을 훔침 |

지극히 높은 곳에서는 하나님께 영광이요 땅에서는 하나님이 기뻐하신 사람들 중에 평화로다 (눅 2:14)

이 말씀이 우리에게 주는 메시지는 무엇일까요?

지극히 높은 곳에서 일어나는 일과 우리가 살아가는 이 땅에서 일어나는 일이 다름을 알려 주고 있습니다. 동시에 '하늘의 영광'과 '이 땅의 평화'가 밀접한 관계가 있음도 보여 줍니다. 다시 말하면, 이 땅의 평화는 하나님이 받으셔야 할 영광이 온전히 그분에게 드려질 때만이 가능한 일이라는 사실을 암시합니다.

인간은 영광이라는 단어로 치장될 수 없는 존재입니다. 그럼에도 불구하고 은혜로 주어진 인생의 긴 시간동안 어리석은 사람은 자신의 영광의 성을 쌓는 일에 엄청나게 집중합니다. 바로 그 일로 말미암아 하나님이 각 사람에게 허락하신 평화는 산산조각이 나 버렸습니다.

국가 간의 전쟁, 인종 차별, 지역감정, 교단의 분열과 교회 내의 권력 다툼, 가정의 무너짐……. 이러한 현상은 모두 똑같은 근원에서 출발합니다. 자신의 영광을 확보하기 위해 자기 현시욕에 사로잡힌 죄성 때문입니다.

오늘날에는 기독교에서조차 이러한 현상이 보이고 있습니다. 분열의 이유로 신학적 견해가 틀리다는 명분을 내세우지만, 수많은 교단으로 나뉜 진정한 이유는 주도권 다툼에서 비롯된 정치적인 이유입니다. 하나님을 믿는 기독교조차 권력 쟁탈의 장이 되었고, 최고 권력자가 되려는 천박한 욕망들로 인해 조국 교회는 만신창이가 되었습니다.

"닭의 대가리가 될지언정 용의 꼬리는 죽어도 될 수 없다."

이러한 왜곡된 가치관을 가진 기독교도들의 집념의 소산입니다. 인간이 하나님의 영광을 도적질하고 그 영광의 자리에 자신이 오르려는 욕망이 그치지 않는 한 이 땅에서의 갈등과 분열은 결코 종식되지 않습니다. 영광 받으시기에 합당한 분이 모든 영광을 차지할 때만이 마침내 이 땅에는 평화가 임하는 것입니다.

참된 영광은 자기 힘으로 만들어 내는 것이 아니라 하나님으로부터 주어지는 일방적 은혜입니다. 인생이 소유할 수 있는 가장 복된 영광은 영광의 주인인 하나님이 값없이 베풀어 주시는 평화를 마음껏 누리는 것입니다.

너희가 서로 영광을 취하고 유일하신 하나님께로부터 오는 영광은 구하지 아니하니 어찌 나를 믿을 수 있느냐(요 5:44)

| 완고한 사람들 |

어머니 장례식을 치르면서 누님이 저에게 의미 있는 말을 했습니다.
"관성아, 네 손님들과 네 형님 조문객들 모습이 확연히 다르구나."

이 말의 의미는 간단하고 선명합니다. 삶에 있어서 자신이 살아온 패턴을 바꾸기란 여간 어려운 일이 아닙니다. 어제의 모습이 오늘의 모습이고 오늘의 모습이 내일의 모습인 경우가 대부분입니다.

형님의 문상객들은 한결같이 술에 찌든 모습이고, 저의 손님들은 말끔한 복장의 교회 사람들이었습니다. 사실 형님의 지인들은 눈에 초점이 제대로인 사람이 거의 없었습니다. 영정 사진 앞에서조차 예를 갖추어 일어서지 못하는 사람도 있었습니다. 상주들과 맞절을 마친 후에 제 손을 잡고 하시는 말씀은 거의 똑같았습니다.

"야, 네가 관성이냐? 이제 같이 늙어가네. 너 목사라면서?"

이분들이 이런 말씀을 하시는 이유가 있습니다.

초등학교 시절, 저는 형님 친구 분들의 술, 담배 심부름을 도맡아 했습니다. 문상을 오셔서 저의 변한 모습을 보고 놀라시는 분들은 모두 그때 그분들입니다. 형님 친구 중에 자신의 인생과 가정을 제대로 이끄시는 분들이 거의 없습니다. 형님의 삶을 너무 비판적으로 언급하고 싶지 않지만 사실입니다.

이분들은 중고등학교 시절부터 각 학교의 짱(주먹 세계 대장)이었습니다. 제대로 학교를 졸업하신 분도 거의 없고 팔이나 가슴 어느 한구석에는 칼자국, 문신, 담뱃불로 지진 상처를 훈장처럼 지니고 있습니다. 이분들은 중학교 시절부터 시작된 삶의 방황을 오십이 넘는 지금까지 이어오고 있습니다. 이런 식의 표현이 다소 부적절할지 모르겠지만 참으로 초지일관하시는 분들입니다.

제 형님의 경험으로 보자면 이런 삶을 청산하고자 몸부림쳤던 적도 많았습니다. 그러나 인생의 관성의 법칙은 쉽게 멈추지 않습니다. 결심과 다짐은 순간이고 몸에 배인 망가진 삶의 패턴은 끈질기게 형님의 삶을 놓아주지 않았습니다. 형님의 친구 분들도 비슷한 경험을 하면서 여기까지 오지 않았을까요?

우리는 자칫 이들을 향해 쉽게 정죄하고 비판할 수 있습니다. 그러나 우리의 주 무대가 교회라고 해서 우리가 그들보다 의인이라는 생각을 한다면 큰 오산입니다. 죄는 거룩한 영역에서 오히려 엄청난 위력을 발휘할 수 있습니다. 주님을 인격적으로 만났다고 고백한 사람조차 옛사람의 습성을 떼어 내기란 보통 어려운 일이 아닙니다. 많은 사람이 새사람으로 거듭나기 위한 허물벗기를 의지적으로 거부하고 있습니다.

이러한 현상을 정당화하기 위해 기독교 일각에서는 점진적 성화론을 비성경적 개념으로 몰고 가는 사람들까지 생기고 있습니다. 자신의 모습이 변하지 않는데다 아무런 영향력을 끼치지 못하는 크리스천들이 넘쳐나고 있습니다. 이와 같은 현상은 오늘날 기독교의 서글프고 뼈아픈 현실입니다.

"예수 믿는 것이 여러분의 삶에 진정으로 도움이 됩니까?"

마틴 로이드 존스가 신자들에게 던지는 비수와 같은 이 질문 앞에서 진지한 고민이 시작될 수 있기를 빕니다. 특정한 영역에서의 성취와 업적을 남기는 것을 신앙의 목표로 삼기보다는 하나님의 성품을 닮아 가려는 강렬한 소원이 목표가 되었으면 좋겠습니다.

| 편애는 무서운 놈입니다 |

　인간의 본성에 기인한 일반성을 뛰어넘기란 쉬운 일이 아닙니다. 특별히 사람과의 관계에 있어서 자기의 유익에 관계된 감정을 배제하고 어떤 사람과도 공평한 관계를 가지기란 불가능합니다. 내게 많은 사랑과 지지를 보내는 사람과 그렇지 않은 사람을 공평하게 상대하는 것은 결코 쉽지 않습니다.

　일반적으로 인간의 마음은 나에게 더 많은 애정을 주는 사람을 향해 기울기 마련입니다. 이 부분에서 저는 여러 번 과오를 범한 경험이 있습니다. 전도사와 목사로 살면서 개인적 감정을 뛰어넘은 공평한 관계를 가지지 못했습니다.

　목회자가 자기에게 감정적으로나 현실적으로 유익을 주는 교인을 향해 마음이 기울기 시작하면 그 공동체는 서서히 균열이 생기기 시작합니다. 편애가 공동체를 향해 가하는 위력은 생각 이상으로 대단합니다. 사랑을 주는 사람, 사랑을 받는 사람, 사랑을 빼앗긴 사람을 동시에 시험의 구렁텅이로 몰고 가는 위험한 처신입니다.

　편애를 하는 사람은 균형감각을 상실한 결과 사람으로부터 유익을 받아 누리는 편리의 노예가 되어 갑니다. 또한 사랑과 관심을 받는 사람은 다른 사람보다 우위에 있다는 잘못된 자신감과 교만을, 사랑을 빼앗긴 사람은 소외감과 열등감에 위축된 삶을 살게 됩니다. 편애하는 사람은 사랑을 받는 당사자와 함께 의기투합하여 둘만의 다짐과 약속을 만들어 냅니다.

"집사님, 우리의 특별한 관계를 절대로 들키지 않도록 합시다."

"당연하지요."

이들의 다짐은 무용지물이 될 수밖에 없는데 거기에는 이유가 있습니다. 사랑의 대상에서 제외된 사람들의 촉수의 예민함이 바로 그것입니다. 사랑받지 못하는 자의 피해의식은 상상을 초월하는 예민한 눈치를 발달시켜 그 영혼을 참담한 지경으로 끌고 갑니다. 온몸의 신경세포가 자신을 소외시킨 사람들이 어디에서 무엇을 하고 있을까에 집중하게 됩니다.

결국 편애의 분위기를 교회 안에 만들어 내는 자들과 그로부터 소외된 사람들의 눈치 싸움은 주님의 몸 된 교회를 위선적 연극 무대로 만들어 버립니다. 진심이란 존재하지 않는 가식적 인간관계의 만연으로 교회는 황폐한 영적 무대의 구렁텅이로 빠져들고 맙니다.

그런데 한마음이 되어 편애를 시도한 자들의 과거 행석에서 새미있는 사실을 발견할 수 있습니다. 그들은 과거 어떤 공동체 안에서 사랑의 대상에서 소외된 경험이 있는 사람이 대부분입니다. 다시는 체험하고 싶지 않은 처절한 소외의 고통을 다른 사람으로 하여금 경험하도록 하여 보상을 받으려는 부정적 정서가 작용한 것입니다. 이처럼 편애는 공동체를 무너뜨리는 독화살임과 동시에 또 다른 공동체로 번져 가는 위력을 지니고 있음을 반드시 기억해야 합니다.

목회자와의 친밀한 관계가 자신의 신앙 성숙을 보장하는 것도 아니며, 교회를 섬기는 자신의 여러 조건이 목회자를 관계의 감옥 안에 가두고 있지는 않은지 진지한 마음으로 돌아봐야 합니다. 또한 목회자와의 지나치게 친밀한 교제가 누군가에게는 서러운 눈물을 쏟는 이유가 될 수 있다는 것을 알고 세심한 배려를 할 수 있는 성숙함이 필요합니다.

네 편 내 편이 극명하게 나뉘어 서로 죽을힘을 다해 소외시키는 이 세상의 원리에서 벗어나, 그 누구도 소외되는 사람이 없는 세상을 만들어 가는 것이 성령의 통치를 받는 주님의 몸 된 교회가 달려가야 할 신앙의 방향이 아닐까요?

| 갈 때까지 가보자 |

싸이의 노래 〈강남스타일〉에 '갈 때까지 가보자'라는 가사가 나옵니다. 그 노래 가사의 문맥상 이 말은 오빠라고 부르는 여자 친구와 '원 나이트 스탠드'를 갖는 지점까지 사랑을 불태워 보자는 것입니다. 다시 말해 질펀하게 한번 놀아보자는 뜻입니다. 이런 종류의 사랑에는 원칙이나 책임 같은 것은 존재하지 않습니다. 과거와는 달리 사랑이라는 삶의 영

역에 책임이라는 가치가 점점 사라지고 있는 것이 사실입니다.

그런데 이 '갈 때까지 가보자'의 현상은 남녀의 애정행각에만 나타나고 있지 않습니다. 우리 시대의 문화적 흐름을 보면 거의 모든 영역에서 책임을 동반하지 않는 탐욕과 무절제가 극을 향해 달려가고 있습니다.

자기들이 추구하는 삶의 종착역에 무엇이 기다리고 있는지에는 관심도 없고 그냥 '갈 때까지 가보자'는 것입니다. 재수가 좋으면 인생이 풀리는 것이고, 일이 꼬이면 꼬이는 대로 살겠다는 것입니다. 자신의 즐거움과 무차별적인 탐욕 때문에 누군가의 인생이 산산조각 날 수 있다는 것은 조금도 문제가 되지 않습니다.

사업하는 분들의 가치관도 변했습니다. 1960년대에 경제 전문가들이 회사의 경영진을 평가하는 내용은 대체적으로 긍정적이었습니다.

"벌거벗은 아름다운 여자가 손닿는 곳에 있어도 외면하는 사람들"

"자신에 대한 보상을 위해 수단, 방법을 가리지 않고 달려가지 않는 사람들"

그러나 1990년대 말의 현상은 '기분이 내키면 뭐든지 해라'는 풍조였고 이런 사고방식은 세계금융위기를 초래했습니다.

도둑질을 하는 사람은 자신이 도둑놈이라는 것을 압니다. 바람을 피우는 자도 자신이 외도를 하고 있다는 것을 알고 있습니다. 폭력을 행사하는 자도 자신이 지금 누군가를 두들겨 패고 있다는 사실을 압니다. 양심의 고발을 듣기 때문입니다. 그러나 물질적 가치에 사로잡혀 있는 사람은 자신이 탐욕을 부리고 있다는 사실을 알지 못합니다. 왜냐하면 다른 문제와 달리 탐욕은 상대적 비교 안에 놓여 있기 때문입니다. 어떤 사람이 중산층 마을에 살고 있다면 그 사람은 그 동네 사람들의 수준과 자신의 처지를 비교하면서 "아, 나는 지지리 복도 없지. 나는 불행해"라고 자신을 평가할 수 있습니다.

아무리 전국 상위 20퍼센트 안에 들어가는 자라 할지라도 그는 자기와 유사하거나 더 높은 수준의 사람들과 자신을 비교합니다. 객관적으로 풍부한 수준에 놓여 있어도 그 자신은 결핍 가운데 살고 있다고 느끼는 것입니다. 이것이 탐욕이 가지는 무서움입니다. 상대적 박탈감에 사로잡히면 자신이 처한 상황은 늘 결핍 가운데 있습니다.

이런 세태가 교회까지도 장악하고 있습니다. 교회야말로 만족을 모르는 대표적인 곳이 되었습니다. 하다못해 이(tooth)까지 금으로 바꿔 주는 집회마저 있었습니다. 양복 입은 무당들이 저주스러운 굿판을 강단에서 펼치고 있는 것입니다. 이러한 세태는 눈에 보이지 않는 하나님을 믿는 일을 이미 포기한 상황이라고 할 수 있습니다. 자신들이 행하는 일이 성경에서 허용하는 것인지 관심조차 없습니다.

예배당도 최고급 건축자재로 칠갑을 하고 있습니다. 그 안을 장식하는 피아노, 파이프 오르간, 장의자, 사무실 용품 등은 두말할 필요없이 최상품입니다. 예배당을 짓기 위해 한국 교회가 대출한 금액이 4조가 넘어가고 있습니다. 이것이 정상적인 흐름일까요? 종교 단체가 금융권에서 4조 9416억 원을 빌렸는데 그 중 기독교가 대출한 금액은 약 90퍼센트인 4조 4606억 원에 달하고 있습니다. 불교와 천주교는 각각 2.3퍼센트와 1.9퍼센트로 극히 일부입니다(2012년 5월 23일 금융감독원 국회 제출 자료). 이 정보만 보더라도 교회가 어디에 정신을 팔고 있는지 명확하게 드러납니다. 성도들이 드린 헌금이 가장 많이 지출되고 있는 영역은 구제와 선교가 아닙니다. 건축을 위해 빌린 은행 빚을 갚는 항목입니다. 은행 빚이 없는 교회를 찾아보기 힘든 상황이 되었습니다. 그리고 마침내 빚을 감당하지 못한 교회의 파산이 이어지고 있습니다.

네 보물 있는 그 곳에는 네 마음도 있느니라(마 6:21)

이 말씀에 근거하면 작금의 교회는 탐욕에 눈이 먼 것이 틀림없습니다. '갈 때까지 가보자'라는 풍조가 교회마저 삼키고 있습니다. 직접적인 관련이 있는 구절은 아니지만 우리 시대의 교회를 향해 통곡의 눈물을 흘리고 계실 주님의 마음을 반영한 말씀을 한 구절 떠올려 봅니다.

예루살렘아 예루살렘아 선지자들을 죽이고 네게 파송된 자들을 돌로 치는 자여 암탉이 그 새끼를 날개 아래에 모음 같이 내가 네 자녀를 모으려 한 일이 몇 번이더냐 그러나 너희가 원하지 아니하였도다(마 23:37)

| 호주머니의 회심 |

퓰리처 문학상을 수상한 《빌러비드(Beloved)》는 미국 흑인 여성 작가 토니 모리슨(Toni Morrison)의 작품입니다. 제게 많은 생각을 불러일으킨 책입니다. 아프리카에서 미국으로 붙잡혀 온 흑인들의 처참한 삶을 다루었습니다.

흑인 노예들의 삶은 인간이 아니라 물건이나 짐승과 같이 다루어집니다. 자신의 의지대로 살 수도 죽을 수도 없는 운명이고 자기의 감정조차도 마음대로 표현할 수 없는 처참한 억압 속에 살아갑니다. 백인들은 온갖 구타와 폭력으로 흑인들을 다스리고 여자 노예들을 통해 자신의 성적인 욕구를 마음껏 채웁니다. 그들은 비참한 폭력적 강간을 당함으로 자기 자신을 더 이상 사랑할 수 없는 자리로 내몰립니다. 심지어 노예의 모유를 빼앗아 자기 아이들에게 먹이는 장면도 등장합니다.

이 상황 속에서 주인공은 아이들을 데리고 탈출을 감행합니다. 그러나 하루도 못된 시간에 붙잡힐 처지에 놓입니다. 주인공은 자신의 아이들의 운명이 본인이 경험해 온 삶과 동일하게 반복될 것을 너무나 잘 알기에 톱으로 아이들을 베어 버립니다. 이 부분은 눈물 없이 읽어 내려가기 힘든 장면입니다. 그 장면을 있는 그대로 소개합니다.

"그 톱니를 작은 턱 아래서 끌어당기기 위해 얼마나 독한 마음을 먹어야 했는지, 아기의 피가 펌프처럼 솟아 나오는 느낌이 어땠는지, 아기 머리가 제자리에 붙어 있도록 손으로 받치고 있던 심정이 어떠했는지, 통통하게 생명이 붙은 그 사랑스런 목을 뒤흔드는 죽음의 경련을 조금이라도 덜어 주기 위해 그 애를 꼭 껴안고 있던 마음이 어떠했는지 아무것도 모른 채 빌러비드가 떠나버릴까 봐 무서워했다.

백인들이 그 누구한테 한 짓이 그녀에게 한 짓보다 더 끔찍할 수 있었을까……. 그냥 괴롭히고 죽이고 사지를 절단한 게 아니라 더럽혔다. 너무나 끔찍하게 더럽혀져서 다시는 자신을 사랑할 수 없게 했다. 자기 자식들만은 결코 그런 짓을 당하지 않도록 하고 싶었다. 그녀가 한 짓이 진정한 사랑에서 나온 거라고 믿게 하려고 엄마는 이야기를 하고 또 했다."

이런 비극이 과거에만 있을까요? 2012년 2월로 기억합니다. 사십 대 장애인 형제의 동반자살 사건이 신문의 한 모퉁이에 실렸습니다. 그 형제는 어릴 때 부모님을 잃고 서로 의지하며 살았습니다. 정확하게 말하면 서로 의지하고 살았다기보다는 정신지체 3급인 형이 정신지체 1급인 동생을 보살피며 살았습니다. 이들 형제는 매월 지원받는 60만원으로 영구임대아파트에 살면서 밝게 열심히 살았습니다.

그러나 고용 불안정에 끊임없이 시달리면서 결국 일자리를 구하지 못한 형은 생활고로 극단적인 선택을 하고야 말았습니다. 혼자 남겨지면 스스로를 지킬 수 없는 동생과 함께 죽음을 택한 것입니다.

저에게는 사실을 바탕으로 쓰인 흑인 노예의 이야기와 우리 시대 현실의 이야기인 장애인 형제 동반 자살 사건이 오버랩되었습니다. 우리가 사는 세상의 비정함이 너무나 잔혹하게 다가왔습니다.

'한 인간이 다른 인간을 향해 죽음을 강요할 수 있는 것이구나!'

'혹시 나의 삶 때문에 누군가가 피눈물 나는 희생을 강요받고 있지는 않는가?'

이런 생각들이 마음에서 떠나지 않으며, 고통과 절망 속에 놓여 있는 사회적 약자들을 보호하며 살아갈 용기를 제공하는 것이 교회의 제사장적 사명이 아닌가 생각해 보았습니다. 의식하지도 못한 채 우리는 약자들을 억압하는 사회 구조악을 만들어 내고 유지하며 강화하는 자리에 동참하고 있지는 않은지 돌아보게 됩니다.

구약성경을 보면 선지자들이 사회적 약자인 고아, 과부, 가난한 자들을 억압하는 구조적인 사회악을 향해 강도 높은 비판을 하는 것을 볼 수 있습니다. 합법적 도둑질을 감행하는 자들을 향해 엄중한 경고 메시지를 전달합니다. 선지자들은 자신의 욕망을 충족하기 위해서 사회적 약자의 최소한의 소유를 강탈하는 자들을 향해 담대하게 "화 있을진저!"라고 외칩니다.

하나님의 교회는 약자들을 죽음의 자리로 몰아가는 이 사회의 구조악에 대해 선지자적 자세로 비판을 가해야 하며 고통당하는 이들을 향한 실제적인 섬김과 사랑을 베풀어야 합니다.

사회가 구조적으로 하나님이 부여하신 인간 생명의 존엄을 위협한다면, 주님의 몸 된 교회는 그것이 하나님 말씀에 위배된 것이라고 외쳐야 합니다. 개인 구원에만 함몰되어 이 세상의 구조적인 사회악에 침묵한다면 복음도 교회도 존재 이유를 이탈하는 것입니다.

《경주 최 부잣집 이야기》에는 최 부잣집이 그 명맥을 오랫동안 이어온 비결이 소개돼 있습니다. 그 내용에서 사람을 배려하는 절제와 넓은 아량의 모습을 느낄 수 있습니다.

'사방 백 리 안에 굶어 죽는 사람이 없게 하라.'

'재산을 만 석 이상 모으지 마라.'

'흉년에는 남의 논과 밭을 매입하지 마라.'

억울해서 죽거나, 꿈이 좌절되어 죽거나, 굶어 죽거나, 아무리 몸부림쳐 봐도 희망이 없음으로 인해 죽거나 하는 이 암담한 현실들……. 하나님의 교회 주변 사방 백리 안에 이러한 현실이 사라지는 것을 꿈꾼다면 이상에 불과할까요? 교회는 영혼의 회심만이 아니라 호주머니와 지갑의 회심을 실천하여 이 세상의 그늘진 곳을 비추어야 합니다. 그것이 주님이 바라시는 뜻이라는 것을 우리가 모르는 것은 아니지요?

｜ 생각 없는 자들의 위안소, 교회 ｜

마크 놀(Mark Noll)은 자신의 저서 《복음주의 지성의 스캔들》에서 미국 복음주의 교회가 어떤 과정을 통해 신앙의 지성적 영역을 포기했는지에 대해 진지하고도 치밀한 비판을 쏟아 냈습니다.

한국 교회에 미치는 미국 교회의 영향은 애써 부인해도 소용없는 일입니다. 약간의 시간적 차이와 공백이 있을 뿐이지 미국 교회의 문화는 빛과 같은 속도로 한국 교회를 덮치고 있습니다. 그 영향이 긍정이든 부정이든 가공할 만한 힘으로 나타나는 게 현실입니다.

조국 교회의 현실도 지성의 영역이 무너지고 있습니다. 이것은 단순히 우리보다 앞서 기독교 신앙으로 살아온 분들의 기복 신앙을 논하는 것이 아닙니다. 기복 신앙은 부정적인 면이 분명히 존재하지만 그 시대를 그러한 신앙적 내용으로 버텨 낸 분들의 진심을 하나님이 사용하셨다는 또 다른 의미도 있습니다.

제가 관심을 두는 것은 그것과는 조금 비켜나 있습니다. 가장 우려스러운 부분은 조금이라도 분석하고 사실 관계에 대한 합리적 요구를 해오는 사람들에게 믿음이 없다고 규정지어 버리는 독선적인 태도입니다. 다른 세대와 다른 교육적 배경을 가진 사람들의 합리적 의심과 변화의 갈망을 신앙의 이름으로 정죄하는 고립적인 태도가 편만합니다. 기독교 신앙 전통 안에 담긴 복된 지성의 전통이 쓰레기통에 버려지는 안타까운 현실입니다.

우리의 신앙적 경향이 이렇게 지성을 무시하다 보니 기독교 신앙의 이름으로 외치는 구호와 주장이 세상 앞에 수치스러운 수준으로 떨어지고 있는 것입니다.

"태극기를 들고 시청 앞으로 모입시다!"

"모여라, 돈 내라, 집 짓자!"

"예수 믿으면 부자 됩니다!"

"이 금식 성회에 3일만 참석하면 모든 문제가 해결됩니다!"

최소한의 상식도 없는 태도를 보이는 교인들이 많다 보니, 교회는 복음의 본질에 대한 이해가 없는 이들의 비위를 맞추게 되고 어느새 생각 없는 자들의 위안소처럼 인식되고 말았습니다.

세상은 기독교인을 말이 통하지 않는 인간들로 봅니다. 물론 하나님을 알지 못하는 세상의 시각으로는 논리적 비판보다는 선동적인 내용이 많습니다. 그러나 그들의 비판과 관계없이 오늘날 교회가 펼쳐 보이는 신앙의 행태와 주장은 지나치게 가볍고 감성적이고 재미를 추구하는 경향이 두드러지고 있는 것이 사실입니다. 교회 역사에 대한 진지한 성찰과 배움, 하나님 말씀에 대한 깊은 연구는 명맥을 유지하고 있긴 하지만 점점 더 뒤로 밀려나고 있습니다.

"그냥 따지지 말고 믿어."

"신학과 성경도 너무 파고 들어가면 안 좋아. 오후에 찬양 인도나 은혜롭게 해 봐."

어디선가 들려오는 장로님과 목사님의 목소리 같지 않습니까? 지성의 영역보다 감성적 영역을 더 선호하고 있는 것이 사실입니다.

마틴 로이드 존스는 하나님이 인간에게 주신 최고의 선물은 '생각하는 것'이라고 했습니다. 그 생각의 과정을 통해서 하나님은 복된 사실들을 깨닫게 하시고 하나님의 마음을 더 깊이 이해하는 자리로 인도하신다고 말하고 있습니다.

무엇보다 믿음의 선진들이 우리에게 전해 준 전통은, 깊이 사고하면서 지성적 영역에서도 하나님을 높이는 것이었습니다.

2012년 초 옥성득 교수가 《마포삼열 서한집》을 펴냈습니다. 그 책을 통해 느낀 소회를 밝히는 과정에서 옥 교수는 다음과 같이 말하고 있습니다.

"이미 100여 년 전 우리나라에 온 선교사들의 글을 보면 생각의 깊이, 성실성, 자기 일에 대한 진지함, 헌신이 지금과는 비교가 안 될 정도로 깊이가 있고 감동적입니다."

그런데 이 귀한 전통을 누가 다 버렸나요?

"배가 부르면 사고의 깊이와 날카로움이 사라집니다." 고향 교회의 관리 집사님이 전도사 시절 저에게 하신 말씀입니다. 물질문명의 풍요는 인간으로 하여금 사고의 폭과 깊이를 제한시켜 버렸습니다.

분석과 논리가 모던 시대의 특징이었다면 감성과 공감은 포스트모던 시대의 특징이라고 할 수 있습니다. 그래서일까요? 하나님 말씀을 진지하게 연구하고 공부하는 분위기, 지성의 영역에서 치열하게 대화하고 대안을 제시하면서 세상 앞에도 당당한 목소리를 낸 전통이 감성과 공감이라는 대의 앞에서 포기되고 있습니다.

세상은 교회로부터 나오는 과학, 사회적 이슈, 정치적 입장에 대해서도 조롱의 시선을 갖고 있습니다. 교회가 제시하는 내용들이 쳐다 볼 것도 없이 함량 미달이라는 생각을 하기 때문입니다.

온 우주가 하나님의 것이라면 지성의 영역도 그분의 것입니다. 이 당연한 논리적 귀결이 신자들의 나태함과 게으름으로 인해 방해받고 있는 현실 앞에서 우리 모두는 깊이 반성해야 합니다.

▎교회 찾아 3만 리 ▎

목사로 살다 보면 본의 아니게 식당을 많이 가게 됩니다. 그럴 때마다 우리 주변에는 먹을 것이 끝도 없이 널려 있다는 생각을 하게 됩니다. 다양한 먹거리가 삶을 풍요롭게 하는 측면이 있습니다. 선택할 수 있는 기회가 많다는 것은 좋은 일입니다. 그러나 음식점에 대한 선택의 폭이 넓어지다 보니 교회에 손님이 찾아왔을 때 어떤 집으로 모실까 고민하는 경우가 빈번합니다. 분명히 가야 할 곳은 사방 천지에 널려 있는데, 선택을 두고 고민을 합니다. 비단 먹는 문제에 국한되는 것은 아닙니다. 현대 사회는 자신의 의지를 동원해서 마음껏 선택할 수 있는 기회가 모든 분야에서 제공되고 있습니다.

"무엇을 먹을까?", "무엇을 입을까?", "어디로 갈까?", "무엇을 볼까?", "무슨 직업을 구할까?", "어떤 학교에 가면 좋을까?" 등 끝이 없습니다. 무언가를 다양하게 선택할 수 있다는 것은 분명히 좋은 것이지만 그 안에는 마음의 평안을 위협하는 요소도 잠재돼 있음을 봅니다.

교회도 이러한 흐름 속에 이미 포함이 된 것 같습니다. 교회가 성도의 기호와 취향에 따른 선택의 대상이 돼버렸습니다. 더 이상 음식에만 간을 보는 일이 필요한 것이 아닙니다. 교회도 간을 봐야 하는 하나의 기호 상품처럼 되어 가고 있습니다.

"내가 이 교회를 선택했을 때 어떤 희생과 유익이 있을까?"

식품을 구입할 때 가지는 철저한 소비자 마인드가 교회를 결정하는 문제에도 적용되고 있습니다. 첫째, 설교가 좋을 것, 둘째, 내가 하는 일에 도움이 될 것, 셋째, 헌금에 대한 부담이 없을 것, 넷째, 구역이나 소그룹 참여에 대한 부담이 없을 것, 다섯째, 아이들 교육에 도움이 될 것 등 날카로운 촉수를 가지고 이 교회 저 교회를 훑어봅니다.

뭐니 뭐니 해도 고객들에게는 입소문이 최고의 광고입니다. 자신의 인맥을 동원해서 이 교회 저 교회를 추천받기도 추천하기도 합니다.

"김 집사, 그 교회는 아니야! 곧 교회 건축한다는 소문이 있던데……."

"박 집사, 그러면 집 앞에 개척 교회에 가라는 말이야? 말이 되는 소리를 좀 해."

어디서 집사 직분을 받았는지는 몰라도 그 꼴이 참 가관입니다. 등록 절차를 거의 완료하는 시점에 자신의 성향과 맞지 않는 현상이 보일 때는 취소(?) 사태가 발생하기도 합니다.

"사정이 생겨서 다음 주부터는 뵙기 어렵겠네요."

말씨는 상냥한데 여우같은 표독스러움을 감추고 발걸음을 돌려 버립니다. 이렇듯 교회를 일회용 티슈처럼 여기는 시대가 되었습니다. 일회용 티슈의 특징은 한 번 사용하면 그것으로 끝입니다. 교회도 자기의 목적과 삶의 유익을 위해서 얼마든지 갈아 치울 수 있는 현장으로 생각하는 것입니다. '선택하고 버리고 선택하고 버리고'의 습관을 고수하면서 죽을 때까지 이 패턴을 반복하는 인생으로 살게 됩니다. 주님을 온 마음을 다해 섬기고 헌신해야 할 현장으로 교회를 생각하지 않습니다. 기독교 정통주의의 관점에서 보자면 교회와 헌신은 분리될 수 없는 개념인데 이 모든 것이 "아! 옛날이여"가 돼버렸습니다.

마음 내키는 대로 교회를 갈아타는 사람이 수도 없이 많습니다. 전도를 하다 보면 "아직까지 교회를 결정하지 못했습니다"라고 하는 분이 의외로 많은 것을 보게 됩니다. 이처럼 선택할 수 있는 기회와 폭이 넓어지면 '헌신과 연속성'의 가치는 박살이 납니다. 입술로는 분명한 신앙고백을 하면서도 진정성이 담긴 헌신은 찾아보기 힘든 이상한 성도들로 교회가 채워지고 있습니다. 내 삶을 드려 연약하고 부족한 교회를 사역자와 함께 일으켜 세우겠다는 꿈과 비전을 가진 사람은 만나기가 쉽지 않습니다.

"다른 집을 한 번도 방문해 보지 않은 사람은 어머니가 세상의 유일한 요리사다"라는 아프리카 속담이 있습니다. 이 속담을 교회에 적용해 보면 "이리저리 다른 교회로 다녀 보지 않는 사람은 자기 교회가 이 세상의 유일한 교회인 줄 안다"일 것입니다. 차라리 아무런 정보가 없어 이런 무지함 속에서 주님을 섬기는 것이 더 복된 신자의 길이 아닐까 생각해 봅니다. 오직 자아의 만족에만 초점이 맞추어진 사람들이 수많은 정보를 통해서 다양한 교회의 맛을 간 보려고 안달이 나 있습니다. 자신이 몸담고 있는 교회가 얼마나 귀하고 복된 곳인지를 모르는 것입니다. 이들은 여기저기 기웃거리는 '영적 장돌뱅이'의 삶을 살기로 작정한 사람과 다르지 않습니다. "이 교회는 사랑이 없어!" 그렇게 외치는 것이 자신의 믿음 없음을 온 동네에 소문을 내고 다니는 것인지도 모른 채 오늘도 보물섬을 찾듯 다른 교회를 찾아 길을 나섭니다.

소장하고 있는 영어책과 영어 실력은 비례하지 않습니다. 영어를 못하는 사람들의 한결같은 특징은 한 권의 가치를 모른다는 것입니다. '이 책 조금, 저 책 조금' 하다가 10년의 세월을 보냅니다. 그러니 어학 공부에 10년을 투자했음에도 회화 한마디 못하는 아이러니한 쓴맛을 보는 것입니다. 이와 마찬가지로 이곳저곳으로 돌아다니는 신앙은 결단코 성장하지 않습니다. 그런 신앙에는 헌신과 충성이 존재하지 않습니다. 전반적으로 신앙의 깊이와 폭이 얕고 제한적일 뿐만 아니라 그 사람을 지탱시켜 주는 삶의 근본적 가치가 '순간적 충동' 그 위에 세워져 있습니다. 약간의 상처와 변수만 생겨도 교회를 옮길 준비를 시작합니다. 혼자서는 감행할 용기가 없어 이 사람 저 사람 세력을 규합해 나갑니다.

"김 집사, 저 교회 목사님 말이야. 유학파에다가 교회에서 영어 서비스도 한다고 소문이 자자해." 교회를 선택하고 고르는 재미에 빠진 사람은 그 과정 속에서 자신의 영혼도 고갈된다는 사실을 발견하지 못한 채 생활하기에 실제적인 삶의 현장에서 신앙이 아무 쓸모 없을 뿐만 아니라 그 어떤 열매도 맺지 못합니다.

교회는 내 마음에 맞추어 선택하고 고르는 곳이 아니라 내 삶을 드려 섬겨야 할 현장임을 기억하십시오. 이런 귀한 마음의 중심으로 주님의 몸 된 교회를 섬기는 성도들로 인해 하나님의 마음이 시원해질 것입니다.

┃ 개혁을 원하십니까? ┃

덕은교회는 참 좋은 곳입니다. 시골 같은 분위기가 외형적 동네뿐 아니라 사람들의 정서 안에도 남아 있어 주민들 마음이 따뜻하고 정이 많습니다. 그러한 정을 목회자에게 아낌없이 퍼부어 줍니다.

"김 목사, 덕은교회는 목회자에게 잘하기로 소문난 교회야. 복 받았어!"

같은 지방회에 소속된 목사님 한 분이 부임 초창기에 저에게 해주신 말씀입니다. 과연 목사님의 말씀 그대로입니다. 오히려 "이건 너무 과한데……" 하는 느낌이 들 정도였습니다. 반찬을 만들어 가져다주시는 분, 1년에 한 번 이상은 정장을 선물해 주시는 분, 주기적으로 식사를 대접해 주시는 분, 한 달에 몇 번씩이나 과일을 구입해서 사택으로 가져오시는 분 등 참 고마운 성도들입니다. 부담이 되실까 봐 정중히 사양하려고 해도 미묘한 무언가가 쉽게 거절하지 못하게 만듭니다. 인간관계란 말처럼 쉽게 끊고 맺고 할 수 없는 것임을 절감하고 있습니다. 교회 안에서 벌어지는 일들도 목회자 중심으로 돌아갑니다. 교회의 할머니 한 분이 토해 놓는 일성이 우리 교회의 분위기를 말해 줍니다.

"목사님은 왕이니까 알아서 순종해!"

저를 생각해서 하시는 말씀임에 틀림없지만 왠지 모를 답답함이 엄습해 옵니다. 모든 것이 목사의 판단과 결재에 의해 움직여지는 교회 문화가 형성돼 있습니다. 깊은 고민과 생각 끝에 어떤 방법을 동원해서라도 자정과 변화가 필요하다고 느꼈습니다. 그래서 권속들의 마음에 아픔이나 아쉬움이 조금 생기더라도 교회의 문화를 변경하기로 마음먹었습니다. 지금 당장 할 수 없는 것들은 장기적인 계획으로 잡아 놓고 천천히 시행하기로 하고 할 수 있는 것부터 바꾸기 위해 조심스레 리스트를 뽑아 보았습니다.

1. 목회자에게 절대로 돈 봉투를 준비해서 심방을 받거나 교회 사택 방문하기 없기. 결혼식이나 장례식 때 수고비의 형태로 돈을 건네는 관례도 무조건 종식.
2. 장로나 권사 등 중직에 임명되는 사람들 특별 헌금 절대 금지. 직분 임명 기념으로 목회자에게 어떤 종류의 선물도 하지 않기. 어떤 형태로든 값비싼 물건을 헌물이라는 이름으로 구입하는 일 없기.
3. 목회자 생일은 가족들끼리 보낼 수 있도록 배려하기. 여 전도회가 함께 모여서 목회자 생일상 준비하는 일 중단하기.
4. 강단에서 헌금자 명단 읽는 문화 무조건 없애기.
5. 헌금 정리하는 현장에 목회자 참석하지 않기. 더 나아가 교회 재정에 관한 일체의 권한은 성도들에게 위임하고 재정 지출과 관련해서 목회자에게 결재 맡는 절차 없애기.

당연하고 상식적인 이 일을 시행하는 게 쉽지만은 않았습니다. 저도 고집부리면 한 고집 하는 스타일이기에 무조건 순종하라고 강력한 신호를 가족들에게 보냈습니다. "목사님은 왕이니까 알아서 순종해!" 이 말을 최대한 활용한 것입니다. 이런 변화를 겪으면서 1년 6개월의 시간이 화살처럼 지나갔습니다.

"여보, 나 잘했지? 큰 변화는 아니지만 그래도 많이 달라졌잖아?"

아내로부터 칭찬받을 것을 예상했습니다. 그러나 저의 기대와 전혀 다른 대답이 날아왔습니다.

"좋아. 교회에서 그렇게 하는 것은 좋은데, 당신, 집 문화는 왜 안 바꿔? 집에서는 아무것도 안 하잖아. 도와달라고 하면 매번 설교 준비를 핑계로 요리 피하고 조리 피하고. 얄미워 죽겠어."

빠져나올 수 없는 덫에 걸려들었습니다. 교회 문화를 개혁하려고 했던 것이 가정 개혁의 빌미를 제공한 것입니다. 궁색한 변명을 내놓기도 그렇고, 고압적인 말로 정면 돌파하기도 그렇고……. 답답한 상황이 계속되었습니다. 마지못해 제가 먼저 타협안을 제시했습니다.

"무슨 일이 있어도 요강 비우기는 내가 한다."

사실은 아무것도 아닌 일인데 잔머리를 굴려서 지저분한 일부터 솔선수범하겠다는 이미지를 최대한 극대화시켰습니다. 순진한 이 여자는 반색하며 그 제안을 또 받아들였습니다.

"정말이지? 히히!"

이토록 순진 무궁하기에 돈 한 푼 없는 이 타잔과 결혼해서 계속 살아가는 것 아니겠습니까? 그날 이후로 요강 비우기는 저의 몫이 되었습니다. 집안의 엄청난 개혁(?)도 이렇게 이루어진 것입니다. 덕은교회의 사택은 반지하입니다. 그래도 통풍이 잘 되어 습하거나 곰팡이가 생기는 일은 없습니다. 여름에는 시원하고 겨울에는 따뜻합니다. 예배당을 시공할 때 미리 문제점을 예상하고 창문을 많이 만들었기 때문입니다. 그러나 경제적 여건과 설계 문제로 인해 사택 안에 화장실을 만들지 못했습니다. 대안을 모색하다가 추억의 '요강 문화'를 다시 복원시킬 수밖에 없었습니다. 특별히 겨울에는 아이들이 많이 힘들어해서 어쩔 수 없이 요강을 집안에 마련한 것입니다. 하겠다고 큰 소리는 쳤지만, 요강 입구까지 가득 채우는 아들 녀석의 소변 습관 때문에 고생이 이만저만이 아닙니다. 아슬아슬하게 요강을 들고 가면서 집중하는 생각은 오직 한 가지밖에 없습니다.

"오늘은 결단코 손에 오줌을 묻히지 않을 것이다."

그러나 이런 결심은 말 그대로 결심으로만 끝이 납니다. 아들과 딸의 오줌은 거의 매일 저의 손등을 타고 흐릅니다. 교회 일도, 가정 일도 변화를 가져오기 위해서는 누군가의 희생과 수고가 필요함을 요강 비우기를 통해 새삼 깨닫습니다.

우리 모두는 변화와 개혁의 소리를 높이 외치지만, 자기 자신은 그 변화와 개혁이 가져오는 생채기를 맛보지 않으려고 얼마나 꼼수를 부리는지 모릅니다. 개혁과 변화를 단순히 감정적인 한풀이로 이용하는 사람도 많고, 심지어 개혁적 이미지를 팔아서 주류 세상으로 진입하고자 하는 이들도 지천에 깔려 있습니다. 자본주의 정신으로 철저하게 무장한 대기업들이 자본주의의 한계와 모순에 정면 승부를 감행했던 '체 게바라(Che Guevara) T셔츠'를 팔아먹는 것과 똑같은 짓을 하고 있는 것입니다. 목회 세습 반대, 십일조 폐지, 민주적 교회 운영을 외치지만 그들의 내면에는 다른 종류의 '히든 모티브'를 가지고 있는 경우가 허다합니다. 목회 세습 반대를 외치지만 자신의 연봉은 1억이 넘어야 하고, 십일조의 개혁을 외치지만 자신은 그 외침 속에 숨어서 헌금하는 일에 인색한 사람을 많이 보게 됩니다. 민주적 교회 운영을 표방하는 어느 교회를 보면 그 가치와 주장들을 지킨답시고 목회자에게 집단 린치를 가하는 경우도 있었습니다. 자신이 손해 보는 구체적인 안을 제시할 자신이 없다면 쉽게 개혁을 외쳐서는 안 됩니다. 그것은 언어유희요, 개혁을 팔아먹는 '장사 놀음'밖에 되지 않습니다.

교회, 가정, 직장에서 여러분의 위치가 개혁적 가치를 지지하는 곳에 있습니까? 심정적으로라도 지지 의사를 가지고 있습니까? 귀한 길을 걷고 계신 것입니다. 저도 교회의 변화와 개혁을 진심으로 소망하는 사람입니다. 그렇다면 이제 여러분과 저 자신부터 희생과 눈물이 담긴 개혁을 하나님 앞에서 먼저 시행하십시다. 그것이 담보될 때 우리의 외침은 진정성을 얻을 것입니다. 올바른 정치 개혁과 종교 개혁의 이론적 근거를 제시하는 사람은 많지만, 그 멋진 주장에 자기 자신의 삶을 내던지는 사람은 별로 없는 것이 우리의 아픈 현실입니다. 이런 흐름을 종식시키는 참된 개혁자들이 우리 각자의 예배 처소에서 출현하기를 간절히 소망합니다.

| 부드러워진 복음 전도 |

구약 신학자 월터 아이히로트(Walter Eichrodt)는 "하나님과 피조물 간의 '대치'라는 근본 사실을 인식하지 않는 기독교 신앙은 그 절대적인 절박함의 중요성을 상실함으로써, 자신에게 위임된 복음이 경솔하고 피상적일 수밖에 없다"라고 말합니다. 오늘날 교회가 증거하는 복음 전도의 현실을 정확하게 간파한 진술입니다. 그의 날카로운 분석 그대로, 개신교 복음주의 진영의 복음 전도 내용과 방법에서 하나님과 인간 사이의 죄로 인한 '대치'의 개념은 더 이상 찾아보기 어렵게 되었습니다. 쉽게 말해서, 언제부터인가 복음 전도의 내용 안에 죄에 대해 '진노하시는 하나님'의 개념이 사라지고 있습니다. 따뜻하고 친절한 사랑의 하나님의 이미지가, 죄에 대해 분명하게 진노하시는 심판의 하나님을 압도하고 있습니다. 복음 전도의 양상이 이런 식으로 전개되다 보니, 교회가 예수 그리스도의 복음을 전함에 있어 불신자들의 마음에 상처와 부담을 안기지 않기 위해 전전긍긍합니다.

"안심하십시오. 교회가 고리타분한 곳이 절대 아닙니다. 우리 교회는 문화적 분위기로 얼마든지 유연하게 조절할 수 있답니다. 한번 믿어 주십시오."

선거판에서 표를 구걸하는 국회의원 후보자들처럼 복음을 구걸하고 있습니다. 복음은 선포해야 하는 것임을 망각한 것입니다. 모든 사상과 종교가 상대화되고 절대적인 지식이나 존재를 인정하지 않는 분위기가 만연한 시대 속에서 살아남기 위한 전략의 한 방법으로 복음의 내용을 각색합니다. 대중성을 확보하기 위해 복음의 본질을 손상시키고 있는 것입니다. 복음의 본질 자체가 그리스도를 알지 못하는 자연인의 마음에 '거슬림'을 안길 수밖에 없는 것인데, 이 부분을 포기하면서 복음을 전한다는 것은 엄밀히 말해서 '다른 복음'을 전하고 있는 것입니다.

우리는 세상을 향해 더 이상 "회개하라"고 외치지 않습니다. "예수 믿으면 행복해집니다"가 우리의 전도 구호가 돼버렸습니다. 이 구호 자체가 문제가 아니라 그러한 구호 뒤에 자리 잡고 있는 교회의 심리 상태가 심각한 것입니다. 이제 교회 안은 십자가의 복음을 경험하지 못한 불신자들로 가득 채워지고 있습니다. 첫 단추를 잘못 끼운 자들이 순결하지 못한 동기와 목적으로 성경의 계시를 자신에게 적용하고자 몸부림칩니다. 그러니 성경에 명시적으로 언급된 은혜와 복이 자신의 실제적인 삶에 효력을 미치지 못하는 게 당연합니다. 자연히 그들의 마음에는 불평의 씨앗이 열매 맺게 됩니다. "예수 믿어 봐야 아무짝에도 소용이 없구나!" 저들은 처음부터 자신이 '가짜 신자'였다는 것을 알지 못하니 불평이 스며들고 맙니다. 자신의 실체가 '죄인의 괴수'임을 자각하지 못한 사람은 '예수님을 만났다'고 스스로 고백할지 모르나 여전히 그리스도 밖에 있는 사람입니다. 이것을 '착각'이라고 합니다.

복음 전도의 마지막 종착역인 '땅끝'이 어디일까에 대한 의견이 분분합니다. 개인적인 생각이지만 '땅끝'은 다른 곳이 아니라 '교회 안'이라고 생각합니다. 참된 복음과 진정한 대치를 경험해야 하는 사람이 교회 안을 가득 채우고 있기 때문입니다.

오늘날 교회에 이러한 비극이 나타난 원인은 복음 전도의 내용뿐만 아니라 전달 방법도 성경적이어야 한다는 사실을 교회들이 놓치고 있는 데 기인합니다. "본질만 훼손하지 않으면 되지. 수단과 방법은 주어진 환경에 따라 얼마든지 달라질 수 있다"라고 생각하는 것입니다. 이런 진술 자체를 누가 비판할 수 있겠습니까? 그러나 막상 이 원리대로 전도해 보십시오. 생각지 못한 결과를 만나게 될 것입니다. 내용이란 것은 그것을 전달하는 방법에 의해서 반드시 영향을 받습니다. 눈에 띄게 빠른 속도로 이루어지지 않기 때문에 확정적 결과가 가시적으로 드러날 때에야 비로소 "앗! 망했다"는 탄식이 터져 나오는 것입니다.

가랑비에 옷 젖듯이 교회가 점차 복음의 본질을 포기해 갑니다. 이런 방법론들은 결코 교회를 한방에 삼키지 않습니다. 벼락을 치는 방식이 아니라 모퉁이부터 야금야금 갉아 먹는 방식으로 손상시킵니다. 교회 안의 그 누구도 전도 방법론 때문에 마음이 상하거나 불편해하지 않습니다. 오히려 사람들이 늘어나는 그 한 가지 이유 때문에 열광하고 좋아합니다. 대중의 지지에 힘을 얻은 사역자와 중직들은 유행 따라 변화될 수밖에 없는 특정한 방법론을 자기 교회를 위한 하나님의 계시로 간주하기 시작합니다. 방법론의 맛을 본 교회는 한 영혼 안에서 일어나는 회심의 역사도 특정 방법론이 도움을 줄 수 있다고 생각하는 지점까지 나아갑니다. 한마디로 불신자들이 불편해하는 것들을 체계적으로 제거시켜 주기만 하면 회심을 경험케 할 수 있다는 것입니다. 이런 사고방식이 정말 무서운 것입니다. 한 영혼이 회심하여 하나님의 자녀가 되는 과정에서 걸림돌들을 인위적으로 결정한 다음 그것을 제거하는 방식을 동원합니다.

고든콘웰 신학교의 교회사 교수인 데이비드 웰스(David Wells)의 이 외침은 참으로 의미심장합니다.

"선정 자체가 이미 문제이지만 이들이 선정하는 회심의 장애물들을 조사해 보면 신학적인 요인 '죄로 인한 하나님과 인간의 대치와 분리'에서 그 원인을 찾는 것이 아니라 사회학적 원인 '경제, 학업, 자녀교육, 거리, 주차' 등에서 그 답을 찾는 경향이 두드러집니다."

성경에 계시된 복음의 내용을 사수하고자 하는 정신이 결여된 전도 방식은 성공을 위한 몸부림에 지나지 않습니다. '성공을 위한 몸부림'이란 표현이 주는 부담 때문에 '전도를 향한 열정'으로 바꾸어 부를 뿐입니다. 그러나 중심을 보시는 주님은 우리가 어디에 정신을 팔고 있는지를 누구보다 잘 알고 계십니다. 교회는 교회만이 세상을 향해 줄 수 있는 그것에 집중해야 합니다. 심리치료, 상담, 구제, 친교, 동호회 모임 등은 교회가 아니더라도 이 세상의 기관들이 제공할 수 있습니다. 교회가 이런 부스러기에 시간과 에너지를 과하게 소모하는 것은 복음을 피상적으로 이해하는 객관적 증거입니다.

주님의 몸 된 교회는 세상이 자신의 죄와 대면할 수 있도록 다시금 십자가를 높이 들어야 합니다. 조나단 에드워즈가 증거한 복음을 들어 보십시오. "진노한 하나님의 손에 붙잡힌 죄인들", 이 얼마나 복음의 야성이 살아 있는 표현입니까? 이것이 진정한 복음입니다.

좋은 이미지를 얻기 위해서 복음을 가공하는 일을 중단하지 않으면 교회는 생명력을 잃어 버릴 수밖에 없습니다. 교회의 영광을 회복하는 유일한 방법은 유대인이나 헬라인들을 불편하고 거슬리게 한 그 복음을 다시 외치고 증거하는 길 밖에는 없습니다. 우리가 이 일을 위해 쓰임 받을 수 있도록 주의 자비와 긍휼을 구했으면 합니다.

| 존 파이퍼 목사님, 고맙습니다 |

배고픈 개척 교회 시절, 읽고 싶은 책은 주로 도서관에서 빌려 보았습니다. 생활비도 부족한 상황에 도서비를 지출하는 것은 상상도 할 수 없었습니다. 늘 아쉬웠던 것은 도서관에는 신학 책이 별로 없다는 것입니다. 이 생각 저 생각 끝에, 어설픈 독해 수준이지만 원서를 찾아보기로 했습니다. 영어권의 신학과 설교 웹사이트를 전부 찾아보자고 마음먹고 파묻혀 살았습니다. 우리보다 기독교 역사가 오래되었기에 축적해 놓은 자료가 많을 것으로 예상한 것입니다. 과연 그러했습니다. 상상을 초월하는 자료들이 웹사이트에 있었습니다. 약 3개월간에 걸쳐 저의 신학적인 성향과 일치하는 웹사이트를 이 잡듯이 검색했습니다. 그 덕에 즐겨찾기에 약 150개 정도 되는 유용한 사이트를 확보했습니다.

그 중에서도 단연 압권은 존 파이퍼(John Piper)와 존 맥아더(John MacArthur) 목사님의 홈페이지였습니다. 두 분 다 좋은 메시지와 아티클을 제공했지만, 존 맥아더의 경우 성경 해석에 있어 세대주의적 경향이 진하게 배여 있는 것 같아 약간의 거리감이 생겼습니다. 누군가 그의 신학적 입장에 대해 이런 평가를 했습니다. "구원론에 있어서 그는 하나님이 보낸 천사이고, 종말론에 있어서는 우리들의 원수다."

그에 비해 존 파이퍼는 교단 배경이 저와 동일한 침례교였고, 신학적인 입장이 개혁파 전통에 서 있었기 때문에 하루가 멀다 하고 그 사이트로 들어가 살다시피 했습니다. 존 파이퍼의 책이 본격적으로 한국 출판계에 번역되기 전에 그 분의 설교, 아티클, 논문을 마음껏 읽을 수 있는 특권을 누렸습니다. 저 같은 가난한 이도 얼마든지 공부할 수 있는 길이 열려 있었습니다. PDF로 자신의 문서를 공개해 누구든 읽도록 한 그의 배려 덕에 돈 한 푼 들이지 않고 신학과 신앙 공부에 대한 갈증을 풀었습니다. 오랜 시간 그의 설교와 글들을 접하면서 많은 것을 배우고 좋은 영향을 받았습니다.

존 파이퍼로부터 받은 몇 가지의 교훈과 깨우침을 조금 나누어 보겠습니다. 그가 안겨 준 가장 큰 선물은 '기독교 희락주의'에 대한 확신입니다. 존 파이퍼는 자신을 '기독교 희락주의자'라고 말합니다. '기독교 희락주의'가 무엇인지를 설명함에 있어 이 문장만큼 명확하게 이해를 가져다주는 표현은 없을 것 같습니다.

"우리가 하나님을 영원토록 즐거워할 때, 하나님께서 영광을 받으신다."

한마디로 '하나님을 즐거워하는 것'과 '하나님께 영광을 돌리는 일'이 별개의 것이 아님을 강조하고 있는 말입니다. 여기서 조금 더 진화한 문장이 존 파이퍼 신학의 핵심적 자리를 차지합니다.

"우리가 하나님 그분을 그분으로 가장 만족해할 때, 하나님은 우리 안에서 가장 큰 영광을 받으신다."

개인적으로 저는 이 표현에서 엄청난 감격과 해방을 맛보았습니다. 나 자신의 객관적인 형편과 아무 상관없이 '하나님께서 영광을 받으실 수 있다'라는 그 개념이 비참하고 초라한 인생을 산다고 생각한 저 자신에게 큰 용기와 위로를 안겨 주었습니다. 인생의 불행이 다른 이들의 삶과 나 자신의 삶을 비교하는 것에서 시작된다는 사실을 알고 있으면서도, 끊임없는 비교를 통해 자책과 열등감에 시달리던 저에게 이 말보다 더 큰 위로가 되는 말씀은 없었습니다. 무언가를 이루어 내어 하나님을 영화롭게 하는 것이 아니라 어떤 상황에 놓여 있더라도 그 현실 속에서 하나님으로 만족할 때 가장 큰 영광을 받으신다니……. 이것은 전기에 감전된 사람이 느끼는 그 충격 같은 짜릿함을 주었습니다.

존 파이퍼의 '기독교 희락주의'는 서글픈 삶의 현실, 어떤 신앙적 성취도 없는 수치심, 미래가 보이지 않는 교회의 암담함 등 이 모든 것으로부터 해방을 맛보게 해주었습니다. 목회를 하면서 처음 느껴 보는 자유와 해방감이었습니다.

"나의 부족함이 아버지의 영광을 가리지 않는구나!"

이것은 비천한 자리에 처해 있는 무명의 목사에게 복음처럼 다가온 메시지입니다.

그 다음으로 인상적인 것은 조나단 에드워즈와의 만남을 이야기하는 부분입니다. 존 파이퍼는 신학교 시절 한 교수님으로부터 성경 읽기에 더하여 위대한 신학자를 한 명 택하라는 조언을 받았다고 합니다.

"매번 표면만 건드리다 말 것이 아니라 깊은 실체까지 닿는 갱도를 적어도 하나는 파 놓아라. 그렇게 하면 인생에서 만나는 고민과 결단의 순간마다 깊은 이야기를 나눌 수 있는 한 평생의 동지를 만나는 것이다."

그래서 그는 조나단 에드워즈를 그 대상으로 선정하고, 책을 통해서 조나단 에드워즈와의 깊은 교제를 시작했다고 합니다. 에드워즈를 파고 들어가면서 수많은 청교도와 신학의 거장을 만나게 되었고, 그것이 자신의 영혼에 큰 유익을 주었다는 고백이 매우 인상적이었습니다.

존 파이퍼가 극찬하는 조나단 에드워즈는 우리가 인식하는 것보다 훨씬 큰 인물입니다. 교회 역사가인 마크 놀(Mark Noll)의 이야기를 들어 보십시오.

"에드워즈 이후로 미국 복음주의가 그리스도인의 삶을 그 근본부터 생각해 본 적이 없는 것은 미국 문화 전체가 그렇게 하기를 그만두었기 때문이다. 에드워즈의 경건은 부흥주의 전통에 남아 있고 신학은 학문적인 칼빈주의에 남아 있지만, 하나님께 매료된 세계관이나 그 심원한 신학적 철학을 계승한 이는 없다. 에드워즈의 시각이 기독교 역사에서 사라져 버린 것이야말로 비극이다."

존 파이퍼의 꼬임(?)에 빠져 저 역시 조나단 에드워즈에게 빠져들었습니다. 존 파이퍼가 경험한 그 감격의 자리까지는 가보지 못했지만 조나단 에드워즈를 통해 하나님을 향한 간절한 마음과 경외감을 배울 수 있었습니다. 쉽게 말해 하나님을 향한 진지함의 자세가 결핍된 저 자신을 발견할 수 있었던 것입니다. "아, 내가 하나님에 대해 너무나 경박하고 가벼운 인식을 가지고 있었구나!" 이런 깨달음은 목회자로서의 말과 태도의 무게감을 형성하는 데 많은 도움을 주었습니다. 유쾌하고 가벼움 안에 있는 위험성을 보게 된 것입니다. 목사처럼 말하고, 목사처럼 행동하는 것의 중요성을 뼈저리게 절감했습니다. 30대 시절을 마무리하면서 얻은 가장 큰 소득이었습니다. 저에게 있어 목사다움의 최소한의 향기는 조나단 에드워즈를 통해 주어졌습니다.

존 파이퍼를 통해 얻은 가장 실제적인 유익은 설교하는 자세와 내용에 관한 것입니다. 그를 만나기 전까지 저는 설교에 있어 구체적인 적용을 선호하는 편이었습니다. 뜬구름 잡는 이야기만 하고 내려오는 설교자가 되고 싶지 않았습니다. 그러다 보니 설교 내용이 굉장히 실용적인 것에 머물러 있었습니다. 쉽게 말해 격려하고 위로하는 쪽으로 많이 치우쳐 있었던 것이죠.

존 파이퍼는 설교의 필수 주제를 하나님의 위엄과 진리와 거룩하심과 의로우심과 지혜와 신실하심과 주권과 은혜로 삼습니다. 처음부터 끝까지 하나님에 관한 이야기로 가득 채우고자 하는 것을 볼 수 있습니다.

"기독교 설교자의 임무는 세상에서 살아가는 방법에 대해 도덕적인 격려나 심리적인 위로를 해주는 것이 아닙니다. 그런 격려는 다른 이들도 해줄 수 있습니다. 그러나 하나님의 탁월한 아름다움과 위엄에 대해 주일마다 이야기해 주는 사람은 한 명도, 그야말로 단 한 명도 만나지 못하는 경우가 태반입니다."

존 파이퍼를 통해서 다른 그 누구보다 하나님을 느끼게 해주는 설교자가 되고 싶은 간절함을 가지게 되었습니다. 그 무엇보다 하나님의 무한하신 은혜와 그 분 안에만 있는 영광의 장엄함을 잘 묘사하고 설명하는 그런 목사가 되고 싶었습니다. 결국 존 파이퍼는 설교에 대한 새로운 시각과 안목을 저에게 길러 주었습니다. 개척 교회의 고단함에 시달리던 사람을 하나님은 당신의 귀한 종을 통해 충만한 은혜를 공급하셨습니다. 그 덕에 자폭하고 싶은 많은 순간을 믿음으로 이겨낼 수 있었습니다.

존 파이퍼의 책에 이런 내용이 나옵니다.

"20년 후, 저보다 백배나 더 많은 열매를 거둔 마흔두 살의 목회자가 설교단에서 다음과 같이 말하는 모습을 꿈꾸어 봅니다. 존 파이퍼 목사님은 몰랐겠지만, 그분의 설교를 들을 때 하나님의 영광과 그리스도의 십자가와 성령의 능력이 거역할 수 없이 임했고, 저는 말씀 사역에 부름 받았습니다."

존 파이퍼가 저를 알아보았던 것일까요(ㅎㅎ)? 그가 간절히 소원한 그 꿈이 저를 위한 말씀 같이 느껴집니다. 그를 통해 더 깊이 알게 된 하나님, 그 하나님의 은혜의 통로가 된 존 파이퍼 목사님에게 감사의 말을 전하고 싶습니다.

"존 파이퍼 목사님, 당신의 설교와 글로 인해 제 삶과 인생이 풍요로워졌습니다. 삶이 새롭게 되었습니다. 목사님께서 증거해 주신 그 생명의 말씀을 붙잡고 인생의 가장 어두운 시간을 통과할 수 있었습니다. 당신과 같은 목사와 설교자로 살고 싶습니다. 그것이 저의 꿈과 비전입니다. 많이 좋으시죠?"

│ 무슨 신이 그리 많을까 │

　야구를 잘하면 종범 신과 승엽 신, 피겨를 잘 타면 연아 신, 미모가 뛰어나면 태희 신과 사랑 신처럼 신이 따라 붙습니다. 이 시대는 온갖 종류의 신이 서로 경쟁하면서 신도들의 수를 끌어 모으고 있습니다.

　일반적이고 전통적인 종교는 그 자리를 지켜 내기 어렵게 되었습니다. 신앙과 종교의 속성이 세속적인 영역에도 과감히 침투해 성역화(?)하고 있습니다. 포스트모던 세계에서는 자신의 기호와 취향에 따라 신을 만들 수도 있고 스스로 신이 될 수도 있습니다.

　청소년들이 좋아하는 가수 그룹을 '아이돌(idol)'이라고 명명하는 것을 보면 사람들의 의식이 어디로 흘러가는지 대략 감을 잡을 수 있습니다. 아이돌은 본래 우상(偶像)을 뜻합니다. 몸매, 돈, 인기, 섹스, 명성 등이 모든 것이 신이 되어 신자들의 정신세계를 지배합니다. "인간은 그의 삶을 위한 기기와 기술, 생활필수품을 생산하는 방법과 소유를 위한 분배 방법을 바꿀 때 그의 '신'까지도 바꾸어 버린다"는 하비 콕스(Harvey Cox)의 말은 우리 시대 인간들의 삶을 정통으로 꿰뚫고 있는 진술입니다. 부연하자면, 자신이 소유한 가치관과 철학에 맞추어 믿음의 대상이 되는 '신'까지 만들고 바꾸어 버리는 세상이 되었다는 것입니다. 주일마다 예배당을 찾아온 수많은 사람의 생각과 의식 속에는 이미 다른 종류의 신이 장착돼 있습니다. 이에 대한 객관적인 증거가 존재합니다. 어떤 종류의 신을 섬기든지 인간은 그 신을 닮게 됩니다. 우리 시대 교회의 모습을 보십시오. 그 어디에 성경에 계시된 하나님의 마음과 생각을 닮았습니까? 세상과 일란성 쌍둥이가 되어 있으면서 예배당 안에서만 하나님을 찾고 있습니다. 바람피우고 들어온 남자가 그 흔적을 감추기 위해 아내를 향해서 사랑을 속삭입니다. "당신밖에 없어. 사랑해. 오늘 밤 그대 곁에서 안식하고 싶소." 이것과 똑같은 짓을 우리 시대의 신자와 교회들이 하나님을 향해 하고 있는 것입니다. 하나님을 부르지만 의식 속에는 다른 신이 지배하고 있습니다. 오늘날의 신자와 교회는 자신이 그러한 비참한 자리에 서 있는 줄도 모르고 "하나님께서 내게 허락하신 이 환경과 삶에 만족합니다. 감사합니다"를 연신 외치고 있습니다. 자신의 더럽고 저급한 욕망이 충족되는 현장을 천국으로 인식하는 단순한 아메바가 돼버린 것입니다. 하나님의 형상을 따라 지음 받은 인생의 위대함은 죄악 된 본성에 기반을 둔 자신의 욕망을 마음껏 충족하는 것에 있는 것이 아니라 세속적 욕구와 소원에 저항하여 거룩하신 하나님의 명령에 자신의 모든 삶을 던지는 데 있는 것입니다.

교회도 세상 신의 노예가 되어 가고 있습니다. 많은 신자의 무리를 그 대열에서 건져 낼 뾰족한 대안이 없습니다만 교회가 이런 정신은 가지고 살아야 하지 않을까요?

청파교회 김기석 목사의 책 《오래된 새 길》에 보면 이런 이야기가 등장합니다.

"예언자 한 사람이 있었다. 그는 성문 앞에 서서 목이 터져라 외쳤다.

음란함을 버리고 하나님께로 돌아오라고! 그러나 아무도 듣지 않았다. 그래도 그는 날마다 외쳤다. 그 모습이 딱해 보였던지 순진한 꼬마가 다가와 아무도 듣지 않는데 왜 헛수고를 하느냐고 물었다. 그러자 예언자가 대답했다. '저들이 나를 변화시키지 못하게 하려고!'"

Ⅰ 교회는 영적인 마을입니다 Ⅰ

아프리카 속담에 "아이들이 자라기 위해서는 마을이 필요하다"가 있습니다. 이 속담이 함의하는 바가 큽니다. 마을이 주는 기능 중 가장 큰 것은 공동체 정신을 키우는 것입니다. 교회의 공동체 정신은 너무나 중요합니다. 그러나 거의 무너지고 있습니다.

사실 저의 학창 시절을 돌아보면 인사법, 연애, 대인관계, 놀이, 여가, 의리, 신앙 등을 교회 학생회에서 배웠습니다. 그리스도이신 예수님을 구주로 알고 믿게 된 것을 제외하더라도 고향 교회는 너무나도 많은 것을 제게 제공했습니다. 평생을 갚아도 다 갚지 못할 아름다운 추억이 귀한 선물로 남아 있습니다.

주변의 사역자들과 어른들로부터 요즘 아이들 신앙에 대한 우려의 소리를 많이 듣게 됩니다. 그 원인이 어디에 있을까요? 다양한 진단이 가능할 것입니다. 저는 개인적으로 아이들이 마음껏 뛰놀고 소중한 가치를 배울 수 있는 영적인 마을이 사라졌기 때문이라고 생각합니다. 문학의 밤, 수련회, 학생 성가대 등이 주는 가치는 단순히 신앙의 영역에만 머물러 있는 것이 아닙니다. 그러한 행사들을 기획하고 준비하는 과정 속에서 교회의 어른들로부터 눈물이 날 정도로 혼도 나고, 따뜻한 격려와 섬김도 받으면서 우리는 성장했습니다. 적어도 제가 자라던 시절에는 교회가 마을이 되어 주었습니다. 책망, 격려, 지도, 인도, 베풂, 관계, 예의 등의 가치를 교회라는 마을이 가르쳐 주었습니다. 그런데 언제부터인가 교회는 더 이상 마을이 되지 못하고 있습니다. 조금 더 구체적으로 말하자면 아이들의 신앙과 품행에 대한 지도와 간섭, 더 나아가 책망할 수 있는 권한을 부모가 독점하는 분위기가 형성되고 있습니다. "내 아이의 인생과 믿음에 대해 너희들은 간섭하지 마!" 이런 종류의 무언의 시위가 아이와 부모에게 선명하게 보입니다. "교회 다녀 줄 테니까 간섭하고자 하는 그 입은 좀 닫아줘"라는 분위기가 팽배합니다. 주님을 섬긴다고 하지만 존 듀이의 실용주의 철학이 부모와 아이들의 정신세계를 장악한 것 같습니다. 하나님과 교회도 자신에게 유익이 되지 않으면 그 어떤 권면이나 가르침도 거부하겠다는 단호한 결심이 이 가짜(?) 신자들의 마음을 이끌고 있습니다. 이런 상황에서는 교회 안에서 펼쳐지는 신앙 프로그램은 자신의 감정과 기분을 유쾌하게 만들어 주는 장난감 정도로밖에는 인식하지 않습니다.

 그래서일까요? 자신에게 큰 의미가 되지 못한다고 생각하는 예배 시간에 핸드폰 가지고 노는 청년과 청소년들이 너무 많이 눈에 띕니다. 이런 방자한 예배 태도를 지적하거나 책망하지 못하게 만들어 버린 부모의 책임이 중합니다. 부모로부터 하나님을 경외하고 사랑하는 법을 배우지 못한 아이들을 교회가 신앙 지도를 통해 새사람으로 만드는 것이 거의 불가능합니다. 주일학교의 목적은 가정에서 망가진 아이들이 마음껏 자신의 개성을 표출하는 장소가 아닙니다. 가정에서 부모로부터 배운 신앙의 도리와 습관을 공동체로 모여서 함께 믿음을 표현하고 예배하는 곳이 교회학교입니다. 그 과정에서 잘못 형성된 인격과 품행은 하나님 말씀으로 다듬어져야 합니다. 하나님의 사람으로 인격적인 틀을 갖추기 위해서는 어른들로부터 배우고, 격려 받고, 책망 받는 일은 절대적으로 필요한 것입니다. 이것을 거부한 채로 신앙생활을 하겠다는 것은 집에 가기 위해 교회를 오겠다는 것과 같습니다. 계속해 온 짓이라서 그냥 하고 있습니다. 안 하면 찜찜하기 때문에 시간을 때우는 것입니다. 교회의 공동체 정신을 전혀 이해하지 못한 행태입니다.

교회가 영적인 마을이 되기 위해서는 각 가정에서부터 하나님을 경외하는 그 의미를 엄중하게 가르쳐야 합니다. 무엇보다 교회 안의 어른들을 자기 자녀의 또 다른 부모와 교육자로 인식하도록 가르쳐야 합니다. 이러한 가치에 인생을 건 사람들이 교회로 모일 때, 아이들은 더욱 큰 단위의 영적인 마을을 비로소 만나게 됩니다. 그곳에서 아이들은 신앙과 인생을 제대로 배우게 될 것입니다.

다른 집 아이들에게 얼마든지 책망과 견책이 가능한 영적인 마을로서의 교회를 꿈꾸는 것은 이상향에 사로잡힌 무모한 꿈일까요? 교회의 공동체 정신이 회복되기 원하는 마음 간절합니다.

에필로그

| 많은 사랑으로 여기까지 왔습니다 |

　신학교를 졸업하고 아내와 결혼을 목전에 둔 시점이었습니다. 집에 돈이 없다는 걸 짐작하고 있었지만 그렇게까지 바닥인 줄은 몰랐습니다.
　"관성아, 네가 벌어서 장가가야 된다. 엄마는 이제 방법이 없다."
　"내가 다 알아서 할 테니 걱정하지 마세요."
　유행이기도 했고, 폼도 잡고 싶어 미국으로 유학을 가고 싶은 마음이 간절했지만, '돈이 없다'는 이유 하나로 그 마음을 접어야 했던 괴로운 심정에다, 결혼까지 혼자 힘으로 감당해야 한 당시의 심정은 한마디로 서러움과 비통함 자체였습니다. 그러나 현실을 외면할 수는 없는 법입니다. 고향 교회에서 전도사 사역을 하면서 사례비로 받은 90만 원을 일 년 동안 모았습니다. 십일조와 최소한의 경비를 제외한 70만원을 매달 꼬박꼬박 저축했습니다. 일 년이 지나니 800만 원이 제 손에 쥐어졌습니다. 철이 없던 저는 그 돈을 가지고 결혼을 밀어붙였습니다. 일차적으로는 아내와 장모님의 한없는 사랑과 자비로 그 고비를 넘을 수 있었습니다.

또 한편으로는 고향 교회 성도님들의 아낌없는 도움 때문에 그 산을 감사함으로 지낼 수 있었습니다.

"전도사님, 밥 드시러 잠깐만 내려오세요."

그 말만 믿고 찾아갔던 식당에서 상상할 수 없는 큰 금액을 주신 장병한 집사님의 사랑을 저는 잊을 수가 없습니다. 지금은 장로님이 되셨습니다.

"전도사님, 신부에게 선물은 한 가지 해야지요. 그리고 앞으로 어려울 때는 저를 찾아 주세요. 전도사님, 열심히 하다 보면 길이 열리니까 앞으로의 일은 걱정 하지 마세요."

의도하지는 않았지만 태생적으로 몸에 지닌 '빈티'가 집사님에게 그런 방식으로 민폐를 끼쳤습니다. 말로 다 표현할 수 없는 사랑과 위로를 접하면서 얼마나 많이 울었는지 모릅니다. '나 같은 인간을 지켜 보는 사람이 이렇게 많았구나!' 그것이 마냥 고마웠습니다. 나도 누군가에게 힘이 되는 사역자가 되어 이 사랑의 빚을 갚으리라 다짐하며 주께서 주신 사명과 교회의 본질을 묵상했습니다.

아내와 함께 살 신혼집은 교회의 사택으로 들어가게 되어 전세금은 전혀 들지 않았고, 결혼 당일의 음식은 교회에서 전부 감당해 주셨습니다. 열심히 모은 800만 원은 사용해 보지도 못하고 결혼식을 치렀습니다. 지금에야 고백하는 이야기지만 책에 굶주려 있던 그때, 그 결혼 자금으로 80여 만 원의 책을 기독서점에서 구입하는 여유까지 누렸습니다.

참 많은 분의 사랑과 헌신으로 목회의 길을 나섰습니다. 처음 출발한 시점에는 나름의 자신감이 넘쳤습니다. 평소 안타까운 시각으로 본 교회의 현실은 큰 어려움 없이 극복할 수 있을 것 같았습니다. 그러나 이 길을 가면 갈수록 이런 자신감이 여지없이 무너졌습니다. 성경적인 목회를 펼쳐 보겠다는 이상과 포부는 현실이라는 벽 앞에서 절망으로 바뀌었습니다. 목회 현장에 대한 비관적 인식 때문이 아닙니다. 나 자신의 무능함에서 느껴지는 감정입니다. 설교, 상담, 행정, 가정 돌보기……. 그 어느 영역에서도 '괜찮은 실력이 내 안에는 없구나' 하는 사실을 그제야 깨달은 것입니다. 사실 사역을 시작한 순간에도 "하나님 저는 부족한 존재입니다"라는 고백을 쏟아 놓기는 했지만 그것은 저 자신의 정체와 실력을 객관적으로 확인한 인식에서 나온 말이 아니었습니다. 성경의 요구가 그것이니까 그냥 인정한 것입니다.

'아무것도 아닌 놈이 왜 그리 비판적이고 날이 서 있었을까?' 요즘 이런 생각 때문에 괴롭기도 하고, 부끄럽기도 합니다. 나 자신도 감당하거나 수용할 수 없는 것들을 비판하면서 살아온 세월을 되돌리고 싶은 마음이 간절합니다. 특별히 이런 생각의 배경에는 목양하는 성도들이 놓여 있습니다. 교회는 확실히 죄인들의 집합소입니다. '예수님을 믿지 않는 천사들'과 '예수님을 믿는 깡패들'이라는 표현이 가능하다는 것을 새삼 느끼게 됩니다. 서로를 향하여 질시와 시기의 감정을 넘어선 증오와 분노로 가득한 성도들 관계를 중재하면서 '그냥 가만히 있자'는 결론을 내렸습니다. 한마디로 긁어 부스럼을 일으키지 않는 최선의 방도는 조용히 이야기를 들어주면서 고개를 끄덕이는 것입니다.

할 수 있는 것들이 별로 없다는 인식이 기도의 자리로 저를 인도합니다. 깊은 탄식과 함께 저 자신의 무능함을 아버지 앞에 고백하게 됩니다.

"아버지, 정말 간단해 보이는 일조차 제대로 처리할 능력이 저에게는 없습니다. 하나님께서 하시옵소서!"

도와달라는 간구도 그 뉘앙스와 간절함이 이전과 같지 않습니다. 절규와 비통함이 내재된 간절한 간구로 기도가 변해 있음을 보게 됩니다. 하나님은 심령에 더 많은 깨우침을 안겨 주십니다.

"네 녀석이 부족한 것이 성도들 사이를 중재하는 것밖에 없는 줄 아느냐?"

그렇지 않아도 창피해 죽겠는데 하나님은 작정을 하신 것처럼 삶의 모든 영역에서 철저한 항복을 요구하셨습니다. 어떤 의미에서 우리가 섬기는 하나님은 참으로 끈질기고 집요하신 분입니다. 전부를 요구하십니다. 육신의 아버지를 향해서라면 "이제 좀 그만하시죠"라며 생떼라도 부리겠지만……. 하나님을 향한 그런 식의 태도는 '내 인생만 소진 시킨다'는 또 다른 깨달음 때문에 한숨만 터져 나옵니다. 사람 앞에서 뿐만 아니라 하나님 앞에서도 자존심 싸움을 하고 있는 저 자신을 보면서 또 다른 종류의 절망감을 경험합니다.

"내 안에 도사리고 있는 죄의 깊이의 끝은 어디일까?"

나이를 먹어 가는 일이 매력적인 이유는 '자신감의 상실'입니다. 피를 토하는 심정으로 설교할 수 있지만 한 영혼의 심령을 변화시키는 일은 목회자가 할 수 없습니다. 성도들의 가슴 아픈 현실에 대해 공감하면서 이야기를 들어줄 수 있지만 실제적인 도움을 제공하는 영역은 거의 없습니다.

"아! 정말 나라는 인간이 할 수 있는 것이 별로 없구나!" 한마디로 '자신감'이라는 단어와는 어울리지 않는 존재입니다. 이런 인식을 처음 했을 때는 수치심과 절망이 가득했지만 이제는 평안해졌습니다. 몸에서 힘을 빼고 나니 삶과 사역에 균형과 여유가 찾아옵니다. 저 자신의 비참함과 무능함을 인정하면서 기쁨과 평안을 체험하는 이 아이러니한 현실을 어떻게 설명할 수 있을까요? '간절함과 절박한 헌신'이라는 이름으로 포장한 '성공을 향한 욕망'도 어느새 사라졌습니다. 현세를 살며 끝없이 유혹받는 성공병으로부터 자유를 느끼는 자리까지 오게 된 것은 제가 받은 많은 사랑 때문입니다. 이제는 그 사랑을 쏟아부어야 할 시점입니다.

매일 새벽기도 후 주께서 주신 생각을 정리한 글들을 모아 이 책으로 나누며 삶에 지치고 교회에 낙심한 분들이 조금이나마 위로를 얻으신다면 제가 받은 사랑의 빚이 덜어질 것 같습니다. 기독교의 본질을 생각한 묵상 글이 한국 교회가 진정한 복음으로 회복해 가는 데 미력하게나마 보탬이 된다면 제게 사랑을 주신 분들을 배반하지 않는 길이라고 생각합니다.

누군가에게 힘이 되는 사람이 되어 사랑의 빚을 갚겠다고 다짐한 제가, 고통을 겪는 신자들이 새 힘을 얻기를 바라는 교회의 목사라는 사실을 잊지 않겠습니다. 고난과 아픔 중에 있는 많은 성도님이 가야할 길의 아득함으로 인해 용기를 잃지 말았으면 좋겠습니다. 교회 공동체와 함께 어려운 시기를 어깨동무하면서 아픔을 나누는 신앙의 가족이 있음을 기억하고 누렸으면 좋겠습니다.

한국 교회가 십자가의 자리에 다른 우상을 두지 않고 아름답고 영광스런 이름을 회복하는 데 눈물의 기도로 힘을 쏟는 일에 사력을 다할 것입니다. 목회의 여정은 고통이 따르지만 하나님의 은혜가 공동체에 부어지는 모습을 목도할 때 그 감격은 이루 말로 표현할 수 없습니다. 길이 없어 목 놓아 울고 있는 누군가에게 버팀목이 되는 공동체로써 사랑의 본질로 돌아가 모든 문제를 이기는 교회가 이 땅에 넘쳐 나길 기도합니다.

글을 마무리하면서 감사해야 할 분들이 많이 떠오르는군요. 책속에 등장하는 분들께는 그 글로 감사의 마음을 대신하고 싶습니다. 그분들을 제외한 몇몇 분들께 감사의 마음을 전하고 싶습니다.

시련을 기쁨으로 감당하며 저와 동행해 준 사랑하는 아내 김정미와 하나님이 허락하신 최고의 선물 지호, 지은에게 미안함과 고마운 마음을 전합니다. 학창 시절 하나님 말씀으로 저를 이끌어 주신 손광영 목사님과 교회학교 및 학생회 부장으로서 지도해 주신 박영필 장로님께 감사의 마음을 올립니다. 원고를 꼼꼼하게 살펴 준 울산침례교회 후배 윤정희 집사님, 미국 보스턴에 살고 있는 유희진 집사님께 감사의 마음을 전합니다. 새벽마다 저를 위해 기도해 주시는 권사님과 집사님들, 저의 설교를 들으시는 덕은교회의 모든 성도님께 고개 숙여 고마운 마음을 전합니다. 견문과 시각을 넓힐 수 있도록 물심양면으로 지원해 준 북서울 IVF 이사장 조영진 안수집사님과 가좌독서클럽 회원들께도 감사의 마음을 전합니다. 마지막으로 다시 한 번 기억하고 싶은 이름이 있습니다. 이정애 선생님! 제 삶의 모든 부정적 요소를 덜어 내고 새 삶을 살 수 있게끔 깊은 사랑을 주신 선생님 고맙습니다. 이 책의 모든 내용은 선생님 때문에 가능했습니다. 선생님께 완성된 책을 가장 먼저 드리고 싶습니다.

부록

목회 성공하고 싶으냐?
내가 몇 가지 팁을 알려 주마*

사역을 하면서 주님과 확실하게 이별하는 방법

첫째, 신학적인 방향을 잘 잡아라. 개혁주의 신학이니, 재 침례파 신학과 같은 것에는 귀도 기울이지 마라. 사람들 모으는 일에는 거의 도움이 안 된다. 오히려 부흥시키려고 하는 의욕을 상당히 꺾어 버린다. 애당초 맛을 보지 마라. 잘못하다가 그쪽 분야의 대가들을 통해서 성경 중심적인 신학을 형성하게 되면 너의 신세는 그날로 끝난다. 신학교 시절에 신학 공부 쪽으로 너의 방향을 잡지 말고 기타나 드럼 등을 수준 있게 배우고, 컴퓨터나 교회 성장 프로그램에 익숙한 전문가가 되라. 그것

---

*이 글은 C. S. 루이스(Clive Staples Lewis)의 《스크루테이프의 편지》와 오스 기니스(Os Guinness)의 《악마의 비밀문서를 훔치다》를 읽고 패러디한 풍자 글이지 실제적인 지침이 아님을 알려드립니다. 이 글을 읽고 누군가를 비판하는 재료로 사용하지 마시고 특별히 사역자로 부름 받은 분들 각자의 소명과 마음 자세를 새롭게 하는 거울이 되었으면 하는 소망으로 쓴 글임을 밝힙니다.

이 실제적인 힘을 제공한다. 존 칼빈(John Calvin), 헤르만 바빙크(Herman Bavinck), 벤자민 워필드(Benjamim B. Warfield), 아브라함 카이퍼(Abraham Kuyper), 스탠리 하우어워스(Stanley Hauerwas), 존 하워드 요더(John Howard Yoder)가 밥 먹여 줄 것 같으냐? 결코 아니다. 단도직입적으로 말하면, 차라리 그런 사람들 모르는 것이 더 낫다. 철저하게 실용적인 지식과 능력을 배양해라. 그래야 졸업 후에 살아남는다.

둘째, 전도사로 사역할 때 무조건 큰 교회로 가라. 취직하면 죽기 살기로 일해라. 어떤 한 분야에서 너의 주특기를 동원해서 담임목사의 눈에 너라는 존재를 확실히 각인시켜야 한다. 그 교회를 물려받겠다는 생각은 무리수를 두는 것이지만, 담임목사님에게 인정받으면 개척 나올 때 거금의 개척 자금과 알짜 성도들을 데리고 시작할 수 있다. 조금 과한 이야기인지는 모르겠지만 너에게 실제적인 주님은 담임목사님이다. 형이 사역하러 가서 받은 첫 질문에 기절하는 줄 알았다. 질문이 뭔 줄 아냐?

"이 교회에서 사역할 때 전도사님은 누구의 말을 들어야 합니까? 1번 하나님, 2번 담임목사님."

너라면 뭐라고 대답할래? 이런 질문 앞에 당당히 2번을 외칠 수 있어야 인정받으며 사역할 수 있다. 담임목사님도 1번인 줄 알지만 네가 2번을 크게 외칠 때 웃으면서 너를 인정하게 된다. 형이 별걸 다 가르쳐 준다. 일정 부분의 뻔뻔함은 핑크 빛 고속도로로 가는 첩경이라는 사실을 명심해라. 양심에 약간 걸리느냐? 그러나 순간의 아부와 충성이 평생의 목회 운명을 결정짓는다는 사실을 마음에 새겨라. 알겠냐? 맨땅에 헤딩하는 방식으로 개척에 성공할 수 있다고 생각한다면, 좋게 말해서 순수한 것이고 나쁘게 말하면 분위기 파악을 제대로 못하고 있는 것이다.

셋째, 큰 교회로 사역하러 가라고 권하는 한 가지 이유가 더 있다. 성공을 꿈꾼다면 사모를 잘 만나야 한다. 큰 교회에는 장로님이나 권사님의 따님들이 많다는 사실이 바로 그것이다. 이는 피부로 직접 체험해 본 사람들만이 알 수 있는 특급 비결이다. 신학교 시절에 철없는 사랑하지 말고 기다려라. 성공을 원한다면 결혼도 전략적으로 할 수 있어야 한다. 네가 전문직 직업을 가진 여자와 결혼할 것이 아니라면 형 말을 들어야 한다. 물론, 여기서 말하는 전문직은 다양하지만 그중에서 특별히 약사나 교사를 말한다.

참, 정말 중요한 것 하나 빼먹었다. 전문직 여성보다 더 강력한 혼삿길이 하나 있다. 목사님 딸이다. 이런 것은 수첩 꺼내서 기록해야 하는 거야. 요즘 목회 세습이다 뭐다 말이 많은데 아직까지는 사위가 들어가서 대권을 잡는 것은 사위가 준비가 잘 된 사람이기 때문이라는 인식을 많이 하고 있다. 한마디로 안전하다는 말이지. 이야기가 좀 빗나갔네. 큰 교회에서 자매를 만나는 이야기를 계속하마. 이상한 것은 큰 교회에 좋은 학교 나오고, 돈도 많고, 외모도 빼어난 자매 중에 사모님이 되고자 갈망하는 이가 의외로 많다는 사실이다. 이것은 평생 보험에 가입하는 것이다. 절박한 각오로 눈에 쌍심지를 켜고 그런 자매를 만나라. 개척할 때 처가댁에서 밀어주는 지원이 얼마나 달콤한지는 맛을 본 사람만이 안다. 특별히 너와 나같이 팬티 한 장 외에 아무것도 없는 타잔들은 가슴 깊이 새기고 또 새겨야 하는 말이다.

넷째, 가능하다면 외국 유학 한번 다녀와라. 성경을 더 깊이 더 정확하게 이해하고자 하는 열망 같은 이상적인 생각은 집어치워라. 일단 자격 조건을 잘 갖추어 놓아야 한다. 똑같은 설교를 하더라도 외국 학위를 가지고 선포하는 것과 쓸데없는 국내 신학교 나와서 전하는 것과는 천지 차이다. 설교 내용의 격과 수준이 다르다는 말이 아니고 듣는 사람들이 선입견을 좋게 갖는다는 말이다. 솔직히 요즘 유학 가는 놈들 성경에 대한 목마름 때문에 가는 놈이 어디 있냐? 형이 외국물을 한번 마시고 오라고 하는 이유는 무엇보다도 규모 있는 교회에 청빙 지원을 할 때 엄청난 플러스 요인이 되기 때문이다. 국내 신학교 박사학위 가지고 있어 봐야 그런 서류는 청빙위원회에서 눈길도 안 준다. 그러니까 달러 빚을 내서라도 외국에 나갔다 와라. 국외에 가면 토플 없이도 갈 수 있는 학교가 지천에 깔렸다. 입학해서 페이퍼는 어떻게 제출할까? 공부는 어떻게 따라갈까? 걱정하지 마라. 형이 멋진 정보 하나 알려 주마. 리포트나 논문은 역 번역해서 제출하면 그냥 먹힌다는 사실이다. 무슨 말인고 하니, 외국 신학교에서 내주는 과제나 논문들은 한국 국회 도서관 석, 박사 논문을 영어로 옮겨서 제출하면 A플러스다. 표절 걱정할 필요 전혀 없다. 그렇게 해서 공부 마치고 돌아오면 된다. 교인들이 그런 거 어떻게 알겠냐? 일단 경력에 외국 신학교가 잉크로 박혀 있으면 그대로 먹힌다. 세상 구경도 좀 하고 일거양득이다. 전문 용어로는 일타이피라고 하지.

다섯째, 성경보다도 자기계발서를 비롯한 베스트셀러를 많이 읽어라. 나도 순진하게 신학교 시절에는 성경을 죽도록 읽었거든. 그거 다 소용없더라. 설교하는 데 도움이 되지 않겠느냐고? 야, 인마, 형님 말 들어라. 요즘 돈 주면 설교 원고 알아서 다 보내 준다. 네가 그 사람들 수준을 넘어설 수 있을 것 같으냐? 그 원고들이 그냥 나오는 것이 아니다. 제법 실력을 갖춘 사람들이 작성한 원고다. 그런 원고에다 사람들의 심리에 만족을 줄 수 있을 법한 세상 이야기, 인간적 경험 등을 섞으면 설교는 홈런을 칠 수 있는 거야. 처세술에 관한 책과 많이 팔린 도서에 그런 내용이 많다. 그래서 권하는 것이야. 네 생각에는 성도들이 성경 말씀 풀어주는 것을 좋아할 것 같지? 천만의 말씀, 그건 착각이다. 일단은 울리든지 웃기든지 해야 된다. 너에게 웃기는 재주가 있다면 설교의 50퍼센트는 그냥 먹고 들어가는 것이다. 솔직히 말하면, 원어에 대한 감각이나 성경 주해 능력보다 개그감이 더 중요하다. 물론 웃기는 것보다 더 강력한 무기는 울리는 거다. 센티멘털리즘(sentimentalism)은 설교에 있어 핵무기라는 사실만은 꼭 기억해라. 눈물만 뺄 수 있다면 설교 준비가 필요 없다고 해도 과언이 아니다. 무슨 말인지 알겠지?

여섯째, 교회에서 사역하다 보면 어른들과 정치 이야기를 많이 하게 된다. 피하고 싶어도 어쩔 수가 없다. 젊을 때 야당 아닌 놈이 어디 있냐? 그런데 설령 너의 정치적인 입장이 야당이라고 하더라도 여당을 지지한다고 말해야 한다. 공든 탑도 한방에 무너질 수 있다. 특히 교회 어르신들은 이런 것에 굉장히 민감하거든. 교회 중직들 앞에서는 철저하게 반공주의로 나가야 된다. 색깔이 좀 애매해 보이는 정치인이 보이거든 "장로님, 저 사람 종북좌파 아니에요? 그래서 저는 저 사람이 마음에 안 들어요." 이렇게 먼저 치고 나가라. 그러면 너는 사랑받는 사역자가 된다. 형이 임상실험 거쳐서 확인한 사항이다. 어른들 앞에서 아는 척한다고 경제민주화니, 보편 복지 확대니 하면서 떠들지 마라. 한방에 훅 간다. 담임목사님이 아무리 너를 밀어주려고 해도 중직들이 브레이크 걸면 엄청 피곤해진다. 신앙적인 색깔이 너와 비슷해서 정치적 입장의 차이를 용인해 줄 것 같으냐? 천만의 말씀, 만만의 콩깍지다. 오히려 그 반대다. 신앙적인 색깔은 좀 못 마땅해 보여도 정치적 입장이 같을 때 모든 것을 덮어 준다. 사실이라니까! 못 믿겠냐? 그래서 이런 말이 있지.

"정치는 허다한 허물을 덮어 준다."

일곱째, 교단을 잘 선택해라. 너 성공하고 싶으면 작고 힘없는 교단은 떠나는 것이 좋다. 진지한 마음으로 하는 충고다. 예를 들어 볼게. 맥도널드와 롯데리아가 있다면 너는 어디서 햄버거 사 먹겠느냐? 당연히 맥도널드로 가겠지? 그와 마찬가지 원리다. 짜식, 한국에서는 맥도널드보다 롯데리아 체인점이 더 많다는 말 하고 싶지? 지금 그런 말장난 할 때가 아냐. 잘 들어. 구체적으로 말해 줄게. 동부 경남으로 가서 목회하려면 고신으로 갈아타라. 그리고 중부권 위의 지방에서 사역하려면 최소한 감리교단 정도에는 가입돼 있어야 된다. 물론 장로교 합동이나 통합은 전국구다. 어디서나 먹어 준다. 교단의 문제는 너의 실력을 펼칠 수 있는 장을 제공받는 성공의 핵심 요소다. 무엇보다 메이저 교단에 소속되어 있으면 이단 시비에 걸릴 염려가 없다. 소속되는 즉시 하고 싶은 소리 마음껏 하고 살아도 된다. 너 지금 "형! 그런 교단에서도 이단으로 정죄받는 사람들 있던데요?" 이 말 하려고 했지? 순진한 녀석. 그건 교단 어른들에게 정치적으로 찍혀서 그렇게 된 것이지 신학적인 문제로 이단이 되는 것이 아니야. 무슨 말인지 알겠냐? 든든한 교단, 이것은 목회의 생명과 같은 것이다. 군소 교단에서의 성공은 만에 하나 천에 하나 있는 일이지 우리같이 평범한 사람들에게 오는 일이 아니다. 꼭 명심해라.

여덟째, 너 혼자 가는 길이 아니라는 사실을 항상 기억해라. 너 혼자 가는 길이라면 순수, 정직, 소신 뭐 이런 단어들을 중요한 가치로 삼아야겠지. 그런데 너의 옆에 아이들과 사모가 있다는 사실을 염두에 두어라. 네가 초라한 목회를 계속하면 너 때문에 가족의 인생도 망치게 되는 거야. 형은 사모의 얼굴만 봐도 그 교회의 성도 수를 대략 파악할 수 있다. 큰 교회 사모들은 거의 다 얼굴에서 광선이 나온다. 개척 교회 사모들은 얼굴에 그늘이 깔렸어. 너도 잘 관찰해 봐. 내 말이 틀리지 않지? 너 솔직하게 자신에게 물어 봐라. 아이들과 사모를 죽을 때까지 개고생시키면서 그 길을 갈 수 있겠는지 말이다. 말같이 쉬운 것이 아니다. 개그맨 전유성 알지? 그 양반 책 한 권 소개해 줄게. 제목만 들어도 와 닿을 거야. 《조금만 비겁하면 인생이 즐겁다》인데 내가 볼 때 그 양반은 깊은 경지에 오른 사람이다. 너도 꼭 명심해라. 곧은 나무가 한방에 무너지는 법이다. "너무 깨끗한 물에는 물고기가 살지 않는 법이다"란 말 알지? 뭐든 적당히 해야 되는 거야. 여덟째 내용은 비법이라기보다도 목회에 임하는 너의 정신 상태를 향한 당부다. 꼭 명심해라.

몇 가지 더 있는데 형이 시간이 없네. 다음에 만나서 더 깊은 이야기 해주마. 그때는 진짜 필살기를 가르쳐 줄게. 여하튼, 신학교 시절 잘 보내라. 신학교 시절에 성경과 기도만 붙잡고 있던 사람들 대부분이 현장에 나오면 목회 제대로 못한다. 왜 그럴까? 성경과 기도가 사람 모으는 일에 별로 도움이 안 되기 때문이다. 몰랐지? 네 수준에 어찌 이런 경지를 알 수 있겠냐? 어쨌든 알차게 보내라. 자세한 이야기는 다음에 하자. 오늘은 일단 여기서 근바이. 형 발음 좋지?

오랜만이다. 오늘은 네가 목회 현장에 직접 몸담은 상황을 염두에 둔 필살기를 알려 주마. 적어도 개척이나 담임 목회 현장에서 실질적인 효력을 발휘하는 것 두 가지만 더 소개하마. 정신 바짝 차리고 들어라. 없는 시간 쪼개서 너 만나러 온 거야. 알겠냐?

아홉째, 네 눈빛을 보니까 교회 성장에 대한 간절함이 어느 정도 보이는 것 같네. 그럼 필살기를 시작하지. 잘 들어. 일단 자연스러운 분위기에서 성도들에게 신유나 하나님의 음성을 직접 듣는 은사를 받았다고 선포해 버려.

당황한 눈빛이다. 너, 이 녀석. "형님, 받지도 않은 은사를 어떻게 받았다고 선언을 해요?"라고 반문하고 싶구나. 네 마음 다 알아. 나도 그랬으니까.

정말 교회를 성장시키고 싶으면 교회 부흥을 다른 어떤 가치보다 앞세워야 하는 거야. 어차피 작금의 교회들이 수적 성장을 추구하는 방식이 성경에서 인정하는 방법이 아니잖아. 쉽게 말해 우리만 반칙하는 것이 아니란 말이야. 안 그래? 말이 나왔으니까 이야기 한번 해보자. 총동원 전도주일 해서 금반지 주고, 상품권 주고, 이게 말이 된다고 생각해. 어떤 교회는 자동차에 해외여행 티켓까지 걸고 하더라. 그것보다 더 가공할 만한 무기는 물론 직분 장사지. 다들 나이가 먹으면 명예욕들이 생겨서 말이야. 교회에서도 어깨에 힘 좀 넣고 싶어 하거든. 전도와 연관시켜 이용하면 최고지. 무엇보다 좋은 것은 사람도 늘어나지만 장로나 권사 취임할 때 들어오는 헌금 액수는 평상시의 헌금을 훨씬 상회한다는 사실이야.

다시 너에게 물어 보마. 그래, 이런 짓들이 성경에서 용납하고 인정하는 거냐? 왜 말을 못해? 형의 말은 이런 짓을 하지 말라는 것이 아니고 더 치고 나가야 된다는 말이야. 무엇보다 한국 교회 성도들의 정서에 신유나 초자연적 은사 능력을 가졌다는 것보다 탁월하게 먹히는 성장 비법은 없어. 알겠냐? 무엇보다 그들이 너에게 절대적 충성과 순종의 자세를 갖추게 된다는 것이지. 이것은 진짜 부수입치고는 어마어마한 것들이야. 생각만 해도 좋지 않냐?

그런데 너 표정 보니까 여전히 겁먹고 있어. 맞지? "기도했는데 치유의 역사가 나타나지 않으면 어떻게 해요?" 그걸 묻고 싶은 거지? 잘 들어. 신유집회나 뭐 이런 현장에서 정말 병 고침의 역사가 일어나는지 않는지는 솔직히 이 형도 모르겠어. 그러나 그 중에는 자기가 알아서 나았다고 선언해 버리는 사람들이 반드시 있다는 사실이야. 예를 들면, 기도 받으러 나와서 넘어지는 사람들은 나오기 전부터 넘어질 작정을 하고 나오는 사람이 대부분이야. 몰랐지? 해보면 알게 돼. 손을 올리는 즉시 넘어져 버려. 나도 신기해. 결론을 말하면 너의 능력과 상관없이 신유집회에는 치료받은 자(?)들이 나타난다는 말이야. 담대한 마음을 가져. "강하고 담대하라!" 여호수아에게 하신 말씀이지. 일단 네가 병 고친다는 소문만 나면 그때부터 성장은 탄탄대로야. 구름 떼처럼 사람들이 몰려오기 시작해. 문제는 뜬금없이 선언하면 절대 안 돼. 6개월 정도의 시간을 가지고 주기적으로 기도원이나 특정 집회에 가서 분위기도 익히고, 우리 목사님 요즘 기도 열심히 한다는 이미지를 자연스럽게 심어 주란 말이야. 그런 과정을 거친 다음, 마음을 다잡고 공식적으로 선언해 버려. 이건 정말 교회 성장의 필살기야. 그런데 이게 참 난감한 경우가 있어. 우리 옆 교회 박 목사에게도 내가 이걸 가르쳐 줬는데, 이 바보 같은 놈이 자기가 아파 버리는 거야. 건강관리 제대로 못해서 자기가 아파 버리면 소위 '가오'가 서지 않아. 기도고 성경 연구고 다 접어놓고 좋은 음식 먹고 운동 열심히 해라. 그래야 이 비법이 먹혀 들어가니깐.

열째, 별것 아닌 것 같지만 중요한 사실이니까 이 말을 꼭 명심해라. 정말 부흥하고 싶으면 교인들에게 평상시에 사용하는 언어습관을 고쳐야 하고 그들을 다루는 방법을 알아야 해. 먼저 언어습관부터 설명하지. 잘 들어.

목사1: 하나님이 제게 이런 마음을 주십니다.

목사2: 제 생각에는 이렇게 하는 것이 좋을 것 같습니다.

이 두 사람 중에 어떤 목사의 교회가 더 성장하겠냐? 물론 이것 하나만 단편적으로 보고 판단할 수는 없겠지만 말이야. 에이, 그냥 단도직입적으로 물어 볼게. 너는 어떤 목사가 되고 싶냐? 2번이라고? 야, 인마, 그래서 너는 안 되는 거야. 당당하게 1번으로 나가야지. 알겠냐? 형 말을 듣고 그대로 해봐. 너의 목회적 권위가 올라가고 사람들이 일사분란하게 움직이기 시작할 거야. 형이 안 해본 것을 너에게 전수하겠냐? 겸손과 정직 타령한다고 2번을 고수하다가는 평생 해봐야 교인 수 30명 이하다. 교인들을 다루는 비법은 형이 대화 형식으로 만들어 놓은 매뉴얼이 있어. 그것을 그대로 공개해 주마. 자세히 읽어 봐. 그러면 필(feel)이 바로 올 거야. 열 번 정독해라. 알겠냐? 주기도문 외우듯이 달달 암송해. 자식아, 죽느냐 사느냐의 문제가 달린 거야. 매뉴얼 보이지? 쉽게 가르친다고 대화 형식으로 만들었어.

형님: 야 이놈아! 너는 외모도, 학력도, 설교도 나보다 더 뛰어나면서 교회는 왜 성장시키지 못하냐?

동생: 그러게 말입니다. 형님 교회 성장 비결을 좀 공개해 주시죠. 같이 먹고 살아야죠.

형님: 잘 들어. 교인들 각자 면담을 하다 보면 그들의 사정이 파악되겠지? 그러면 무조건 예언을 해버려. 예를 들면, "김 집사! 내년에는 무조

건 사업에 성공한다. 하나님께서 응답 주셨어.", "이 집사! 그 병 무조건 치료된다. 하나님께서 고쳐 주신다고 그랬어." 이런 식으로 담대하게 선언을 해버려. 그러면 교인들은 죽기 살기로 신앙생활 하게 되어 있어.

동생: 형님, 그렇게 큰소리치다가 내가 말한 대로 안 되면 어떻게 합니까?

형님: 그러니까 너는 안 되는 거야. 잘 들어. 그때는 "김 집사의 기도생활, 헌금생활이 많이 약해. 그렇게 신앙생활을 해서는 하나님의 약속을 손에 쥐기 어려워"라고 하면서 무섭게 책망해 버리란 말이야.

동생: 아! 약간 감이 오네요.

형님: 내가 가르치는 대로 하면 재수가 좋아서 병이 치료되고, 사업이 잘되는 사람은 진짜로 응답이 되었다고 확신하면서 죽을힘을 다해 목사에게 충성하게 돼. 응답이 되지 않은 사람은 더 정성을 쏟아 부어야 한다는 압박감을 주란 말이야.

동생: 형님, 이제 교회 성장은 저의 손에 들어왔네요. 감사합니다.

읽어 보니까 이제 자신감이 생기지? 바로 그거야. 이제 너의 목회 인생도 확연히 달라질 거야. 미리 축하한다. 잘되면 이 형님 꼭 기억해야 한다. 늘 건강하고 평안하길 바란다. 샬롬!